**Allitera** Verlag
Krimi

AF191082

Angela Eßer wurde in Krefeld geboren, studierte Theaterwissenschaft und war am Theater tätig. Seit vielen Jahren gibt sie mörderische Kochseminare, in denen die Ess- und Trinkvorlieben von berühmten Privatdetektiven und Kommissaren aus der Kriminalliteratur aufgedeckt werden. Sie ist Organisatorin von Krimifestivals, Autorin diverser Kurzkrimis, Herausgeberin von Krimi-Anthologien und vertrat als Sprecherin viele Jahre das »Syndikat«. Ihr Kurzkrimi »6 Uhr 23 – Guten Morgen, München« aus der Anthologie »München blutrot« war für den Friedrich-Glauser-Preis nominiert.

Heidi Keller wurde in Wasserburg am Inn geboren und machte sich nach dem Studium (Neuere deutsche Literatur, Theaterwissenschaften und Neuere und Neueste Geschichte) 2003 als Lektorin, Texterin und Autorin selbstständig. Sie ist die weibliche Hälfte des Autorenduos Brandl & Keller, dessen Krimi »Schwarze Wiesn« 2010 erschien.

# FINSTERBÖSES BAYERN

25 Kriminalgeschichten

Herausgegeben von
Angela Eßer und Heidi Keller

**Allitera** Verlag
Krimi

Weitere Informationen über den Verlag und sein Programm unter
www.allitera.de

Das Buch entstand mit freundlicher Unterstützung der
Bayerische Stiftung Hospiz

Bayerische Stiftung **Hospiz**

April 2014
Allitera Verlag
Ein Verlag der Buch&media GmbH, München
© 2014 Buch&media GmbH, München
Umschlaggestaltung: Alexander Strathern, München
Titelbild: photocase.com
Printed in Germany
ISBN 978-3-86906-499-4

# Inhalt

# Erich Rösch

## Literarische Auftragsmorde –
## Morden für den guten Zweck?

Haben wir mit der vorliegenden Anthologie etwa eine neue Literaturgattung geschaffen? Das war einer meiner ersten Gedanken, als ich das fertige Manuskript zu diesem Buch endlich in Händen halten durfte. Oder gibt es den literarischen Auftragsmord schon?

Wie auch immer, noch nie sind in Bayern so viele Menschen auf einmal »für den guten Zweck gestorben« wie in diesem Buch, eine Premiere ist es allemal und gelungen obendrein!

Von der Idee bis zur Umsetzung war es ein langer Weg. Nicht, weil die Autorensuche so mühsam war, nein, es gelang recht schnell, hochkarätige Autoren aus Bayern von unserer Idee zu überzeugen. Ihnen allen sei an dieser Stelle herzlich gedankt!

Nicht, weil es schwierig war, einen Verlag für dieses Buch zu finden, nein, die erste Anfrage beim ersten Verlag war schon erfolgreich. Dem Allitera Verlag, insbesondere Verleger Alexander Strathern und vor allem Heidi Keller, die »unser Kind« von der ersten Minute an begleitet hat, sei Dank!

Nicht, weil es schwierig war, eine Herausgeberin für diese Anthologie zu finden, nein, einmal von der Idee begeistert, war es für Frau Keller nicht schwer, Angela Eßer anzustecken. Ihnen beiden sei gedankt!

Nicht, weil es schwierig war, den Druck dieses Buches mitzufinanzieren, nein, die Bayerische Stiftung Hospiz kennt uns und unsere Anliegen und unterstützt uns jedes Mal aufs Neue bei unseren Projekten – und seien sie noch so ungewöhnlich. Dem Stiftungsrat der Bayerischen Stiftung Hospiz unter Vorsitz von Dr. Thomas Binsack sei gedankt!

Viele Mosaiksteine haben sich also wunderbar zusammengefügt, sodass am Ende entstehen konnte, was der Leser nun in Händen hält: die wohl erste Sammlung regionaler Krimis – dazu drei Geschichten, die in den USA, in England und Italien spielen – zugunsten der Hospizbewegung überhaupt!

Was war dann der lange Weg, werden Sie nun fragen.

Die Idee zu diesem Buch entstand spontan auf einer langen Autofahrt. Als Verantwortlicher auf Landes- und Bundesebene verbringe ich mehr Zeit auf Bayerns und Deutschlands Straßen beziehungsweise in Hotels, als mir manchmal lieb ist. Aber ich habe einen Weg gefunden, mir das sozusagen »schönzulesen«.

Auf dem Weg nach Berlin einem Hörbuch einer bayerischen Krimiautorin (Sie finden sie auch in diesem Buch vertreten), gelesen von einer bayerischen Schauspielerin, zu lauschen, lindert das Heimweh und hilft dem Bayern, Sprachbarrieren zu genießen.

Im Hotel fern der Heimat vor dem Einschlafen noch schnell einen Mord lösen beziehungsweise lösen lassen, der eigentlich gar keiner ist (auch so etwas ist hier vertreten) – und es kann auf einmal Spaß machen, für Themen bundesweit unterwegs zu sein, die für die meisten Menschen immer noch ein Tabu darstellen: Sterben, Tod und Trauer.

Ein Krimi macht dieses Thema nicht kleiner und ein Mord ist und bleibt auch in Zukunft nicht die Lösung für die Fragen, mit denen sich die Hospizbewegung konfrontiert sieht. Aber ein richtig guter Krimi – und in diesem Buch finden Sie 25 davon – ist manchmal eben die Belohnung für so manches, was einem in meinem »Beruf« begegnet und anstrengt.

Der lange Weg? Nun – die Idee auszusprechen, erforderte schon Mut: Darf man das zusammenbringen? Die tägliche Sorge für schwerstkranke und sterbende Menschen und deren Angehörige und die Spannung eines Krimis, in dem auch jemand stirbt, sozusagen zur Unterhaltung?

Ist das ein möglicher Weg, auf die Anliegen der Hospizbewegung aufmerksam zu machen? Das individuelle Sterben eines geliebten Menschen und das Sterben einer Romanfigur »just for fun«, nur, »weil in beiden Fällen am Ende einer tot ist«?

Unlösbar? Nein, nicht wirklich. Wir Hospizler sind geübt, Unaussprechliches anzusprechen und scheinbar Unmögliches zumindest in Erwägung zu ziehen. Und so war es ein Gespräch mit Monika Dobler, der Inhaberin der Münchner Krimibuchhandlung *Glatteis*, das mich bestärkt hat, den Faden weiterzuspinnen. Ihr sei an dieser Stelle herzlich gedankt! Ich durfte ihr zwischen all ihren Büchern von meiner Idee erzählen, sie hatte einfach Zeit für mich, ein bisschen Ermutigung, gab mir die Zusage, jederzeit wieder vorbeikommen zu dürfen, und einen Zettel mit einer Adresse und einer Telefonnummer. So hat alles begonnen. Da war jemand, der Zeit hatte, und auf einmal war es einfacher. Genau das, was gerade das ehrenamtliche Engagement in der Hospizbewegung so wertvoll macht, hat auch hier geholfen: Zeit haben, Mut machen, dranbleiben – aber nicht die »Arbeit« abnehmen. Seinen Tod stirbt jeder selbst, und dieses Buchprojekt hätte weit weniger Energie freigesetzt, wenn es als Vorschlag von außen gekommen wäre.

Es gab im weiteren Nachdenken über diese Idee noch eine Erweiterung:
Die bayerische Hospizbewegung ist in den mehr als 25 Jahren ihrer Entwicklungsgeschichte mittlerweile in jeder Region, jeder Stadt, jedem Dorf des Freistaats angekommen, und »die Hospizler«, die sich ehrenamtlich engagieren oder in der Hospizbewegung in Bayern eine berufliche Zukunft gefunden haben, sind so vielfältig wie die Regionen, aus denen sie kommen.
So sind auch die hier vorzufindenden Krimis – geprägt von ihrer Region, geprägt von Bayern. Autoren aller bayerischen Regionen anzusprechen und um einen schriftlichen Beitrag zu bitten, lag also nahe. Die Bereitschaft des ein oder anderen, sein Werk auch persönlich – vielleicht sogar in Zusammenarbeit mit dem örtlichen Hospizverein – vorzutragen, das hat die kühnsten Erwartungen während einer langen Autofahrt übertroffen!
Bayern ist groß und noch lange nicht jede Region mit einem Beitrag in diesem Werk vertreten. Und schon entsteht die Hoffnung auf eine Fortsetzung, die es aber nur geben kann, wenn Menschen wie Sie dieses Buch kaufen – weil Sie gute Krimis zu schätzen wissen und dieses Angenehme darüber hinaus mit dem Nützlichen eines finanziellen Beitrags zur Förderung des ehrenamtlichen Engagements bei

der Begleitung schwer kranker und sterbender Menschen und deren Angehöriger verbinden.

Allen Unterstützern dieses Projekts unser herzlicher Dank und Ihnen viel Freude beim Lesen!

*Dr. Erich Rösch ist Geschäftsführer des Bayerischen Hospiz- und Palliativverbandes.*

# Friedrich Ani

## Im Paradies

Sah schon hart aus, wie er so dalag, blutbesudelt über und über, beinah hätt ich mich übergeben, was ziemlich seltsam ausgesehen hätte, ziemlich seltsam. Ich hockte bloß da und ließ die Männer von der Polizei und vom Unfalldienst ihre Arbeit machen. Eine junge Frau in einem netten Kleid, sommerlich, ziemlich sommerlich, redete mit mir, wollte mich anscheinend beruhigen. Ich war ruhig, sehr ruhig. Nicht so ruhig wie Ludwig natürlich, der war jetzt ruhig für die Ewigkeit, aber man könnte sagen, ich war gefasst. Auch wenn das eine eigenartige Bezeichnung für einen wie mich ist.

Mein Name ist übrigens Ralph.

Ich kannte Ludwig seit dreieinhalb Jahren, als er an jenem sonnigen Spätfrühjahrstag jäh zu Tode kam.

Oder sagen wir: zu Tode kommen musste.

Wovon die Polizisten natürlich nicht die geringste Ahnung hatten, als sie ihn da unten, am Fuß des Abhangs, aus seinem gottverdammten roten Chrysler Cabrio schälten. Sie dachten, es war ein Unfall. Ludwig war hundertachtzig auf der Landstraße gefahren, ich hatte im Wagen gesessen, hinten, er brüllte gegen den Fahrtwind an, der Angeber. Unaufhörlich schrie er ihren Namen, mir taten schon die Ohren weh: SARAH! SARAH!

Immer wieder hatte sie davon gesprochen, ihn umzubringen. Am Ende hatte sie ihn nur noch gehasst, sie hasste ihn wie ein Geschwür. Als wäre er ein bösartiges Karzinom auf ihrer Haut, und mit Karzinomen kenn ich mich aus, ich hatte mal eins, das wurde wegoperiert.

So lernten wir uns kennen, Ludwig und ich, im Treppenhaus. Er kam rein, ich kam grad aus der Praxistür, er rutschte auf einem Hochglanzprospekt aus und fiel mir direkt vor die Füße. Lachen hätt ich können, wenn mir nach Lachen zumute gewesen wär. Auch wenn das reichlich eigenartig ausgesehen hätte bei einem wie mir, reichlich eigenartig. Unsereiner lacht nicht.

Er setzte sich auf die Treppe, rieb sich Arme und Knie und fing an zu reden. Über die Computerfirma, in der er arbeitete, über die Probleme mit den neuen Mikrochips, über einen Kerl, den er für einen Versager hielt und der trotzdem immer die besser bezahlten Aufträge bekam, lauter solchen Mist, der mich nicht im Geringsten interessierte. Endlich hörte er auf und lachte los. Lachte, als hätte er einen sensationellen Witz gehört. Ich schwör's, ich hab keinen erzählt. Er lachte also bloß so, vielleicht hatte er einen Schock oder war dabei auszurasten. Computerleute rasten gern aus. Er lachte und lachte, und ich hatte Schmerzen am Rücken von der Operation und wollt raus an die frische Luft. Ich machte mich davon, und er kam hinter mir her.

Angeblich wollte er in dem Haus eine Freundin besuchen. »Das ist ein Zeichen, dass ich hingefallen bin«, sagte er auf der Straße. Fabelhaftes Wetter, saftige Wiesen, Frauen in kurzen Röcken, schon sommerlich, massiv sommerlich, obwohl es erst April war.

»Die Frau ist von Anfang an ein Reinfall gewesen«, sagte er, »sie ist scharf auf mein Auto und sucht einen Job, so ist die. Ich hab das erst nicht gemerkt, aber jetzt ist alles ganz klar. Von mir kriegt die nichts. Das Blöde ist, ich steh auf sie, wenn ich mit ihr im Bett bin, rast ich aus.«

Ich wusste, dass Computerleute leicht ausrasten.

Wir standen auf dem Bürgersteig, und er redete weiter und ich hörte ihm zu. Das war unsere unausgesprochene Abmachung vom ersten Moment an: Er redet, ich hör zu, manchmal nick ich oder schüttel den Kopf, ansonsten ließ ich ihn labern. Er brauchte das. Und mir war's egal, ich bin ein guter Zuhörer. Und ich hör eine Menge.

Zum Beispiel hörte ich, was er zu Sarah sagte, als sie zum ersten Mal bei ihm übernachtete.

In der Zwischenzeit wohnte ich bei ihm. Er hatte eine Fünf-Zimmer-Wohnung am Pariser Platz und jeder von uns hatte eine Menge Platz für sich allein. Ich bin gern allein. Im Gegensatz zu Ludwig. Wenn er länger als eine halbe Stunde allein in der Wohnung war, RASTETE er aus. Rief hundert Freunde an, oder Leute, die er dafür hielt, und quatschte ihnen die Ohren ab. Meistens versuchte er es bei Frauen. Manche von ihnen fielen auf ihn rein und verabredeten sich mit ihm. Wie Sarah.

Sie war vierunddreißig und Chiropraktikerin. Wegen seiner Rückenwehwehchen hatte er sich von ihr behandeln lassen und jedes Mal, wenn er aus ihrer Praxis nach Hause kam, sperrte er sich im Bad ein. Aber ich hab verdammt gute Ohren, verdammt gute Ohren. Meiner Meinung nach kamen seine Kreuzverzerrungen daher, weil er dauernd an sich rumrubbelte. Ich weiß das, ich wohnte im Zimmer nebenan, durch die Wände war einiges zu hören. Zum Beispiel der Satz, den er zu Sarah sagte, als sie zum ersten Mal bei ihm übernachtete.

»Wenn du mir nicht gehorchst, passiert was!«

Ich wusste sofort, eines Tages würde etwas passieren. Allerdings was anderes, als er erwartete, was ganz anderes.

Sarah ließ sich tatsächlich auf ihn ein. Ging mich nichts an. Sarah und ich verstanden uns gut, sie warf mir manchmal Blicke zu, die mich nervös machten. Ich wusste nicht, was sie mir damit sagen wollte. Im Nachhinein denk ich, sie wollte mich als Verbündeten haben, sie knüpfte ein Band für den entscheidenden Augenblick, ich sollte auf ihrer Seite sein, wenn es so weit war.

Ludwig verabredete sich mit ihr fürs Wochenende, dann sagte er kurzfristig ab, weil er einen Termin hatte. Alles gelogen. Ich kannte die Wahrheit. Er legte die Freundin seines verhassten Kollegen flach, weil er ihn demütigen wollte. Lächerlich. Wenn Sarah nachts, nachdem er es massiv mit ihr getrieben hatte, lieber nach Hause fahren als bei ihm übernachten wollte, verpasste er ihr eine Ohrfeige. Einmal fesselte er sie ans Bett und behauptete am nächsten Morgen, das sei genau die Methode, die bei ihr zünden würde.

Seine Art, mit ihr umzuspringen, wurde allmählich sadistisch. Anscheinend befriedigte er damit eine Art Masochismus bei ihr, jedenfalls ließ sie sich seine Gemeinheiten und Betrügereien gefallen. Gleichzeitig hasste sie ihn. Sehr merkwürdig. Eine Zeit lang ging ich ihr aus dem Weg, weil ich ihr Verhalten nicht kapierte.

Mir sind Frauen rätselhaft wie Sterne, aber ohne sie wär's noch finsterer im Leben. Wenn Sarah Ludwig hasste, sich aber trotzdem alles von ihm gefallen ließ, was war da zu tun? Ich saß nebenan und hörte zu, wie er sie traktierte und wie sie schrie und wie sie sich stritten und wie Sarah dann mit nackten, patschenden Füßen durch den langen Flur lief und in der Küche Wodka aus der Flasche trank. Hätt ich mich einmischen sollen? Ich war mir sicher, Sarah würde von sich aus handeln, eines Tages. Eines Tages würde sie ihn bezahlen lassen für sein Schweineverhalten.

Der Tag war ein Sonntag. Spätes Frühjahr, Sonne und Vogelgezwitscher ohne Ende. Wenn ich mal eines dieser Biester zu fassen krieg, zermalm ich es, gottverdammtes Gezwitscher, ich hasse Vögel. Diese Viecher haben keinen Schimmer, wie es ist, hier unten zu leben, Geißeln der Schwerkraft, gottverdammt, ich kann gar nicht sagen, wie oft am Tag ich die Schwerkraft hasse.

Sonntag. Sehr früher Morgen.

Ich war wach und langweilte mich NICHT. Lag so da und lauschte zwangsweise dem Scheißgepiepe. Plötzlich ein leises Stöhnen nebenan, ich spitzte die Ohren. Was passierte? Ich schlich zur Tür, Ludwigs Tür war geschlossen, aber ich hörte seine Stimme. Dann ging die Tür auf und ich versteckte mich. Sarah sagte: »Ich hol das Öl, damit ich dich besser massieren kann.« Und sie tappte über den Flur. Ich roch ihren Duft, diesen rauen Duft, der aus allen Poren ihres Körpers strömte, ich weiß das, sie hatte mich mal umarmt. Dann kam sie zurück und tat etwas Merkwürdiges: Sie ließ die Tür angelehnt. War das ein Zeichen für mich? Ich konnte Ludwigs Beine erkennen, mehr nicht, er lag auf dem Bauch.

Diesmal aber hatte Sarah nicht nur das Öl geholt. Sondern auch ein Küchenmesser, das war lang und scharf, dermaßen lang und scharf, sie versteckte es hinter dem Rücken. Ludwig beachtete sie nicht. Er glaubte, sie wär nett wie immer. Sie schmierte ihn ein, sagte ein paar schmierige Sachen zu ihm und er grunzte und dann holte sie aus, das Messer in der Hand.

Da musste ich niesen. Das passiert mir nie, ich schwör's, gottverdammt. Ich nies höchstens ein Mal im Jahr, im November, vielleicht im Dezember, aber im Mai hab ich mein ganzes Leben lang noch nicht geniest. Ludwig fuhr herum, sah das Messer und schlug zu. Ich keuchte noch, und mein Herz klopfte dramatisch und mein halbes Gesicht war verklebt vom Rotz, den musste ich erst abwischen. Da fiel Ludwig über Sarah her und ließ seine Fäuste auf sie draufhageln. Sie hatte keine Kraft, sich zu wehren oder zu schreien. Er drosch wie ein Verrückter auf sie ein, er rastete total aus.

Und bevor ich was tun konnte, stürzte Ludwig aus dem Zimmer, zog sich an, riss die Autoschlüssel vom Haken, verpasste mir einen Fußtritt und jagte mich aus der Wohnung. »Du kommst mit, Ralph!«, brüllte er, und als ich ihn wütend anbellte, verpasste er mir noch einen Tritt. Ich rannte vor ihm her die Treppe runter und sprang in dieses gottverdammte rote Chrysler Cabrio.

»Diese Nutte!«, schrie er, gab Gas und ließ den Motor aufheulen.

Dann raste er los, und ich hockte hinten im schneidenden Fahrtwind, und meine Wut schäumte weiß aus meinem Maul.

Mit zweihundertzwanzig zischten wir über die Autobahn. Anstatt mich um Sarah zu kümmern, lag ich flach auf dem Rücksitz und dachte, der Scheißwagen hebt gleich ab. Ludwig brüllte immer noch. In der Nähe des Starnberger Sees bog er ab und nahm die Landstraße. Ich richtete mich auf.

»... und wenn ich zurück bin, häng ich sie mit dem Kopf voraus aus dem Fenster, und wenn sie was Verkehrtes sagt, lass ich sie los, das garantier ich dir. So was macht keine Nutte mit mir. Du hast mir das Leben gerettet, Ralph, ist dir das klar? Ohne dich wär ich jetzt eine Leiche, stell dir das vor, die hätt mich abgestochen, die Nutte! Ist schon irre, dass ich dich behalten hab, ich hätt dich auch wieder im Tierheim abliefern können, niemand wollt dich sonst haben, hähä, bloß ich, ich hab geschnallt, was du wert bist. Ralph, alter Freund. Jetzt machen wir uns einen schönen Tag nach all dem Horror und dann kümmern wir uns um die Nutte. Capito?«

Capito, dachte ich und sprang nach vorn. So schnell konnte er nicht blinzeln. Ich schnappte nach seinem rechten Arm, riss ihn vom Lenkrad weg, und Ludwig fuchtelte rum. Das verdammte rote Cabrio schleuderte über die Straße, hundertachtzig Stundenkilometer immer noch, fantastische Geschwindigkeit, lauer Wind, lustiges Gezwitscher in den Zweigen. Die Kiste flog auf den Abhang zu. Es wurde Zeit für mich, den Fuchur zu geben und schwerelos durch die Lüfte zu schweben.

Und wie es das Schicksal wollte, begegneten sich noch einmal unsere Blicke. Was is'n das jetzt?, sagte Ludwigs Blick und meiner: Deine Leasing-Karre ist jetzt Schrott.

Und während ich im Graben landete, mich überschlug und wohlbehalten auf die Beine kam, donnerte Ludwig gegen zwei oder drei Bäume und wurde am Ende, knapp überm weichen feuchten Frühjahrsgras, vom linken Hinterreifen seines roten Cabrios noch ordentlich rasiert.

Über und über voller Blut lag er da unten, und ich hockte mich hin und rührte mich nicht von der Stelle. Bis diese junge Frau zu mir kam, in ihrem sommerlichen Kleid, und sich neben mich kniete. Sie hatte einen hübschen Busen, aber sie roch nicht halb so rau wie Sarah, nicht mal ein Viertel so rau, nicht mal ein Achtel. Sie tätschelte mir den Kopf und hielt meinen Gesichtsausdruck allen Ernstes für traurig.

Seit ich bei Sarah wohne, bin ich viel ausgeglichener. Wir gehen oft spazieren, sie redet wenig, und wenn sie was sagt, dann immer schöne Sachen. Im Krankenhaus hab ich sie jeden Tag besucht, im Park, nicht im Zimmer, das ist verboten, weil ich angeblich bakteriell gefährlicher bin als die Verwandten der Patienten, so ein Scheiß. Am Anfang weinte sie oft, später lächelte sie manchmal, und wenn ich für sie im Kreis tanze, lacht sie sogar und sagt Ralphi Valentino zu mir.

Die Akte bei der Polizei ist geschlossen. Es war ein Unfall, tragisch. Ich hab viel Mitleid gekriegt, eine neue Erfahrung für einen räudigen Mischling wie mich.

Es gibt Nächte, da darf ich bei Sarah im Bett liegen. Das ist das Paradies. Ich saug ihren rauen Duft ein, und wenn sie fest schläft, streich ich ihr mit der Zunge über den Rücken. Sie stöhnt dann leise.

# Volker Backert

## Letzte Worte

Left is right – and right is wrong!« Leise sang Gerald vor sich hin, als er die Neonreklame im Schaufenster der Kunstgalerie im Münchner Luitpoldblock einschaltete. Unwillig flackernd erst brach sich *G & A – The Art Gallery* gleißend helle Bahn, hinaus in die feuchtkühle Dämmerung der Brienner Straße.

*Left is right – and right is wrong.* Erstaunlich, dachte Gerald, als er das Logo *G & A* betrachtete; erstaunlich, welch tiefe Lebensweisheit doch in dem trivialen Jazzrefrain aus alten Studententagen steckte. G & A – Gerald und Anette – »Left is right – and right is wrong!« A, Anette, war falsch, war der größte Fehler seines Lebens. Höchste Zeit für einen klaren, sauberen Schnitt. Nur noch eine halbe Stunde …

»Hast du Dr. Mertens angerufen? Nimmt er jetzt den Giacometti oder nicht?« Anette stand in der Tür. Kühl, perfekt, unnahbar – und immer direkt auf den Punkt: Sie wusste genau, dass er heute alle angerufen hatte; alle außer Dr. Mertens. Die pure Provokation! Während er kurz den Kopf schüttelte, stieg urplötzlich wieder die Wut in ihm auf, die alte, eisige Wut auf diese verkrachte Kunststudentin, die er Silvester 1979 im *domicile* an der Leopoldstraße aufgegabelt und nicht mehr losbekommen hatte. Er, der arrivierte Kunstprofessor, mit dem ewigen Traum von der eigenen Galerie. Und sie, die Möchtegernmalerin, schon damals getrieben – permanent getrieben! – vom Hunger nach Anerkennung, Erfolg und Geld. Seinem Geld!

Verärgert riss er seinen Blick los, mit dem er Anette die ganze Zeit unbewusst gemustert hatte: auch mit sechsundvierzig noch nahezu perfekte, frauliche Formen … gepflegte Eleganz … dunkle Augen, dunkles Haar … Fast alterslos attraktiv; wie das Blattgoldporträt von Gustav Klimt, wie *Adele Bloch-Bauer I*, dachte Gerald, als er den Rémy Martin XO Excellence auf seinem Schreibtisch entkorkte und sich langsam nachgoss. Und kein Mensch ahnt, dass wir seit Jahren getrennte Schlafzimmer haben … Erst hatte er sie noch insgeheim verdächtigt, einen anderen zu haben. Doch selbst Wilfert, sein eigens engagierter

Privatdetektiv, hatte nach vier Wochen kapituliert: »Vergiss es, Gerald. Es gibt keinen anderen Mann. Sie ist nur für die Galerie unterwegs.«

Zu viel unterwegs. Viel zu viel Bewegungsfreiheit hatte er ihr gelassen. Während er selbst kreativ im Büro saß, nach neuen Themen und Künstlern fahndete, sich um Flair und Ambiente der einflussreichsten Galerie Süddeutschlands kümmerte, fuhr Anette im ganzen Land herum, schloss – üb:erteuerte! – Verträge und Versicherungen ab, übernachtete in – exklusiven! – Hotels und hielt natürlich ihre – erstklassige! – Garderobe auf dem neuesten Stand.

Kein Sex, kein kaufmännisches Denken, kein künstlerischer Instinkt – dem Zeitgeist hinterherhechelnd statt neue Trends vorauszuahnen ... Geralds verächtlicher Blick verlor sich an der Wand in Jackson Pollocks *Action Painting Nr. 32*. 1950, Acryl auf Leinwand, 269 mal 457 Zentimeter, wirre schwarze Linien, wüste Farbspritzer ... jede äußere Ordnung scheinbar im Chaos versinkend ... und dennoch durchdrungen von konzentrierter Kraft und Willensstärke, klaren künstlerischen Kurs haltend ... bis zum Schluss! Er blickte auf die Uhr. Noch zehn Minuten bis zum großen Finale bei *G & A* ... Wohlige Wärme breitete sich in Gerald aus. Was für ein Cognac ...

»Left is right – and right is wrong!« Erwartungsfroh summend fuhr Gerald auf dem Bürostuhl Karussell. Durch die offene Tür blickte er ins Vorzimmer, wo sich Anette jetzt mit ihrer einzigen Mitarbeiterin besprach. Joyce. Joyce. Welch unsäglicher Las-Vegas-Name für eine waschechte Augsburgerin. Neunundzwanzig, kompetent und charmant; seit zwei Jahren Anettes rechte Hand. Ein absoluter Glücksfall, nicht nur für die Galerie. Versonnen strich er über seinen silbergrauen Schnauzer.

Joyce – sienarotes, schulterlanges Haar, mandelförmige Augen, grazile Eleganz. Ein Akt von Modigliani. *Jeanne Hébuterne* vielleicht; der schlanke, lange, weiße Hals ... Jetzt schien sie Anette fast ins Ohr zu flüstern, ins linke Ohr ... *Left is right – and right is wrong*. Gerald rieb sich die Hände. Eine erfreulich enge Zusammenarbeit der beiden, geradezu freundschaftlich. Viele vertrauliche Details hatte er so in den letzten Wochen durch Joyce erfahren. Details über teure Fehler Anettes bei Vertragsverhandlungen. Details über exorbitante Schneiderrechnungen. Und nicht zuletzt Details und Originalzitate, die vor allem eines zeigten: Anettes abgrundtiefe Verachtung für ihn.

Es reichte einfach. Endgültig. Nicht nur die Ehe war gescheitert, die Galerie selbst stand auf der Kippe. Eine teure Scheidung würde sie vollends in den Abgrund reißen.

Jetzt oder nie. Mit einem Ruck stand er auf, straffte sich kurz und energisch. Joyce schwebte herein; langsam, mit fast lasziver Eleganz. Fasziniert starrte Gerald auf ihren Mund, auf die dunkelroten Lippen, die ihn letzte Nacht noch an den Rand des Wahnsinns getrieben hatten. Die Lippen, die ihm auch die Augen geöffnet hatten – hinsichtlich Anette. Die Lippen, die heute früh telefonisch zwei Tickets geordert hatten. München–Nizza. Vier Wochen Côte d'Azur. Abflug in vierzehn Tagen, wenn alle unangenehmen Formalitäten erledigt waren. Joyce hatte sich als umsichtige, geradezu kongeniale Planerin erwiesen, nachdem sie von der alten Lebensversicherung auf Gegenseitigkeit erfahren hatte: Fünfhunderttausend Euro im Todesfall.

»Sind Sie so weit, kann ich den Champagner holen?«, hauchte Joyce.

»Ja, natürlich. Schenken Sie ein, Joyce, wie immer.«

Wie immer. Das Ritual, der Wochenabschluss in der Kunstgalerie *G & A* im Luitpoldblock, ein Glas Champagner im Büro. Anette kam herein, legte wortlos etwas auf den Schreibtisch und blickte ziellos, fast unruhig, aus dem Fenster, hinaus in die ungemütliche Herbstnacht. Abschied, dachte Gerald. Abschied für immer. Gelassen wandte er sich Joyce zu, die auf einem kleinen Silbertablett drei gefüllte Gläser hereinbalancierte. In der Mitte ihr eigenes; französisches Bleikristall, spätes 19. Jahrhundert. Links und rechts davon die beiden anderen, identischen aus der 1959er-O'Hara-Kollektion. Ruhig nahm Gerald die beiden vom Tablett. Zügig, ohne zu zittern, reichte er, wie zuvor tausendmal mit Joyce einstudiert – *Left is right – and right is wrong* –, das Glas aus seiner Rechten an Anette weiter.

»Santé!« Ein sanftes Klirren, kühler Samt, der am Gaumen entlangperlte und langsam, neues Leben verheißend die Kehle hinabrollte … Nur der schwache Nachgeschmack trübte etwas den Genuss … schade, der Rémy zuvor …

Anette, immer noch ganz normal, aufrecht stehend; ihr Blick vielleicht etwas unstet … Joyce, fast amüsiert von Anette zu Gerald blickend … Gerald wurde unruhig. Leichtes Sodbrennen kündigte sich an. Und das Büro war wieder völlig überheizt heute. Schnell noch einen tiefen, kühlen Schluck. In Geralds Magen schien ein Feuerball zu explodieren … was für ein unmenschlicher Schmerz … ein Geschwür vielleicht ... ein Durchbruch ... nein, noch schlimmer: Hatte er die Gläser verwechselt!? Sein Magen stand in Flammen, aufstöhnend brach er zusammen, die Arme fest auf den Leib gepresst. Ein Arzt ... Joyce musste sofort einen Arzt rufen! Mühsam suchte er nach Hilfe, drehte verzweifelt den Kopf ... und sah Joyce und Anette eng umschlungen, in fiebrig-nervöser Erwartung auf ihn herabstarren ...!

Grausamer Schmerz tiefster Erkenntnis schoss glühend heiß durch Geralds Gedärme, während seine zuckenden, schaumverschmierten Lippen ein letztes Mal jenen unsagbar grauenvollen Trugschluss seines Lebens brabbelten: »Left – is – right – and – right – is – wrong ...!«

# Jan Beinßen

## Tödliches Grün

Dreißig Millionen deutsche Gartenbesitzer haben einen Rasen, im Durchschnitt zweihundertfünfzig Quadratmeter groß. Jahr für Jahr verteilen sie fünfzehntausend Tonnen Saatgut – in der vagen Hoffnung, es möge sie dem Traum jenes feinen Zierrasens ein wenig näher bringen, der für Golfplätze typisch ist. Aber freilich gelingt es nur den allerwenigsten.

Ohne unbescheiden klingen zu wollen, möchte ich feststellen: Mir ist es gelungen! Ich habe es fertig gebracht, die perfekte Grünfläche anzulegen. Ich verfüge über das notwendige Selbstvertrauen, um behaupten zu können, dass mein Gras das gesündeste, homogenste und makelloseste in ganz Nürnberg ist und über die feinsten Blätter und zugleich dichteste Narbe verfügt. Ach, was sage ich? Nicht nur in Nürnberg, sondern in ganz Deutschland, wahrscheinlich sogar europaweit.

Nun, ehrlicherweise muss ich mich in einem Punkt korrigieren: Es ist nicht direkt mein Rasen, von dem ich spreche. Zumindest nicht im juristischen Sinn. Eigentümer ist mein Chef, der mich letzten Sommer als neuen Gärtner eingestellt hat. Ein passionierter Golfer, der die satte Farbe des Putting Green auch im Garten seiner Villa genießen wollte.

Diesen Wunsch habe ich ihm erfüllt. Das hat mich viel Mühe, Zeit und Schweiß gekostet, denn was mein Vorgänger mir hinterlassen hatte, kann man nur als rasentechnisches Desaster bezeichnen. Ich musste bei null anfangen und habe mich ganz und gar meiner neuen Aufgabe verschrieben. Mit Erfolg, wie man in diesem Sommer sieht.

Ich mähe ein- bis zweimal täglich auf zwei Zentimeter Länge, dünge fünf- bis zehnmal pro Saison. Schon früh am Morgen ziehe ich meine Bahnen und durchkämme mit Jagdblick die Halme, stets auf der Suche nach dem Unvorstellbaren, dessen Entdeckung immer auch mit dem Gefühl der Scham verbunden wäre: Gänseblümchen und Löwenzahn haben auf meinem Rasen nichts zu suchen!

Dass ich so erfolgreich bin, kommt nicht von ungefähr: Ich kenne mich aus mit der Materie und habe mich gebildet. Von mir erfahren

Sie alles, was es über Wiesen zu wissen gibt: Ein Rasen ist im Prinzip nichts anderes als eine künstlich angelegte, nur aus Süßgräsern bestehende und durch regelmäßigen Schnitt kurz gehaltene Pflanzendecke. Durch Verdunstung des Bodenwassers spendet der Rasen im Sommer Kühle, seine Wurzeln bewahren den Boden vor Erosion. Gleichzeitig hat ein hochwertiger Rasen etwas – wie soll ich sagen? – Magisches.

Das beruhigende Grün des erweiterten Seelenraums Rasen kann allerdings nicht darüber hinwegtäuschen, dass gerade bei der intensiven Rasenpflege Nachbarschaftskonflikte unausweichlich sind. Ragen die Äste eines Nadelbaumes auch nur wenige Zentimeter über den Zaun, beeinträchtigt er durch Schattenwurf das Wachstum. »Als Mechanismus der Toleranzschwellenherabsetzung birgt der gepflegte Rasen jede Menge Aggressionspotenziale«, hat mein Anwalt daher sehr treffend schon am ersten Verhandlungstag gesagt.

Aber der Reihe nach. Ich wollte zunächst noch etwas über die Geschichte des Rasens erzählen: Als Ursprungsland des kurz geschorenen Zierrasens gilt England. Seit Elisabeth I. im 16. Jahrhundert ihren Adel zu repräsentativer Gartenkunst ermutigte, entstanden dort weitläufige Lustgärten. Bei uns in Deutschland setzte sich städtischer Rasen vom 19. Jahrhundert an durch, um Freizeitorte für unruhige Proletarier zu schaffen. Die Mittelschicht eroberte den Rasen mit den Wirtschaftswunderjahren, in denen die blühende Gartenkultur auch der Dokumentation des eigenen Erfolgs diente.

Bei einem Kunstprodukt wie dem Rasen geht es um die Schaffung von Homogenität. Noch so ein Wort, das ich erst durch meinen Anwalt kennengelernt habe. Anders ausgedrückt könnte man wohl sagen, dass ich ein ordnungsliebender Mensch sein soll. Was durchaus zutrifft. »Jede Form von Beeinträchtigungen wird von meinem Mandanten als Gefahr für die innere Ordnung des Seelenhaushalts angesehen«, erklärte mein Verteidiger dem Richter.

Stimmt. Die Sache mit den überstehenden Nachbarsbäumen hat mir schlaflose Nächte bereitet. Und tatsächlich sind meine schlimmsten Albträume wahr geworden, als in der beschatteten Zone kleine bräunliche Flecken auftauchten. Ich schlug sofort in meinem Diagnose- und Therapiehandbuch für Rasenkrankheiten nach und überlegte, ob es sich möglicherweise um Anfangszeichen für Brown Patch handeln könnte. Furchtbar! Ich meine: Da kannst du dich doch aufhängen, wenn die Gräser so aussehen. Ich habe es in meiner Not mit kleinen

Stickstoffgaben versucht, damit die erkrankten Stellen schneller herauswachsen. Aber das brachte nicht viel. Die einzige Lösung bestand darin, die Nachbarsbäume zu fällen.

Das habe ich getan. Der Nachbar regte sich sehr darüber auf. Er beschimpfte mich und wurde beleidigend. Wenn er sich nur über mich ausgelassen hätte, wäre wahrscheinlich nichts passiert. Aber dann begann er damit, meinen Rasen schlechtzureden. Er nannte ihn einen überzüchteten Teppich und ihm fielen noch weitere schlimmere Dinge ein, die ich hier nicht wiedergeben möchte.

Jedenfalls habe ich ihm mit derselben Axt den Schädel zertrümmert, mit der ich zuvor seine Fichten gefällt hatte. Dafür werde ich wohl trotz meines guten Anwalts ins Gefängnis müssen. Es ist ein quälender Gedanke nicht zu wissen, wer sich für den Rest des Sommers um meinen Rasen kümmert.

# Angela Eßer

## Nessun dorma

Siebenundfünfzig Rentner draußen auf dem Gang und ein toter Busfahrer in der Gerichtsmedizin. Alle mindestens über siebzig, außer dem Busfahrer, der lag knapp drunter. Siebenundfünfzig deutsche Touristen aus Augsburg. Eine komplette Reisegruppe vor seinem Büro. Und bis jetzt vierunddreißigmal dieselbe Geschichte. Commissario Alessandro di Zampone stöhnte. Er konnte sich ausrechnen, wie oft er noch »Aber ich kann doch nichts dafür, Herr Commissario!« hören würde, angereichert mit Krankheitsgeschichten, Schwächeanfällen, Trinkpausen, Familienanekdoten und natürlich Mafia-Gerüchten. Einmal auf Deutsch und dann in der italienischen Übersetzung.

Aber es half alles nichts. Schließlich hatten sie hier einen Toten. Einen toten Busfahrer, der noch vor gar nicht so langer Zeit quicklebendig auf der Via Emilia gefahren war und heute Mittag tot am Tisch lag. Mit dem Kopf im Pastateller, das Gesicht voller Tomatensoße.

Also dann, er atmete tief ein, Nummer fünfunddreißig. »Liebe Signora … äh … Munster …«

»Münsterländer. Signorina, per favore. Signorina Münsterländer.«

»Bene, Signorina Munsterlander. Scusi – entschuldigen Sie, dass Sie haben so lange warten müssen.«

»Das ist schon in Ordnung, Herr Commissario. Wie sagt man: Sie tun auch nur Ihre Pflicht.«

»Si, Signorina.«

Die kleine betagte Dame war ihm sympathisch. Sie wirkte zwar ein bisschen antiquiert, aber sie hatte ruhige klare Augen. Sie würde hoffentlich nicht ausschweifend werden oder gar einen Ohnmachtsanfall bekommen.

»Also, Sie waren mit dieser Reisegruppe schon ein paarmal in Italien. Lombardei, Venedig, Toskana, Latio, und dieses Jahr wollten Sie nun unsere schöne Emilia Romagna entdecken.«

»Si, Commissario. Von Bologna nach Rimini, aber nicht auf der Schnellstraße, sondern einmal wirklich die alte Via Emilia entlang, der Küche Italiens.«

Sie mochte den Mann. Er wirkte zwar ein bisschen überarbeitet und ungeduldig, aber er würde sie verstehen. Und das, obwohl er Willi nicht gekannt hatte. Er hatte Willi ja erst gesehen, als er schon tot war. Commissario Zampone würde sicher nachfühlen können, wie es ihr ging.

Zampone, Zampone ... ein schöner Name. Das war doch das italienische Wort für ...

»Liebe Signorina, Sie sind also mit der Reisegruppe im Albergho Cagliostro untergebracht. Erzählen Sie mir doch einfach, was passiert ist.«

»Herr Commissario, so einfach ist das nicht!«

»Comme, Signorina?«

Nein, bitte nicht schon wieder. Nicht schon wieder die Geschichte mit der Katze. Vielmehr dem Kater, der »Pavarotti« hieß und der Nachbarin von diesem Herrn Schmitt gehörte. Und wenn in diesem Albergho nicht ein Pavarotti-Double von Kater herumgestreunt wäre ...

»Wissen Sie, in der Albergho ist die Maria so ein bisschen Mädchen für alles. Sie macht uns das Frühstück, kocht dort, kümmert sich um die Blumen und hat immer ein freundliches Wort für uns. Und bei all den Touristen, die sie jeden Tag sieht und die sicher nicht immer pflegeleicht sind, hat sie trotzdem gute Laune. Jeden Morgen steht sie im Frühstücksraum, macht uns wunderbaren Cappuccino und summt dabei *Nessun dorma*. Und wenn Maria nicht dieses *Nessun dorma* gesungen hätte ...«

Wieso jetzt *Nessun dorma*, dachte Zampone, nicht der Kater?

»*Nessun dorma?*«

»Ja, Sie kennen dieses Lied doch sicherlich.«

»Si, Signorina, ich kenne das Lied.«

»Herr Schmitt ... also, Sie kennen doch Herrn Schmitt jetzt ... der hat dann manchmal mit eingestimmt, wenn auch völlig falsch. Aber Maria hat gelacht und mit ›bene, bene‹ gelobt. Ja und dann lief dieser Kater durch das Albergho, aber das werden Ihnen die anderen ja sicherlich schon alles erzählt haben.«

»Si, Signorina.«

Er holte tief Luft. Also doch der Kater. Warum musste er sich eigentlich immer und immer wieder diese dämliche Geschichte anhören?

»Herr Schmitt hat dann ›Pavarotti!‹ gerufen und … stellen Sie sich vor, der Kater ist tatsächlich gekommen, obwohl der doch sicher ganz anders heißt. ›Pavarotti?‹, hat Maria erstaunt gefragt und Herr Schmitt hat von dem Kater seiner Nachbarin erzählt. Maria fand das sehr lustig und hat dann angefangen, von Pavarotti zu erzählen, also dem echten, Sie wissen schon, diesem großen Sänger. Schließlich stammt er ja aus dieser Gegend, aus Modena.«

»Si, Signorina.«

Oh, sie sprach Modena ja sogar richtig aus. Die meisten Deutschen zogen das »e« wie einen Kaugummi auseinander, dabei war es doch so einfach.

»Maria schwärmte von seiner wunderbaren und einmaligen Stimme und erzählte, dass Pavarotti auch ein großartiger Hobbykoch gewesen sei. Und sie hätte sogar das Originalrezept seiner *Piccantina*.«

»Das Originalrezept von Pavarotti?

»Ja. Sie hat es natürlich nicht von Pavarotti direkt, aber sie hat eine Schwägerin, deren Tante es ihm wohl«, sie räusperte sich, »abgeschwatzt hat. Aber es ist das Originalrezept. Und da hat Herr Schmitt sie überredet … Sie müssen wissen, Herr Schmitt ist ein Mann mit sehr viel Charme«, erklärte sie und errötete dabei. »Also, er hat eine Blume aus der Vase vom Tisch genommen und Maria gebeten, es für uns zu kochen. Maria hat strahlende Augen bekommen und gesagt, dass es ihr eine Freude wäre. Sie wurde allerdings gleichzeitig ein wenig verlegen und erklärte, sie hätte leider keinen original Aceto, denn der wäre doch so teuer, ob sie auch etwas anderes kochen könne. Aber da hat sie Herr Schmitt unterbrochen, sie in den Arm genommen und gesagt, das wäre überhaupt kein Problem, er hätte welchen auf seinem Zimmer …«

»*Aceto Traditionale di Modena*?« Alessandro di Zampone hob die Augenbrauen.

»Ja, den original Essig und nicht das, was wir von zu Hause aus dem Supermarkt kennen. Herr Schmitt war ganz stolz und freute sich sehr, uns allen dieses kleine Vermögen zu spendieren. Wissen Sie, so viel vom Leben haben wir auch nicht mehr und …«

»Und diese Maria hat wirklich das Originalrezept von Pavarottis *Piccatina*?«

»Natürlich, Herr Commissario. Maria lügt nicht, das hätte ich gemerkt!«

»Und sie wollte wirklich das Rezept mit *Aceto Traditionale* machen?«

»Aber sicher, Herr Schmitt hat ihr die Flasche gegeben.«

Ihm lief das Wasser im Mund zusammen. Unglaublich, Pavarottis *Piccatina* und er hatte nicht einmal mehr ein paar Kekse in seiner Schublade. Er wollte endlich nach Hause, auch wenn es da keine *Piccatina* gab. Er holte tief Luft. »Signorina, wie ging es dann weiter?«

»Ja, wie ging es dann weiter? Lassen Sie mich kurz nachdenken. Es war ja so eine Aufregung, weil Herr Schmitt den Aceto holen ging und Willi, also der Busfahrer, ich meine, der Tote …«

»Si?«

»Willi hat sich so fürchterlich aufgeregt, er wollte doch mit uns den Ausflug wieder zu so einer Fattoria machen. Da sollte eine Weinprobe stattfinden, so wie das Willi jedes Jahr für uns arrangiert. Und dort sollte es auch Aceto geben, aber jetzt hatte Herr Schmitt doch schon welchen gekauft. Ja, und dann sollte diese Fahrt nun ausfallen, wegen der *Piccantina*. Herr Schmitt hat versucht, ihn zu beruhigen, und ihm versprochen, wir würden den Ausflug einfach später machen. Und das, obwohl ich von Herrn Schmitt weiß, dass er bei der Weinprobe keinen Wein mehr kaufen wollte. Er hat nämlich zu mir gesagt, zu Hause würde der Wein nie so gut schmecken wie hier in Italien.«

Langsam wurde Alessandro di Zampone ungeduldig. Weinprobe, *Piccantina*, Pavarotti hin oder her. Der Busfahrer war tot und das ganz bestimmt nicht, weil er sich ein bisschen aufgeregt hatte.

»Signorina, was ist dann passiert?« Er trommelte mit den Fingern auf den Tisch.

»Das weiß ich nicht mehr so genau. Ich weiß nur noch, dass Maria den Tisch gedeckt hat. Ja, und Parmesan, den frisch geriebenen, den hat sie auch auf den Tisch gestellt. Willi war … also, er war eigentlich putzmunter!«

»Signorina Munsterlander, der Busfahrer war nicht putzmunter, sondern lag irgendwann tot am Tisch!« Alessandro di Zampone schaute die kleine alte Dame forschend an. Jetzt war Schluss, er hatte keine Lust, noch stundenlang immer dieselbe Geschichte zu hören.

»Vielleicht hatte er ja einen Herzinfarkt, Herr Commissario, das kann passieren in dem Alter. Und außerdem hat Willi immer so viel getrunken, obwohl er doch noch den Bus fahren musste. Es war alles ganz schrecklich, aber ich kann doch nichts dafür, Herr Commissario!«

Da war es also schon wieder. Jetzt also zum fünfunddreißigsten Mal: »Aber ich kann doch nichts dafür, Herr Commissario!« Der Busfahrer war aufgedunsen, völlig grün im Gesicht und die Augen waren schreckgeweitet gewesen, aber keiner konnte etwas dafür. Di Zampone fasste sich an den Bauch. Und jetzt fing auch noch sein Magen an zu knurren.

»Signorina, Sie saßen doch alle mit am Tisch und wollen nichts gemerkt haben? Impossibile – unmöglich, das kann ich mir nicht vorstellen.«

»Sie müssen mir glauben, Herr Commissario. Willi war ganz normal. Immer noch aufgebracht, aber er hat sich wahrscheinlich auch auf die *Piccatina* gefreut …«

»*Piccatina, Piccatina, Piccatina*«, di Zampone spuckte die Worte förmlich aus. »Signorina Munsterlander, so kommen wir nicht weiter. Ihrem Busfahrer ging es morgens wunderbar, er regt sich ein bisschen auf …«, drohend stellte er sich vor sie, »Signorina, hier ist ein unschuldiger Busfahrer gewaltsam zu Tode gekommen und niemand kann sich an irgendwas erinnern. Es muss aber irgendwas passiert sein und … maledetto! Wissen Sie was, ich glaube, dass eine Nacht hier in der questura bei Ihnen allen wieder ein bisschen die Erinnerung auffrischen würde, was halten Sie davon?«

»Aber Herr Commissario, Sie wollen uns alte Leute doch nicht etwa … und außerdem, so unschuldig war Willi nun wiederum auch nicht!«

»Come prego?«

»Mir haben zu Hause all diese gekauften Weine nie so gut geschmeckt wie in Italien. Herrn Schmitt übrigens auch nicht, wie ich Ihnen schon gesagt habe. Und mein Grappa, den ich letztes Jahr auf so einer Fattoria gekauft habe … so ein schöner bernsteinfarbender … also der war ganz merkwürdig. Und dann habe ich, ganz zufällig, Herr Commissario, das müssen Sie mir glauben, also, da habe ich gehört, wie Willi zu jemandem am Telefon gesagt hat, wie wunderbar es doch wäre, dass so alte Omis, stellen Sie sich vor, er hat wirklich ›alte Omis‹ gesagt, also, dass alte Omis auf den Urlaubsfahrten ihre Rente nicht mehr in Rheumamatratzen und Heizdecken investieren würden, sondern in deutschen Schnaps mit …« Sie stockte.

»Ascoltano, Signorina …«

»Stellen Sie sich vor, er hat einfach billigen deutschen Schnaps mit einem schönen italienischen Etikett beklebt und …«, sie räusperte sich, »ich möchte gar nicht wissen, wie er es geschafft hat, dass der Schnaps so gelblich wurde.«

Der Commissario verschränkte seine Arme. Soso, gelblicher deutscher Schnaps. Sicher, hier wurde an jeder Ecke falscher Parmaschinken, falscher Parmesan und natürlich auch falscher *Aceto Tradizionale* verkauft. Aceto, der eigentlich teurer war als so manches Parfüm. Aber gelblicher Schnaps? Il pasticcio! Was für eine verrückte Geschichte. Wahrscheinlich kam jetzt wieder, wie schon vierunddreißigmal vorher, dass die Mafia einen unliebsamen Konkurrenten ausgeschaltet hätte. Aber hier in seiner Romagna gab es keine Mafia. Dass die Deutschen immer so eine Fantasie hatten. Hier gab es die eine oder andere Gaunerei, aber keine Mafia.

»Also ich glaube, dass die Mafia irgendetwas damit zu tun hat.«

Di Zampone beugte sich langsam auf seinem Stuhl nach vorne und sah sie durchdringend an.

»Adresso finito – jetzt ist Schluss, Signorina, und jetzt hören Sie mir einmal genau zu. Hier schaltet die Mafia keinen deutschen Busfahrer aus, weil er ein bisschen gepanschten Wein oder deutschen Schnaps mit falschem Etikett an Sie verkauft hat.« Er machte eine kurze Pause. »Wissen Sie, was ich glaube? Ich glaube, SIE, liebe Signorina, SIE allein fühlten sich betrogen. SIE wollten ihn bestrafen und niemand anders …«

Er sah, wie sich das Gesicht der kleinen alten Dame dunkelrot färbte und sie die Augen schloss.

»Aber es war doch nur eine kleine Tablette, Herr Commissario …«

Di Zampone hielt die Luft an. Madonna mia, das konnte doch nicht wahr sein, sie hatte tatsächlich den Busfahrer … »Eine kleine Tablette? Signorina, der Busfahrer ist tot!«

»Es ist alles nur passiert, weil Maria den frisch geriebenen Parmesan für die Pasta auf den Tisch gestellt hat und wenn sie nicht *Nessun dorma* gesungen hätte …«

»Wenn, wenn, wenn … Signorina, bleiben Sie bei der Sache!«

»Entschuldigen Sie, Commissario, ich versuche, es Ihnen zu erklären. Wenn Willi … also Willi hat das Essen immer so hinuntergeschlungen und … er hat wirklich nichts gemerkt … aber, Herr Commissario, es kann doch nicht sein, dass so eine kleine Tablette«, sie schaute ihn mit großen Augen an, »das kann doch nicht sein, oder?«

Di Zampone schwieg.

»Nun, Herr Commissario, Sie kennen das noch nicht, aber in einem gewissen Alter fällt manchmal das Einschlafen schwer. Vor allem in einer fremden Umgebung und für diesen Fall, nun … der Arzt hat gemeint, es wäre ein vollkommen biologisches Mittel.«

»Signorina, ich verstehe nicht ganz.«

»Herr Commissario, manchmal, aber wirklich nicht sehr oft, trinke ich ein Gläschen Rotwein und dann … dann nehme ich eine kleine Schlaftablette. Und bei Willi, da dachte ich …«

»Si?«

»Willi war doch immer noch völlig außer sich, weil der Ausflug mit der Weinprobe nun jetzt nicht … und außerdem wollte er …, da dachte ich, dass Willi ein kleiner Mittagschlaf gut tun würde.«

»Also, eine Ihrer kleinen Tabletten?«

»Natürlich, Herr Commissario, aber ich habe mir nichts dabei gedacht. Ich habe einfach nur die Tablette mit dem Löffel zerdrückt und über den Parmesan, der vor Willi stand, gestreut.«

Er schloss die Augen und rief sich den Speisesaal noch einmal ins Gedächtnis. Der tote Busfahrer mit dem Gesicht in der Pasta und überall die Tomatensoße.

»Von einer kleinen Schlaftablette stirbt aber niemand!« Di Zampone atmete schwer ein. »Es reicht jetzt, Signorina, raus mit der Wahrheit!«

Das Telefon auf seinem Tisch klingelte. Di Zampone fluchte. »Pronto?«

Der Gerichtsmediziner. Endlich bekam er den Bericht über den toten Busfahrer. Jesubambini! Er konnte kaum glauben, was er da hörte. Ein harter Schlag, vor allem auf seinen leeren Magen. Langsam legte er den Hörer wieder auf.

»Signorina, Ihre kleine Tablette, die …«

»Sie müssen mir glauben, Herr Commissario. Ich habe ihm nur eine Tablette untergemischt. Wirklich nur eine.«

*Nessun dorma.*

Niemand schläft. Außer Willi.

Di Zampone kratzte sich am Kopf. »Signorina, bitte!«, flehte er und lief in seinem Büro auf und ab. Er hörte, wie die kleine alte Dame anfing zu schluchzen.

»Wirklich nur eine. Ich meine … jeder …«, flüsterte sie.

»Was haben Sie gerade gesagt?« Er drehte sich ruckartig um und starrte sie an.

»Nichts! Ich sage jetzt gar nichts mehr!«

Di Zampone ließ sich auf einen Stuhl fallen und nickte. Nein, er brauchte nicht noch einmal nachzufragen, er hatte verstanden und lachte plötzlich leise auf.

Alle waren von Willi betrogen worden, alle wollten sich ein klein wenig rächen. Alle nur ein klein wenig.

Er hatte noch den Gerichtsmediziner im Ohr, der nicht nur eine kleine Schlaftablette gefunden hatte, sondern auch Rheumapillen, Schilddrüsenpräparate, Abführmittel und Herztabletten. Eine halbe Urlaubsapotheke, die der Busfahrer hinuntergeschlungen hatte. Incredibile, unglaublich.

Jetzt fällt es mir wieder ein, dachte Signorina Münsterländer, *zampone* heißt auf Deutsch »gefüllter Schweinsfuß«. Schlimm, mit so einem Namen herumlaufen zu müssen.

# Nicola Förg

## Jessas!

Fanny Lang war wirklich keine, die sich einmischte. Schon gar nicht beim Nachbarn Alois Strobl. Als der Alois Strobl senior noch gelebt hatte, da war der Kontakt ein ganz anderer gewesen. Der Senior war bei den Trachtlern *D' Mittagsstoaner* Mitglied und lange Jahre Feuerwehrkommandant gewesen. Er war Jager und mehrfacher Schützenkönig. Ein pfundiger Bursche, wiewohl rein figürlich eher ein sehr zaches, dürres Manderl. Aber sein Herz war eben pfundig gewesen. Als er ablebte, trauerte die ganze Gemeinde. Fast schon der ganze Landkreis. Die Kirche hatte den Ansturm der Trauergäste gar nicht bewältigt. Der Friedhof auch nicht. Der Junior war hingegen seltsam unbeteiligt am Grab gestanden, da war seine Cousine, die im fernen Chiemgau, gut hundert Kilometer entfernt, lebte, ja mehr erschüttert gewesen. Die Mutter vom Alois, die gute Hedwig, war ja schon vor Jahren gestorben, auch sie eine honorige Dorfbewohnerin, keine hatte je mehr eine solche Geranienpracht erreicht! Man musste sich wirklich fragen, wie der Sohn so hatte werden können ... Also so ganz anders eben.

Der Alois hatte in Weihenstephan ja durchaus Landwirtschaft studiert, und als der Vater dann verstorben war, hatte er den Milchviehbetrieb übernommen. Und ziemlich bald auf Ochsenmast umgestellt. Was für ein Schmarrn! Der Alois hatte alsbald den ganzen Stall voller Kastraten, und wenn mal einer zum Metzger ging, dann fuhr er selber im Viechanhänger hinten drin mit. Man raunte aber, er verdiene gut an dem Fleisch. Irgendso ein gspinnerter Metzger im Nachbardorf, den vor allem die Neubürger aus dem Neubaugebiet aufsuchten, der zahlte wohl gutes Geld für das Fleisch, das angeblich besonders schmackhaft sein sollte. Die Fanny hätte da nie eingekauft. Und dann zeigte sich der Alois auch nie im Dorf. Er war nicht bei den Trachtlern, nie bei der Plattlerjugend gewesen, nie bei den Schützen und schon gar nicht bei der Feuerwehr. Er saß nie an Stammtischen, und dann kam der absolute GAU: Er hatte seinen Besitz aus der Jagd genommen, er war allen Ernstes bei einer Vereinigung, die sich »Bauern gegen die

Jagd« nannte. Purer Irrsinn, dabei war bei den Strobls – ganz anders als bei einigen anderen – eigentlich nie Familienschwachsinn vorgekommen ...

Jedenfalls wäre die Fanny nie hinüber zum Alois gegangen, aber die Viecher plärrten dermaßen, dass es ihr ganz Angst wurde. Und irgendwie derbarmten sie die Tiere auch. So ging sie also doch hinüber, alles war verrammelt, das Gebrüll der Ochsen wurde immer lauter. Fanny gelang es schließlich, über eine kleine Seitentür am Anbau über die ehemalige, verwaiste Milchkammer in den Stall zu kommen. Das Ausmaß der Katastrophe war der Austragsbäuerin sofort klar. Die Tiere hatten absolut nichts zu fressen. Sie hatten ja schon das ganze Stroh vertilgt. Was also tun? Die Fanny sandte einen angewiderten Blick zum Einstreuroboter, der an der Decke hing, und zum Futterroboter gleich dazu. So ein neumodisches Glump! So ein Graffl! Und wo war eigentlich der Alois, dieser Lapp? Die Fanny war immer noch behänd wie eine Junge – und verteilte Heu, nur eben ganz traditionell mit der Gabel. Die Ochsen waren wie rasend, so einen Kohldampf hatten sie! Danach eilte die Fanny hinaus, hinüber zum Rathaus, wo der Bürgermeister, der sonst und vor allem Lehrer war, gerade wegfahren wollte.

»Sepp, Kreizdeifel, wart!«

Sepp Unger wartete, und die Fanny schickte sich an zu berichten. Dass der Lackl anscheinend schon seit Tagen nicht mehr gefüttert hätte, was der sich denke, und sie lamentierte so lautstark, dass mehr und mehr weitere Dorfbewohner auftauchten. Was die Fanny erst stoppte, war der Satz vom Unger: »Und wenn dem Alois was passiert ist?«

Das hatte die Fanny natürlich nicht bedacht. Warum auch? Der Unger aber, der versuchte, zusammen mit dem Hartl, dem Feuerwehrkommandanten, ins Haus zu gelangen. Der Hartl beäugte den Briefkasten, der begann überzuquellen, und schaute mit seinen verwässerten Äuglein dem Unger in seine grauen Schweinsäuglein. Unger nickte, und der Hartl rief dann die Polizei. Die kam wenig später, drang ins Haus ein, gähnende Leere. Die Küche war picobello sauber, zwei fast identisch aussehende Tigermiezen lagen auf der Eckbank. Sie hatten in der Küchentür und im Gang je eine Katzenklappe, zudem im Eck der Küche einen Futterautomaten und einen Wasserautomaten; sie litten also keinen Hunger.

»Des san die Aronal und der Elmex«, erklärte Fanny dem Kommissar, der Karl Köhler hieß.

»Bitte?«

»Ja, die hoaßen so«, sagte die Fanny, und es war ihr anzuhören, was sie davon hielt.

Die Polizistin, die den Kommissar begleitet, gluckste, während sie eine der Katzen streichelte. »Und is des jetzt die Aronal?«

»Na, des is der Elmex, der is verschmuster«, sagte Fanny, obwohl ja keiner wissen musste, dass der Kater öfter mal bei ihr vorbeischaute. Bei ihr war sicher besser geheizt als beim Alois. Sie hatte ihren Kachelofen nämlich immer an.

Die Polizei befragte die Dorfbewohner, keiner wusste irgendetwas, keiner hatte den Alois weggehen sehen. Keiner hatte ihn die letzte Woche gesehen. Allerdings hatten ihn die wenigsten überhaupt mal gesehen – so im letzten Jahr …

Vom Strobl war keine Spur zu entdecken. Sein Auto stand in einem Schuppen, die zwei Bulldogs auch: der neue Angeber-Fendt und der alte kleine Cormick. Karl Köhler umrundete die Fahrzeuge, und plötzlich hielt er inne.

»Jessas! Leck mi fett!«, rief er.

Nun – er war fast in eine Lache getreten, die zwar getrocknet, aber für ihn, den Profi, ganz klar als Blut zu identifizieren war. Er scheuchte mit gewichtigen Gesten den Unger, den Hartl und die Fanny weg. Die Kollegin begann, ein Band auszurollen.

»Herrschaftszeiten«, murmelte die Fanny. Das war ja wie im Fernsehen. Und wie dort kamen Männer in seltsamen Überzieherli-Anzügen und sicherten Spuren. Das ganze Dorf stand wie eine Mauer, die immer wieder gekrönt war mit grünen und grauen teils sehr verbeulten und speckigen Trachtenhüten. Jeder hing so seinen Gedanken nach, bis der Hartl es aussprach: »Vielleicht hätte man den Alois doch mehr einbeziehen müssen, also …«

Ja, vielleicht hatte die kollektive Dorfseele da doch versagt. Denn immerhin war der Strobl Alois ja ein Ureinwohner, aus einer Familie, die ihren Stammbaum doch bis zu den Agilolfingern zurückverfolgen konnte – also quasi. Beim Alois verhielt es sich doch ganz anders als bei den Neubürgern draußen am Feld. Die kannte keiner, die wollte keiner kennen, die pendelten alle in die Kreisstadt und sogar bis auf

Minga. Die hatte auch keiner gewollt, und ihre bunten Häuschen auf braunen Maulwurfshügeln, Häuschen, die teils noch nicht mal verputzt waren, auch nicht. Wobei man fairerweise hätte sagen müssen, dass sich am Verkauf der Grundstücke einige Alteingesessenen recht edelstein-glänzende Näschen verdient hatten. Aber so weit ging die Dorfseele wahrlich nicht. Jedenfalls war der Alois weg, womöglich sogar tot – und sie alle hatten weggesehen.

Anderntags war es klar. Das Blut stammte vom Alois, keine Frage, die Spurensuche hatte ja das Zahnbürstl und einen Kamm zum Vergleich gehabt. Die Polizei fahndete nach ihm. Im Supermarkt in der Kreisstadt erinnerte sich eine Kassenkraft an Strobl. Sie kannte ihn, weil er immer recht teures Katzenfutter kaufte und Zahnpasta. Aronal und Elmex. Das liefe sonst nicht so gut, sagte die junge Frau. So was falle ja auf. Wann genau der Einkauf gewesen war, wusste die Frau auch nicht, aber am Ende konnte man Strobls Besuch im Supermarkt auf zwei Tage eingrenzen. Demnach fehlte der Alois Strobl seit sechs oder sieben Tagen. Die Polizei hatte in Krankenhäusern nachgefragt, kein Alois Strobl weit und breit. Das Handy war auch nicht zu orten – oder schon zu orten, es lag nämlich am Küchentisch, gab aber so keinen Aufschluss über den Verbleib vom Alois. Am Stammtisch wurde der Fall Strobl täglich heiß diskutiert, die Plattlerjugend schaltete sich auch ein. Der Sohn des Bürgermeisters war sich sicher.

»Der is hii. Wenn oaner sei Handy ned mitnimmt, muss was Schlimm's passiert sein.«

Die Polizei forderte eine Hundestaffel an, und die Viecherl schnüffelten sich durch die Umgebung. Das Dorf lag am Rande eines Hochmoors, das gleichermaßen gruselig wie auch romantisch war. Gruselig fanden es die Neubürger, romantisch die wenigen Touristen, die sich herverirrten. Einfach bloß unnötig empfanden es die Alteingesessenen, denn sie mussten diese feuchten Strahwiesen mähen. Ein Mordsgfrett war das mit dem Balkenmäher oder gar händisch mit der Sense – über die Subventionen, die es dafür gab, sprach keiner. Am liebsten hätten sie alles trockengelegt, aber da stand der Naturschutz im Weg. Die Hunde schnüffelten und schnüffelten, bis einer ganz unruhig wurde. Und da zogen die Menschen dann alsbald auch einen Leichnam heraus, der offensichtlich einem Brand zum Opfer gefallen war – und alles in allem irgendwie dem Ötzi glich. Das war nun definitiv gruselig!

Dass der Baumgärtner Willi ziemlich große Mengen Daxen verbrannt hatte, das erschien dem Unger nun doch der Erwähnung wert. Das musste er der Polizei doch melden? Zumal der Baumgärtner den Strobl hasste. Der Baumgärtner war passionierter Jäger, und die Jagdverweigerung des Strobl Alois, diese Renitenz einer uralten Waidmannstradition gegenüber, das hatte den Baumgärtner wirklich aufgebracht. Das ganze Dorf wusste, dass der Baumgärtner den Alois mehrfach bedroht hatte. Einmal hatte er ihn sogar vom Bulldog gezogen. An einem Sonntag im September war das gewesen, als der Alois vor der Kirch mit dem Ladewagen vorbeigefahren war. Recht hatte es ihm geschehen, was arbeitete der denn auch am Tage des Herrn und scheppterte dann auch noch so provozierend am Gotteshaus vorbei…? Aber dass der Baumgärtner ihn jetzt umgebracht hatte und verbrannt im Daxenfeuer, das ging doch wirklich zu weit! Was der Baumgärtner natürlich leugnete. Aber er hatte kein Alibi und mehr noch: Die Fanny hatte sein Mofa am Haus vom Alois gesehen. Angeblich hatte der Baumgärtner eine Nachricht vom Jagdverband in den Briefkasten geworfen. Was zwar stimmte, aber das konnte ja nur ein Vorwand für seine Anwesenheit auf dem Hof gewesen sein. Der Baumgärtner war nämlich ein rechter Bazi!

Die Brandleiche war untersucht, und das Ergebnis entlockte Köhler nur ein »Jessas«. Und ein zweites »Jessas«, das er nur noch so hauchen konnte. Die Leiche war angekokelt, gar keine Frage. Sie war an den Folgen eines Brands verstorben und hatte sich im moorigen Grab ansonsten gut gehalten und – ja – sie war mindestens fünfhundert Jahre alt. Oder älter! Die Gerichtsmedizin verwies auf Fachleute, auf Archäologen, Motto: »So oide Dode hamm mir selten.« Jessas!

Der Alois war das in jedem Fall nicht, alles auf Anfang sozusagen, der Baumgärtner war auch erst mal raus. Nur der Alois blieb abgängig. Köhler und sein Team hatten natürlich längst alles in Bewegung gesetzt, was es an internationalen Fahndungsmöglichkeiten so gab, so ein Alois Strobl konnte doch nicht einfach komplett verschwunden sein. Andererseits musste Köhler zugeben, dass die Moorleiche ja auch fünfhundert Jahre oder mehr auf ihre Entdeckung gewartet hatte. So lange hatte er aber nicht vor zu warten!

Und wieder einmal waren sie beim Alois Strobl auf dem Hof. Vielleicht hatten sie etwas übersehen. Wo war das Puzzlesteinchen nur?

Die Fanny hatte es sich nicht nehmen lassen, die Ochsen weiter zu füttern, sie machte das händisch, denn den Deckenrobotern traute sie nicht. Sie standen alle im luftigen Stall bei den rund fünfzig geruhsam kauenden Tieren, als eine Stimme sie zusammenfahren ließ.

»Was ist das hier für ein Zirkus?«

»Kreizdei...«, brachte die Fanny noch heraus, dann sank sie in einen Heuhaufen.

Köhler starrte einen Mann an, der etwa vierzig Jahre alt und sehr braun gebrannt war. Er saß auf einem Mountainbike. Am Rücken hatte er einen Rucksack, er trug eine dicke Mütze und eine Outdoorjacke eines teuren Herstellers – Expeditionsformat. Es war nun Ende Oktober eben auch sehr frisch zum Radeln. Fanny rührte sich immer noch nicht, der Mann hatte immer noch das Bike zwischen den Beinen.

»Darf ich fragen, was Sie in meinem Stall machen?«, fragte er.

»Jessas!«, machte Köhler und wenig später auch Unger, der in seiner Eigenschaft als Dorfhäuptling ja schließlich überall dabei sein musste.

Der Mann hatte die Stirn gekraust und sah konsterniert vom einen zum anderen.

»Alois!«, hauchte Unger.

Ja, das war der Alois Strobl. Der mit dem Mountainbike über die Alpen gefahren war bis zum Meer. Und retour. Das machte er seit Jahren jeden Herbst und zwar für seinen verstorben Vater, den er abgöttisch geliebt hatte. Er zündete jedes Jahr ein Kerzerl in einer ganz bestimmten Mariengrotte in Südtirol für den Vater an. Seine Abwesenheit war nur nie aufgefallen. Denn eigentlich tat sein Roboterpark den Dienst ganz zuverlässig. Aber dieses Jahr hatte der lokale Stromanbieter die Masten ersetzt und häufig den Strom abgestellt. Dazu waren Stromausfälle gekommen, die nicht abzusehen gewesen waren – hatte zumindest der Stromanbieter gesagt. Und einer wie der Strobl Alois hatte natürlich ein Notstromaggregat und genug Diesel zur Verfügung. Mit Ausfällen war bei den heutigen Stromanbietern ja immer zu rechnen. Der Alois war ja kein Depp. Aber dass der Anlasser defekt gewesen war, das hatte er nicht gewusst. Und so war es dann gekommen: Strom weg, kein Notstrom, kein Futter für die Kastraten, die schließlich lautstark protestiert hatten. All die Jahre war nie etwas passiert, all die Jahre war der Alois über die Alpen geradelt und retour. Hatte diese Auszeit genossen, die er sich immer gönnte, wenn das letzte Grummet drin war.

Es dauerte eine Weile, bis er Kommissar Köhler die Zusammenhänge erklärt hatte, es dauerte, bis man die Fanny wieder auf den Füßen hatte, zwei Stamperl Willi halfen da sehr. Alois Strobl schüttelte nur noch den Kopf. Was für eine Verkettung von Merkwürdigkeiten! Als er sein Fully hatte von der Halterung herunterheben wollen, hatte er sich am Überrollbügel des Cormick wüst den Schädel gestoßen. Daher das ganze Blut. Und deshalb hatten die gleich angenommen, er sei ermordet worden …? Der Alois war fast ein wenig gerührt, vor allem, als der Baumgärtner sogar »Nichts für ungut« ausstieß. Für den Baumgärtner war das ein hochemotionaler Ausbruch!

Ja, und dann war da ja noch die Leiche, die um 1430 ums Leben gekommen war. Wohl beim Holzkohlemachen war der damals etwa Dreißigjährige verstorben. Eine Sensation, der Ötzi war ja eine Waisenmumie dagegen! Das Dorf legte einen Lehrpfad an, und da der Grund dem Alois gehörte, stellte er den großzügig zur Verfügung. Die geführten Köhlerwanderungen machten wahlweise die Fanny oder der Alois – und sonntags war der Alois nun immer bei der Fanny zum Mittagessen eingeladen. Die Fanny liebte mittlerweile das zarte Ochsenfleisch. Und Aronal und Elmex bekamen immer etwas ab!

# Werner Gerl

## Beichtgeheimnis

Staubpartikel schwebten in der Luft, umtänzelten den Engel, der seit Jahrhunderten mit dem milden Lächeln der Vergebung auf die Gläubigen herniederschaute. Seine himmlische Aura hatte jedoch Risse bekommen, die Farbe war verblasst, und der Lauf der Zeit hatte sogar Flecken auf dem reinen Antlitz hinterlassen. Doch im heiligen Licht, das weich durch die gotischen Fenster floss, erstrahlte der Engel in seiner ursprünglichen Reinheit.

Viel Gesellschaft freilich hatte die Plastik nicht. Die alte Klosterkirche war verwaist, nur die dreiundachtzigjährige Magdalena Zeier saß auf den harten Holzbänken, um Sünden loszuwerden, die es nur in ihrer Einbildung gab. Die traditionellen Stoßzeiten für die Beichte, Ostern und die Kommunion, waren vorbei. Deshalb war Pater Cölestin darauf eingestellt, einen ruhigen wie einsamen Nachmittag zu verleben. Doch unerwartet öffnete sich das schwere Kirchenportal mit einem lauten Seufzen und ein Mann kam herein, der langsamen Schrittes Richtung Beichtstuhl ging.

Er zog es vor, erst einmal in sich zu kehren und zu beten. Und das auf eine Art, die aus der Mode gekommen war. Er kniete nämlich nieder und vergrub sein Gesicht tief in seinen Händen. Magdalena Zeier hatte dennoch einen Blick auf den nicht mehr ganz jungen Mann werfen können. Sie hatte ihn noch nie gesehen, was bei der kleinen Gemeinde ungewöhnlich war.

Nach Minuten der Versenkung richtete sich der Mann auf, er mochte um die vierzig sein, wandte den Blick direkt zu der sündenfreien Katholikin und fragte sie frei weg, ob er nun beichten dürfe oder ihr den Vortritt lassen solle. Sicher, in einer Kirche ist es nicht wie beim Arzt, wo der traditionelle Ruf »Der Nächste bitte« für klare Verhältnisse sorgt, die Frage überraschte aber Magdalena Zeier so, dass sie nur kurz mit der Hand winkte.

Pater Cölestin, ein hagerer Benediktiner, der sich, im Gegensatz zu vielen seiner Glaubensbrüder, die weltlichen Gelüste Essen und Trinken versagte und noch daran festhielt, dass Völlerei und Trunksucht Todessünden seien, schreckte kurz hoch, als der Mann den Beichtstuhl betrat. Er war tatsächlich kurz eingenickt. Das frühe Aufstehen, die viele Gartenarbeit, dazu sein starkes Rheuma, all das hatte ihn ausgezehrt. Und das Alter hatte tiefe Spuren hinterlassen. Der Mann hatte sich bekreuzigt, wie es sich gehörte, er sprach jedoch kein Wort.

»Mein Sohn, welche Sünden hast du zu beichten?«, fragte Cölestin mit sonorer Stimme.

Der Mann atmete schwer. Eine enorme Last schien auf seinem Herzen zu liegen.

»Sie ...«, hob der Mann an, geriet aber sofort ins Stocken. »Sie sind dem Beichtgeheimnis verpflichtet?«

»Nichts, was in diesem Beichtstuhl gesprochen wird, dringt jemals nach außen«, beruhigte ihn der Pater.

Wieder atmete der Mann schwer durch. »Ich ... ich habe einen Menschen getötet.« Es war wie eine Erlösung, die entscheidenden Worte über die Lippen gebracht zu haben.

»Das ist eine schwere Sünde, mein Sohn.«

»Aber er hat es verdient.« Die Stimme des Mannes bekam einen gehässigen Unterton.

»Niemand hat es verdient, getötet zu werden«, widersprach der Geistliche.

»Doch. Tausendmal hat er es verdient. Außerdem, lehrt uns die Bibel nicht auch, dass es gerecht sein kann zu töten?«

»Jesus lehrt uns zu vergeben. Und notfalls sogar die andere Wange hinzuhalten, wenn dir Ungerechtigkeit widerfährt.«

»Ja, aber der Herrgott lässt Sodom und Gomorrha vernichten, weil sie ein lasterhaftes Leben führen. Ja, er tötet sogar im Zorn Onan, nur weil dieser die Frau seines Bruders nicht begatten möchte.«

Der Mann hatte seine anfängliche Zurückhaltung abgelegt. Er wurde lauter, so laut, dass sogar Magdalena Zeier ein paar dumpfe Gesprächsfetzen aufschnappte. Die Neugier trieb sie dazu, sich etwas näher an den Beichtstuhl zu setzen. Allerdings enttäuschte man sie, denn die Unterhaltung wurde wieder leiser.

»Ich war der Rächergott und habe einen gerichtet, der tausendmal schlimmer war als Onan.«

»Nur Gott darf richten, nicht der Mensch. Diese Hybris ist eine schwere Sünde, mein Sohn«, wandte der Pater ein.

»Ich weiß.« Der Mann schluckte wieder schwer. Seine jähe Empörung war wieder verschwunden. »Dafür bin ich ja hier.«

»Um dir zu vergeben, muss ich jedoch mehr über deine Tat erfahren.«

»Natürlich. Es ist … ich war zwölf und ein ausgesprochen gottesfürchtiger Junge. Außerdem hat mich Gott mit einer Stimme gesegnet, von einer Klarheit und Anmut, wie sie nur unschuldige Seelen in den letzten Tagen der Kindheit zu haben vermögen. Deshalb haben mich meine Eltern in einem katholischen Internat eingeschrieben, das für seine vorzügliche Musikausbildung und seinen großartigen Knabenchor in aller Welt gerühmt wurde.«

»Wo befand sich dieses Internat?«, fragte Cölestin nach.

»Warum interessiert Sie das, Vater?«

»Ich möchte mir nur ein genaues Bild machen.«

»Nicht hier in Bayern«, fuhr der Mann fort, »man schickte mich nach Hessen, weit weg von zu Hause.«

»Und was hat diese Geschichte mit dem Mord zu tun, der so schwer auf deinem Gewissen lastet?«

»Das will ich Ihnen erklären. Es war in meinem zweiten Jahr am Internat, als meine Stimme, die von allen als Instrument Gottes gepriesen wurde, an Reinheit verlor und ich plötzlich die Töne nicht mehr halten konnte. Der Stimmbruch war wie ein böser Dämon in meine Kehle gedrungen und hatte sie rau und fahrig gemacht. Bei den schönsten Klängen zum Lobpreis Gottes schlug meine Stimme plötzlich um, als wollte sie den Herrn verhöhnen. Die Natur hatte mich gestraft. Doch nicht nur sie. Es gab an unserem Internat einen gefürchteten Musik- und Lateinlehrer. Alle Kinder hatten Angst vor ihm, da er für seinen Jähzorn und seine Strenge bekannt war. Am liebsten hieb er mit dem Rohrstock auf den nackten Hintern, dass wir armen Kinder tagelang nicht mehr sitzen konnten.«

»Der Lehrer hat nach besten Wissen und Gewissen gehandelt, mein Sohn. Es waren andere Zeiten und man glaubte, nur mit Härte und Disziplin könne man die Jugend erziehen und ihnen den Teufel austreiben. Und sagt nicht schon Salomo: ›Wer seine Rute schont, der hasst seinen Sohn; wer ihn aber lieb hat, der züchtigt ihn bald.‹«

»Dabei blieb es nicht. Ich wurde erst wöchentlich mit dem Rohrstock traktiert. Und immer auf den entblößten Hintern. Dann geschah es öfter und öfter. Der Lehrer meinte, der Teufel sei in mich gefahren und würde mit Gott um meine Seele kämpfen. Ich hatte Angst. Schreckliche Angst. Weniger vor den Schlägen als davor, dass wirklich Satan von mir Besitz ergriffen hätte.«

»Der Teufel kommt in vielerlei Gestalt«, sagte Pater Cölestin heiser.

»Und so schien es mir eine Erleichterung, nachgerade Erlösung, als mir der Lehrer eröffnete, er wisse, wie man den Gehörnten aus meinem Leib vertreiben könne.«

»Und wie? Hat er einen Exorzismus durchgeführt?«

Laut und zynisch lachte der Mann auf, sodass auch Magdalena Zeier endlich wieder etwas zu hören bekam.

»So kann man es auch nennen. Wieder musste ich mich bücken. Und wieder musste ich meine Hose herunterlassen. Doch diesmal traf mich nicht der Rohrstock. Es war der Stock des Lehrers, der in mich eindrang und mir Schmerzen verursachte. Ich wusste nicht, was mit mir geschah. Ich spürte Schmerzen und … und eine enorme Scham.« Der Mann geriet ins Stocken und war außerstande weiterzusprechen.

»Und diese Unzucht ist öfter geschehen?«

»Ja«, hauchte der Mann. »Viele Male. Der Lehrer schärfte mir ein, ich dürfe niemandem etwas sagen, sonst würde mich der Teufel für immer in Besitz nehmen und ich würde von den Flammen der Hölle aufgezehrt werden. Um seinen Worten Nachdruck zu verleihen, schlug er mich einmal in der Woche grün und blau. Es ging so lange, bis mein Stimmbruch vorüber war. Dann behauptete der Lehrer, er habe den Höllenfürsten erfolgreich aus meinem Leib verbannt. Und er ließ ab von mir. Und wandte sich anderen Jungen zu.«

»Was für ein unwürdiger Mensch.«

»Ein Monster. Er war ein Monster.«

»Ein Mensch bleibt ein Mensch, egal, was er tut«, entgegnete Pater Cölestin altersmilde.

»Mir wurde jahrelang eingebläut, ich dürfe nichts sagen von dem, was passiert sei. Und ich verdrängte sie, all die Misshandlungen und Vergewaltigungen. Ich verdrängte alles, was nicht so schwer war, da ich als unschuldiger Knabe gar nicht verstand, was eigentlich vor sich ging.«

»Das wurde dir erst später klar?«

»Ja. Nachdem meine erste Ehe in die Brüche gegangen war, unterzog ich mich einer eingehenden Psychotherapie. Und all das Verschüttete, all die Schmerzen und Misshandlungen, all diese schrecklichen Erlebnisse, die in den finsteren Verliesen meiner Seele eingesperrt waren, kamen wieder ans Tageslicht und machten mir das Leben zur Hölle. Ich durchlitt jeden Schlag, jede Züchtigung, jeden Stoß …«, der Mann hielt wieder inne und sammelte sich, »jeden Stoß mit seinem gottverdammten Penis noch einmal.« Dann brach er in Schluchzen aus.

»Und du hast diesen Lehrer getötet?«, fragte Cölestin vorsichtig.

»Ja«, hauchte der Mann. »Er hat bekommen, was er verdiente. Ich habe ihn abgestochen wie ein Schwein. Und ihn dann entmannt.«

»Das ist eine furchtbare Tat. Wie ich bereits sagte, nur der Allmächtige darf die Sünder richten.«

»Und ich habe mir angemaßt, wie Gott zu sein. Das bereue ich sehr.«

»Bereust du all deine Sünden?«

»Ja«, presste der Mann hervor, »ich bereue alles. Und ich bitte um die Lossprechung.«

Pater Cölestin hielt inne. Er hatte noch nie einem Mörder die Beichte abgenommen und wusste nicht, wie er handeln sollte. Hatte ein so brutaler Mensch wirklich Anrecht auf die Absolution? Aber hatte nicht auch der Heiland dem reuigen Verbrecher am Kreuz vergeben und ihm gesagt, noch an diesem Tag würde er mit ihm im Himmelreich sein? Der Pater haderte mit sich selbst. Schließlich legte er dem Sünder jahrelange Buße auf und forderte ihn auf, durch gewisse Wohltaten das begangene Unrecht wiedergutzumachen.

»Ich spreche dich los von all deinen Sünden. Im Namen des Vaters und des Sohnes und des Heiligen Geistes. Amen.« Der Mann bekreuzigte sich, wie es das Beichtritual verlangte. »Gehe hin in Frieden«, sprach der Pater.

»Dank sei Gott dem Herrn«, sagte der Mann, stand auf und verließ den Beichtstuhl.

Neugierig musterte ihn Magdalena Zeier. Der Mann hatte ein gerötetes Gesicht. Außerdem schwitzte er. Dabei war es angenehm kühl in dem dicken Gemäuer aus dem 17. Jahrhundert.

Unverrichteter Dinge zog der Mann den schweren roten Vorhang von der mittleren Beichtstuhltür weg, sodass der erschrockene Pater Cölestin zu sehen war.

»Was soll das?«, stammelte der Geistliche. »Was erlauben Sie sich?«

»Tut mir leid, ich habe eine Sünde vergessen, die ich nachholen möchte. Ich habe gelogen. Mehrfach. Ich habe den Mord nicht begangen.«

»Gott sei Dank«, sagte der Pater erleichtert.

»Noch nicht«, presste der Mann hervor.

»Dann lass es sein, mein Sohn! Stürze dich nicht ins Unglück!« Die Stimme des Paters zitterte.

»Das Monster bist nämlich du!«, schrie der Mann, dass die ganze Kirche von den schrecklichen Worten widerhallte. Blitzschnell zog er aus seiner Gesäßtasche ein Butterflymesser, ließ es aufschnappen und stieß es dem Pater in den Hals, dass das Blut heraus auf den kalten Kirchenboden spritzte. Magdalena Zeier stieß einen gellenden Schrei aus und fiel in Ohnmacht. Es war auch gut für sie, dass sie nicht mit ansehen musste, was der Mann noch alles mit Pater Cölestin vorhatte.

Nur der Engel mit dem milden Lächeln der Vergebung war Zeuge. Und es schien, als wären die Risse in der Figur etwas tiefer geworden.

# Katharina Gerwens

## Alte Schätzchen

K omisch, seitdem wir dieses Problem wälzen, geht mir ständig der
Song *50 ways to leave your lover* im Kopf herum – das kennst
du doch auch, oder? Und ich frage mich, wieso du Hans trotz dieser
doch durchaus differenzierten Anleitung immer noch nicht losgeworden bist.«

»Wegschicken können hätt ich ihn schon längst. Aber ich will, dass
er geht. Nicht umgekehrt.« Marie seufzte aus tiefster Seele. »Sonst
könnte ich ihn ja einfach rausschmeißen. Wär eine meiner leichtesten
Übungen.«

Franziska Hausmann hob verständnislos die Augenbrauen. »Und
warum machst du das nicht einfach?«

»Wegen der Leut.«

»Was?!« Franziska, Maries älteste Freundin, riss die Augen auf.
»Das versteh ich nicht. Ich denk, du hast deine große Liebe gefunden
und willst Tag und Nacht mit deinem Traumprinzen zusammen sein.
Da sollte es dir doch wirklich wurscht sein, was der Rest der Welt darüber denkt.« Überspitzt wiederholte sie Maries Aussage: »Der Hans
soll von selber gehen, wegen der Leut‹, das ist doch spießig!«

»Na und? Dann ist es eben spießig. Hauptsache, es gibt kein Gerede
wegen Benno – verstehst?«

»Gerede – hör mal, da stehst du doch drüber!«

Marie schwieg.

Franziska Hausmann sah sie nachdenklich an: »Noch alles klar bei
euch?«

»Ja, sowieso!« Marie strahlte und sah auf einmal zwanzig Jahre jünger aus. »Benno ist der Beste, der mir jemals über den Weg gelaufen
ist. Und du kriegst den Hut dafür.«

»Den Hut? Wieso das denn?«

»Weil du uns verkuppelt hast!«

»Hab ich nicht!«, widersprach Franziska, der es noch immer rätselhaft war, wieso sich der taffe und eloquente Oberstaatsanwalt aus
Passau ausgerechnet in ihre doch etwas altbackene Freundin aus dem

tiefsten Bayerischen Wald verliebt hatte. Es konnte nur an den Traktoren gelegen haben.

Die beiden hatten sich auf der Silvesterparty im Hause Hausmann kennengelernt und den ganzen Abend über nichts anderes als Mähdrescher, Ballenpresser und eben Traktoren gefachsimpelt. Tatsächlich genoss Benno Holdenrieder einen gewissen Ruf wegen seines raumgreifenden Steckenpferds: Er war leidenschaftlicher Sammler von Landmaschinen der Marke Fendt. Die ganze Geschichte mit Marie hätte sich wunderbar entwickeln können, hätte die nicht vor vier Jahren zunächst ein Bratkartoffel- und dann ein richtiges Verhältnis mit ihrem landwirtschaftlichen Gehilfen angefangen.

Nun saß Hans Leitner breitärschig im Glück, er hatte sich eingenistet im Hof, weshalb Franziska und ihr Mann Christian ihn nur »Gans im Glück« – oder »das Ganterchen« nannten. Noch spielte er den Chef von allem und kam logischerweise gar nicht auf die Idee, die Dinge ändern zu wollen.

»Was sagt Benno denn dazu?«

Marie biss sich auf die Lippen und hob die Schultern. »Er versteht das Problem. Ich kann Hans nicht von heute auf morgen ins Austragshäuserl stecken und zum landwirtschaftlichen Mitarbeiter degradieren und mir den Herrn Doktor und Staatsanwalt als Liebhaber ins Haus holen, dann bin ich hier in Eckersöd unten durch. Dann kann ich meinen Bioladen und das Stubencafé schließen. Die paar Städter, die hier am Wochenende mal ein paar Eier oder ein Stück Kuchen holen, also von denen kann ich nicht leben. Das ist das eine. Das zweite ist: Ich kann den Hof nicht alleine bewirtschaften und Benno hat nur am Wochenende Zeit.«

»Und dann liegt er unter seinen Traktoren«, murmelte Franziska und nickte.

»Nicht nur.« Marie wurde rot.

»Da bin ich aber froh!« Franziska verriet ihrer Freundin nicht, dass schon einige Beziehungen des Staatsanwaltes unter die Traktorräder geraten waren, da der im Alltag so weltgewandte Herr Doktor am Wochenende lieber schweigend unter seinen Zugmaschinen lag als flüsternd neben einer Frau.

»Ich muss den Hans loswerden«, sagte Marie erneut und hängte sich eine Schürze um. »Du bleibst doch zum Essen, oder?«

Franziska blickte suchend um sich. »Und Hans?«

»Der sitzt in seinem Zimmer neben einem Tragerl Bier und sieht fern«, sagte Marie abfällig. »Der zeigt sich heut nicht mehr. Ist auch gut so.«

»Dann ist das also auch von seiner Seite gar nicht mehr so eng zwischen euch?«

»Nie gewesen. Wir haben nicht mal das gleiche Schlafzimmer, nie gehabt«, erklärte Marie, und Franziska dachte, dass sie das so genau gar nicht hatte wissen wollen.

Sie hob den Kopf. »Und sonntags? Der Kirchgang?«

»Da gehen wir natürlich Arm in Arm ins Hochamt. Wie es sich gehört. Er im dunklen Anzug und ich mit Hut und Mantel.«

»Kein Dirndl?«, stichelte Franziska.

»Ja spinnst du, wir sind doch nicht in Oberbayern!«

»Weiß ich doch.« Franziska nickte. »Nach außen ist alles perfekt.«

»Ein Traumpaar.« Marie verdrehte die Augen und zog eine Schale mit Wirsingrouladen aus dem Kühlschrank. »Dein Lieblingsgericht. Immer noch?«

Der Kommissarin lief das Wasser im Mund zusammen.

»Weißt du, ich dachte, du als Expertin könntest mir ein paar elegante Tipps geben«, nahm Marie den Faden wieder auf.

»Am besten wäre es, er würde sich neu verlieben«, murmelte Franziska und fragte betont beiläufig: »Sollen wir uns einen Kartoffelbrei dazu machen?«

»Ist schon in Arbeit – ach Gott, den Hans, den will doch keiner mehr, wir sind doch alle schon alte Schätzchen«, seufzte Marie und fügte hinzu: »Die meisten wollen wissen, wie man einen Mann an sich bindet – ich brauch nur einen klitzekleinen Tipp, wie ich ihn wieder loswerde. So schwer kann das doch nicht sein.«

Gut gelaunt begann Franziska, das Lied von Paul Simon zu summen. »*50 ways to leave your lover …*«

»Ist schon gut. Hast du denn gar keine Vorschläge aus der Praxis?«

»Ich bin Kriminalkommissarin. Ich tret erst auf den Plan, wenn eine Beziehung mit Mord oder Totschlag endet. Aber du willst dich ja wohl wegen der ›Gans im Glück‹ nicht todunglücklich machen.«

»Nee, wirklich nicht. Ich will Benno und mich in den siebten Himmel katapultieren.« Sie strahlte über beide Ohren.

»Okay, dann musst du dafür sorgen, dass das Ganterchen das Weite sucht.«

»Aber wie?«

Franziska dachte nach und schlug dann vor: »Mach ihm das Leben zur Hölle.«

Tatsächlich war ihr dieser Hans Leitner vom ersten Moment an suspekt gewesen, und sie hatte verbotenerweise ihre dienstlichen Quellen angezapft, um mehr über den Mann zu erfahren, der sich bei ihrer besten Freundin als Arbeitskraft angedient und innerhalb kürzester Zeit zum Herrn des Hauses hochgearbeitet, nein, hochgeschlafen hatte.

Er war schon auf mehreren Höfen gewesen. Ein zweibeiniger Wanderpokal (»Was zum Anfassen«) mit überdurchschnittlicher Dreistigkeit und der durchschnittlichen Verweildauer von vier bis fünf Jahren.

Seine Opfer suchte er sich unter anderem Namen auf dem Heiratsmarkt der Website *Landwirt.com*, reiste dann aber als handfester und zupackender Hans Leitner auf den Höfen an und stellte sich als diplomierter Landwirt vor, der zufällig dieses wunderschöne Anwesen entdeckt hatte und gerade einen neuen Wirkungskreis suchte. So war er auch in Maries Leben getreten, deren Hof mit ihm erblühte und deren Hofladen »Bioschmankerl« zum echten Schmankerl geworden war.

»Na ja, er hat ja auch einiges hier verändert«, gab Marie zu bedenken. »Aber dafür hab ich ihm ja auch ein gutes Gehalt gezahlt. Umsonst macht der nämlich nix. Dazu freie Kost und Logis ... der konnte alles, was er hier verdiente, zur Seite legen.«

»Weißt du eigentlich, wo er wohnt?«

»Du meinst, wenn er nicht bei mir lebt?«

»Genau.«

Marie schüttelte den Kopf. »Keine Ahnung. War plötzlich da, und es wäre einfach zu schön, wenn er ebenso plötzlich wieder verschwände.«

»Und wo kam er her?«

»Aus einer gescheiterten Beziehung«, antwortete Marie nach einer Weile. »Er wollte sich nie wieder auf eine Frau einlassen. Das hat mich erst recht gereizt.«

Die Kommissarin nickte. »Kann ich verstehen. Du wolltest ihn also bekehren. Wie auch immer – du musst ihn rausekeln. Erzähl mir was über ihn, vielleicht finde ich dann einen Ansatz.«

»Ich will nicht über ihn reden. Können wir nicht stattdessen über Benno sprechen?« Sobald sie den Namen des Staatsanwaltes aussprach, schien sie innerlich zu leuchten und von einem besonderen Glanz umgeben zu sein.

»Hat unser Ganterchen vielleicht Vorlieben, Hobbys, Leidenschaften?«, blieb Franziska bei der Sache.

Marie hob die Schultern.

»Wenn er beispielsweise gerne Krimis liest«, schlug Franziska vor, »dann könntest du aus allen noch ungelesenen Romanen das letzte Kapitel entweder herausschneiden oder schwärzen! Es gibt nichts Schlimmeres, als sich mit wachsender Spannung von einer Seite zur nächsten zu fressen und dann nie zu erfahren, wer der Mörder ist.«

Marie goss die Kartoffeln ab.

»Ich erinnere mich grad an die Akten zur Vorgeschichte einer Gewalttat – die Sache ist später ganz schrecklich eskaliert«, erklärte Franziska. »Der Krimifan rastete aus und erschlug seine Frau.«

»Ich weiß nicht …« Marie begann, die Kartoffeln zu stampfen und fügte – Franziskas Augen wurden riesig – fast ein Viertelpfund Butter hinzu. (Nicht umsonst lobte auch Benno Maries Kochkünste.) »Aber der Ansatz ist gut«, nickte sie dann. »Nur liest der Hans nie, und aus den Fernsehkrimis kann man das Ende ja nicht rausschneiden. Was ist dir denn sonst noch so in deinem Leben als Frau und Kommissarin untergekommen?«

»Also der Staatsanwalt und ich, wir hatten mal mit einem Mann zu tun …«

Marie drehte sich um und erstarrte mit dem Kartoffelstampfer in der rechten Hand. »Benno? Mein Benno?«

Franziska nickte. »Genau. Unser Staatsanwalt. Also, wir hatten mal mit einem Mann zu tun, der sich an seiner Freundin rächen wollte. Die war Ärztin. Und weißt du, was er gemacht hat?«

»Wie sollte ich das wissen. Erzähl!«

»Der hat ihre ganzen Dienstklamotten, also das ganze weiße Klinikzeug, dreimal mit dem Kochwäscheprogramm und einem halben Eimer Färbetabs durch die Maschine gejagt, das Ergebnis war dunkelbraun und sah echt sch…, äh – nicht schön aus …«

Marie lachte. »Was für eine wunderbare Idee. Aber damit kann ich dem Hans auch nicht kommen. Dem wäre das wurscht. Der würde auch in rosa Hemdchen mit Rüschen rumlaufen. Trägt ja eh immer seinen Arbeitskittel drüber.«

Die Kommissarin nickte nachdenklich. Seitdem Oberstaatsanwalt

Benno Holdenrieder sie als Sonderermittlerin im Bayerischen Wald einsetzte, sah sie ihre Freundin wieder öfter. Wäre sie auch damals zur Stelle gewesen, so hätte Hans sich gar nicht erst in Eckersöd breitgemacht. »Mit was ist der eigentlich hier eingezogen, und wann? Weißt du das noch?«

Ihre Freundin setzte sich an den Küchentisch, goss sich einen Schluck Rotwein ein und dachte nach. »Vor etwa viereinhalb Jahren. Im späten Frühling. Ich hab grad Erdbeerkonfi ein'kocht.«

Franziska triumphierte innerlich. Viereinhalb Jahre. Das entsprach genau der Ablaufzeit des fetten Ganters in seinem Zimmer. Länger hatte er es nie irgendwo ausgehalten. Bevor er bei Marie aufgeschlagen war, waren schon sechs andere Damen und Höfe von ihm aufgewertet worden, wobei jede einzelne dieser betuchten Bäuerinnen den Hans Leitner zu gerne für immer behalten hätte. Nur Nummer sieben wollte ihn nun wieder loswerden.

»Vielleicht sieht er sich ja schon klammheimlich nach was anderem um«, meinte Franziska. Sie hätte das Thema zu gern vom Tisch gehabt. Schließlich wäre kalter Kartoffelbrei ganz sicher kein Beitrag zur Lösung.

Marie schüttelte den Kopf. »Das wär zu schön. Glaub ich aber nicht.«

»Du meinst, er will an deiner Seite alt werden?«

Marie wurde blass. »Das wär die Hölle!«

»Also, mit was ist er hier eingezogen? Weißt du das noch? Seine Mitgift sozusagen …«

»Er hatte nichts. Nur zwei Koffer und seinen Computer. ›Ein echter Mann braucht nicht mehr‹«, zitierte sie ihn.

»Computer«, flüsterte Franziska und ihre Augen begannen zu leuchten. »Da müsste doch was zu machen sein!«

»Und was?«

Sie beobachtete, wie Marie den dampfenden Kartoffelbrei, den sie beharrlich Erdapfelmus nannte, mit gerösteten Zwiebelringen garnierte – ihr lief das Wasser im Mund zusammen. »Erster Vorschlag: Du inserierst zwei Wochen lang in eurer Tageszeitung unter seinem Namen und von seinem Account aus unter der Rubrik ›Verschiedenes‹: ›Für die beleidigenden Worte an – und hier setzt du hübsch nacheinander die Namen aller wichtigen Leute von Eckersöd ein – entschuldige ich mich hiermit. Hans Leitner, zurzeit Oberer Wald 9 in Eckersöd.‹ Was meinst du, wie schnell der dann auszieht.«

Marie lächelte. »Ist zwar reichlich g'schert, wäre aber wirklich zu überlegen.« Sie hatte Blut geleckt. »Und was könnte man sonst noch mit dem Computer machen?«

»Du könntest seine E-Mails, seine Kontaktdaten und am besten auch noch einige seiner wichtigsten Programme löschen. Das wird teuer«, schlug Franziska gnadenlos vor. »Das trifft ihn deshalb so hart, weil es seinen Geldbeutel trifft. Scheint ja nicht gerade ein großzügiger Mann zu sein. Hat er dich eigentlich mal generös beschenkt oder jemals zum Essen eingeladen?«

»Warum sollte er? Bei mir schmeckt's eh am besten.« Marie schüttelte den Kopf.

»Das kann ich bestätigen«, kam es aus vollem Mund. Wohlig lehnte Franziska sich zurück.

»Löschen ist, glaube ich, nicht so gut«, murmelte Marie nach einer Weile. »Denn das kann ja nur ich gewesen sein. Sonst ist ja niemand hier.«

»Du, es gibt ganz hinterhältige Viren«, versicherte Franziska. »Wenn du willst, kann ich das für dich erledigen. Wir müssen nur irgendwie an seinen Rechner herankommen.«

»Das ist kein Problem«, sagte Marie. »Der steht in meinem Büro. Hans arbeitet dort vormittags und ich nachmittags und abends. So gehen wir uns aus dem Weg. Immer und überall. Fast von Anfang an.«

»Apropos gehen. Dann gehen wir die Sache doch mal an.«

»Dass es so einfach ist, hätte ich nie gedacht!« Franziska staunte. »Der hat ja nicht mal ein Passwort!«

»Weil er mir vertraut«, gestand Marie, der man ihr schlechtes Gewissen ansah.

»Willst du nun, dass er verschwindet oder nicht?« Franziska staunte über ihre kriminelle Energie. Wut auf Hans tat richtig gut.

Marie nickte kleinlaut. »Ich will.«

Mit roten Köpfen beugten sie sich gemeinsam über den aufgeklappten Rechner; die Tür des kleinen Büros hatte Marie sicherheitshalber von innen abgeschlossen.

»Lass mich erst mal seine Mails checken.« Franziska öffnete mit flinken Fingern den Posteingang.

»Das macht man nicht«, entfuhr es Marie.

»Du musst es ja nicht gleich dem Staatsanwalt gestehen«, murmelte Franziska und pfiff im gleichen Augenblick überrascht durch die Zähne. »Na was haben wir denn da? Und wer zum Teufel ist Ernst Schmitt?«

»Keine Ahnung.«

»Aber sieh mal, da hat sich jemand namens Ernst Schmitt mit acht Frauen aus dem Flirtforum von *Landwirt.com* in Verbindung gesetzt. Das lässt mich hoffen!«

»Versteh ich nicht.« Marie schüttelte hilflos den Kopf.

»Der gnädige Herr ist wieder auf Pirsch.«

»Dieser Schmitt ist auf Pirsch – aber das geht uns doch nichts an.«

»Du bist nicht nur gutmütig, du bist auch noch naiv«, murmelte Franziska. »Garantiert ist Ernst Schmitt das Pseudonym von Hans Leitner. Meine Güte, der macht es immer noch so wie damals mit dir.«

»Versteh ich immer noch nicht.« Marie zog die Stirn kraus.

»Du hast doch vor fünf Jahren eine Kontaktanzeige im Flirtforum von *Landwirt.com* geschaltet.«

»Daraus ist aber nichts geworden.«

»Oh doch, da ist sehr wohl was draus geworden«, fiel Franziska ihr ins Wort. »Der interessierte Herr erschien zwar nicht zum vereinbarten Treffen, tauchte aber ein paar Wochen später unter seinem richtigen Namen bei dir auf. Denn genau das ist die Masche von Gans-im-Glück. So hat er sich bei dir eingeschlichen, und so schleicht er sich auch bei den anderen ein.«

Marie schwieg.

Franziska klärte ihre Freundin über all das auf, was sie über Herrn Ernst-Hans Schmitt-Leitner, und wie immer er sich auch sonst genannt haben mochte, herausgefunden hatte.

»Warum hast du das gemacht?«, fragte Marie mit kleiner Stimme.

»Ich wollte wissen, mit wem du es zu tun hast. Ich wollte nicht, dass er dir dein Herz bricht. Das hast du nämlich nicht verdient. Schau mal …«

Über Maries Rechner loggte sie sich in ihr eigenes Archiv ein. »Schau mal, hier sind die Beweise. Das alles sind deine Vorgängerinnen.«

Kopfschüttelnd starrte Marie auf die Galerie erwartungsvoll lächelnder und dezent geschminkter Frauenporträts und schüttelte ungläubig den Kopf. »Und du sagst, seit fast dreißig Jahren fährt er diese Masche?«

»Ja.« Franziska nickte finster. »Ich hab ihn schon länger auf dem Schirm und auch unser Betrugsdezernat auf ihn angesetzt. Aber wir können ihm nicht mal Heiratsschwindel vorwerfen, da er ja keiner die Ehe versprochen hat. Und der Tatbestand Beischlaferschleichung kommt auch nicht infrage – so wie du haben auch die anderen Frauen ihn in ihr Bett geholt. Und für das Geld, das er hier und woanders verdiente, hat er ja schließlich auch gearbeitet.«

»Aber er hat uns alle angelogen.« Marie schluckte.

»Das stimmt.« Franziska wurde immer wütender. »Und weißt du was, deswegen sollten wir ihn nun in sein eigenes Lügengespinst hineinlaufen lassen.«

»Wie stellst du dir das vor?« Marie war eher neugierig als ärgerlich.

»Ich werde dich rächen!« Franziska lief zu Hochform auf. »Schau mal«, flüsterte sie dann verschwörerisch. »Wir sitzen doch grad direkt an seinem Computer, an der Quelle. Das sollten wir nutzen. Wir starten eine Aktion.«

»Ja? Also, ich weiß nicht.« Die beste Köchin des Bayerischen Waldes kaute an ihren Fingernägeln, während Franziska mehrere Mails schrieb.

*Betreff: Einladung*

*Liebe <Eigenname>, so lange haben wir uns nun schon aus der Ferne ausgetauscht – ich möchte dich endlich persönlich kennenlernen! Bei mir um die Ecke bietet sich eine gute Gelegenheit dazu. Am Schmankerlhof am Oberen Wald in Eckersöd hat am kommenden Sonntag das Stubencafé geöffnet – da könnten wir uns zu Kaffee und Kuchen treffen. Halb vier Uhr? Es freut sich voller Erwartung*

*Dein Schmitt, der es verdammt ernst meint!*

»Das ist eine Serienmail«, erklärte Franziska, bevor sie auf »Senden« drückte. »So Sachen werden sonst nur in Vorabendserien gezeigt. Nun muss ich nur noch dafür sorgen, dass mögliche Antworten der Damen im Spam-Ordner landen, und die Einladungsmail löschen – Na, wie bin ich?« Stolz suchte sie den Blick ihrer Freundin.

Die war ganz blass geworden. »Und wenn die dann alle kommen?«

»Die sollen alle kommen. Das wird super! Glaub mir. Und du

machst natürlich an diesem Sonntag, diesem Tag der unverhofften Begegnungen, dein Stubencafé auf.«

»Ist eh fast jeden Sonntag offen.«

»Na also, dann ist ja alles im grünen Bereich.«

»Und ich soll ihn nicht vorwarnen?«, fragte Marie. »Wird doch peinlich für ihn – und vor allem für die Frauen.«

»Untersteh dich! Die Mail ist weg und das ziehen wir durch! Ich steh dir bei!«

Am Tag der überraschenden Begegnungen endete Maries Beziehung zu ihrem Lebensabschnittsgefährten plötzlich und unerwartet. »Ja, unverhofft kommt oft«, meinten die Nachbarn später. Einer von ihnen hatte beobachtet, wie der Leitner Hans mit hochrotem Kopf zwei Koffer und einen Computer in sein Auto donnerte und mit quietschenden Reifen auf und davonfuhr.

Die arme Marie hatte erst gar nichts davon mitbekommen; gutmütig, wie sie nun mal war, bewirtete sie in ihrem Stubencafé fünf zufällig zur selben Zeit angereiste Frauen – »Ja mei, da hat sich der gute Ruf des Cafés schon bis in die Nachbargemeinden rumgesprochen, hab ich mir gleich denkt!«, kommentierte die Nachbarin zur Rechten gerne und ungefragt.

Marie also trank mit den Frauen ein Sektchen, während der Hundsbua draußen das Weite suchte.

Ja, die Marie. Alle Nachbarn waren sich einig. »Die arme Marie. So ein hundsguter Mensch, hat aber solch ein Pech mit den Männern. So auch mit diesem Sauhund Hans. Und jetzt ist er fort. Aber die hat schon wieder in der Zeitung inseriert.«

»Ja Bluadsackra, sucht sie etwa an Neuen?«

»Naa, nur ein Ehepaar, das ihr auf dem Hof zur Hand geht. Kinder erwünscht. Hoffentlich tut sich da was. Na ja, zur Not hat sie ja auch noch diesen Wochenendgast, der von Freitag auf Montag unter den Landmaschinen liegt – sind ja auch alles alte Schätzchen.«

»Wie die Marie.«

»Genau!«

# Michael Gerwien

### Sonst noch etwas?

S onst noch etwas?«
Der freundlich fragende Blick der Fleischfachverkäuferin verwandelte sich gleich wieder in geschäftsmäßige Neutralität, als Peter kopfschüttelnd verneinte. Mehr als die zwei Schnitzel, die er gerade gekauft hatte, würde er heute Abend gar nicht schaffen.

»Hier, bitte schön, Herr Müller. Das macht dann fünf achtzig.«
Die junge Angestellte im blaugrauen Kittel reichte ihm die braune Papiertüte mit seinen Einkäufen über den gläsernen Verkaufstresen hinweg.

Er hielt ihr im Gegenzug einen Zwanziger hin. Seit Jahren kaufte er ausschließlich in der kleinen, aber feinen Metzgerei in München-Neuhausen bei ihm ums Eck. Sie hatten hier unbestritten die beste Wurst und das beste Fleisch in der Gegend. Das ließen sie sich zwar auch teuer bezahlen, aber ganz egal, was man mitnahm, es schmeckte einfach gut.

Als er aus der Ladentür auf den Gehsteig trat, traf ihn die morgendlich flach stehende Sonne mitten ins Gesicht, sodass er für einen kurzen Augenblick geblendet war und geradewegs in ein Fahrrad hineinlief. Die Frau, die es geschoben hatte, stürzte laut aufschreiend damit zu Boden.

»Können Sie nicht aufpassen, Sie Träumer?«, rief sie aufgebracht, nachdem sie gelandet war.

Pass lieber selber auf, blöde Kuh, dachte er im ersten Moment, besann sich aber gleich eines Besseren. Unter hektisch gestammelten Beteuerungen, dass alles seine Schuld sei und dass er wegen der Sonne nichts gesehen hätte, entschuldigte er sich bei ihr. Er fragte sie, ob er ihr helfen könne, bot ihr seinen Arm an, damit sie sich daran hochziehen könnte.

Sie schlug seine Hand ärgerlich weg. »Lassen Sie mich bloß in Ruhe«, zischte sie wütend. »Am Ende fallen Sie dabei noch auf mich drauf. Das fehlte noch.«

Mit rotem Kopf kniete er neben ihr nieder und begann hastig ihre auf dem Boden verstreuten Einkäufe einzusammeln und in ihre halb leeren Taschen zurückzustecken.

»Nun geben Sie schon her.« Unwirsch riss sie ihm die Ananas aus der Hand, die er gerade aus dem Rinnstein gefischt hatte. Sie schien zwar immer noch verärgert zu sein, klang aber etwas versöhnlicher.

Als alles wieder in ihren Einkaufstaschen verstaut war, richtete sie sich auf, strich anmutig eine Strähne ihrer langen blonden Lockenpracht zurück und musterte ihn kopfschüttelnd. Kannten sie sich? Er meinte einen erschrockenen Ausdruck des Wiedererkennens in ihrem Gesicht wahrzunehmen. Herrje, was da vor ihm stand, war ganz sicher die attraktivste Frau, die ihm bisher in seinem Leben begegnet war. Nur im Moment leider wohl auch die schlechtgelaunteste.

»Also, ich, ich, weiß jetzt gar nicht so recht, wie ich das wieder gutmachen kann. Das alles tut mir wirklich sehr leid. Haben Sie sich verletzt? Soll, soll ich Sie zu einem Arzt bringen?«, fragte er verlegen.

»Nein, nein. Ist schon gut. Beruhigen Sie sich«, erwiderte sie. »So schlimm war es auch wieder nicht. Soweit ich sehe, ist das alte Fahrrad okay und sogar meine Knochen sind alle heil geblieben.« Ihre abweisende Miene wich einem freundlichen Allerweltslächeln.

»Gott sei Dank!« Er atmete erleichtert auf. »Darf ich Sie als Wiedergutmachung irgendwo auf einen Kaffee einladen? Vielleicht am Rotkreuzplatz vorne?«

»Das dürfen Sie. Auf jeden Fall. Und zwar sofort und auf der Stelle.« Die Antwort kam ohne Zögern, begleitet von einem unwiderstehlichen Strahlen.

»Natürlich. Nichts lieber als das.« Er war platt. Die schönste Frau der Welt lächelte ihn an. Ihn, den unscheinbaren Peter Müller im billigen Kaufhausanzug. Obwohl sie allen Grund gehabt hätte, ärgerlich auf ihn zu sein. Und dann wollte sie auch noch mit ihm Kaffee trinken gehen. Jedem anderen, der ihm etwas Ähnliches berichtet hätte, hätte er nicht ein Wort geglaubt.

Ein weibliches Pendant zu finden war schon als Jugendlicher sein größter Wunsch gewesen. Jahrelang hatte er sich mit den ausgeklügeltsten Tricks abgemüht, die die gängigen Ratgeber diesbezüglich hergaben. Heimlich Telefonnummern zustecken, immer am gleichen Ort warten, im Supermarkt exklusive Singleportionen in den Einkaufswagen legen, angesagte Clubs und Anmachkneipen besuchen, im Freibad sonnen, in der Sauna schwitzen, in Szenecafés herumsitzen, in den Damenwäscheabteilungen der Kaufhäuser stöbern, mit Bargeld winken, in Internetforen anmelden, Blind Dates, Speed Dating, Sportvereine besuchen. Keine Methode war ihm zu abwegig erschienen und keine Mühe zu groß. Doch das Ergebnis waren am Ende immer nur unverbindliche One-Night-Stands oder sehr kurze Kurzbeziehungen gewesen.

Prostituierte hatte es in seinem Leben ebenfalls gegeben, genau wie ein paar andere unschöne Dinge, an die er nicht gerne zurückdachte. Auch der Schüchternste hatte seine kleinen Schwächen. Etwas tiefer Gehendes, Wahres, Echtes hatte er jedenfalls bisher noch nie erlebt.

Und jetzt das. Es sah so aus, als wäre er vor seiner Lieblingsmetzgerei in ein völlig neues Leben hineingestolpert. Einfach so, vollkommen absichtslos, in bester buddhistischer Tradition. Die Sache erfreute ihn einerseits. Andererseits machte sie ihm Angst. Jedes Mal, wenn zu großes Glück auftauchte, war das Pech nicht weit, wusste er.

»Und für Sie, mein Herr? Was darf ich Ihnen bringen?«

»Wie bitte?« Verwirrt blickte er zu dem italienischen Kellner auf, der sich in seine Richtung gebeugt hatte.

»Was möchten Sie trinken?«

»Ach so, ja, trinken.« Mit einem Ruck riss er die Augen von seiner attraktiven Begleiterin los. »Einen Espresso, bitte. Und ein kleines Glas Leitungswasser dazu!«

»Kommt sofort.« Der junge Mann in schwarzer Hose, schwarzen Halbschuhen und weißem Hemd entfernte sich.

Peters Blick war unterdessen längst wieder auf ihr gelandet. Nicht nur ihre Haare, ihre blauen Augen und ihr Gesicht waren von unvergleichlicher Anmut. Auch ihre Figur, die in der engen Bluejeans und dem roten T-Shirt perfekt zur Geltung kam, schlug ihn völlig in ihren Bann. Dass sie einen guten Kopf größer war als er, störte ihn nicht im Geringsten. Im Gegenteil, er fand es himmlisch. Begriffe wie Sonntagsbraten mit Knödeln, Kinder, Ehebett, Haus, Garten, Urlaub, Bäume, Beine, Po und Brüste wirbelten wild in seinem Kopf durcheinander und richteten auch im Rest seines Körpers ein heilloses hormonelles Chaos an.

»Tja, da sind wir nun!« Das war's. Mehr fiel ihm nicht ein. Er zupfte verlegen an seinem Hemdkragen. Das musste er wohl sein, der von Millionen von Asiaten lebenslang herbeigesehnte Augenblick des Eintritts ins totale Bewusstseinsnichts, ins viel gepriesene Nirwana.

»Tja, da sind wir wohl!« Sie grinste frech, lachte kurz auf. Humor hatte sie also auch noch.

»Tja!« Ihm fiel immer noch nichts ein. Nur dass das alles hier sicher ein Traum war, aus dem er jeden Moment erwachen würde. Und dass er ihre Anwesenheit auf keinen Fall verdient hatte.

»Tja! Also, mein Name ist Marcella Mauritz. Und wie heißt mein ungestümer, gesprächiger Begleiter?« Sie ließ ihrer Frage ein strahlendes Lächeln folgen. Es war dieses typisch selbstbewusste Lächeln, das Menschen wie sie naturgegeben besaßen und sie noch begehrenswerter und unerreichbarer für einen wie ihn erscheinen ließ.

»Müller! Peter Müller!« Er bemühte sich, nicht zu hastig zu sprechen, um zu vermeiden, dass sie seine Angespanntheit bemerkte. Verdammte Unsicherheit, haderte er mit sich selbst. Mein Gott, wenn sie nur nicht so unglaublich faszinierend wäre. Das würde alles wesentlich einfacher für ihn machen.

»Peter Müller. Das ist ja mal ein ganz ausgefallener Name.«

»Stimmt, aber wenn man damit aufwächst, gewöhnt man sich irgendwann daran.« Er war selbst überrascht von seiner schlagfertigen Antwort. Ließ ihn ihre Anwesenheit zu einem mutigeren Menschen werden? Es sah ganz so aus.

»Ich wollte Sie nicht beleidigen, Peter. Es gibt nichts an Ihrem Namen auszusetzen. Ich glaube, ich stehe wegen unseres kleinen Unfalls vorhin immer noch leicht unter Schock.«

»Tja!« Er hob schweigend die Arme. Sag doch was, sagte er sich. Aber was? Wer war er denn schon groß, dass er ihr etwas zu sagen gehabt hätte? Peter Müller, zweiundvierzig, in der Frundsbergstraße geboren und aufgewachsen, von klein auf eher ängstlich und brav. Peter Müller, dichtes schwarzes Haar auf dem Kopf und einen Dreitagebart im Gesicht. Peter Müller, früher von den Mitschülern wegen seiner Schüchternheit den Mädchen gegenüber verspottet, heute allein lebend. Aus Angst vor Enttäuschung. Egal, was sollte es. Er nahm seinen ganzen Mut zusammen und sprach weiter.

»Ist schon gut. Ich kenne diese Reaktion auf meinen langweiligen Namen. Kein Problem, Marcella. Aber Ihr Name klingt wie die reinste Poesie. Sind Sie Italienerin?«

»Mein Vater war Italiener und meine Mutter ist Deutsche. Sie ist blond. Hat sich durchgesetzt.« Sie zeigte auf ihre Haare.

»*War* Italiener? Ist Ihr Vater fort?«

»Nein. Er starb vor fünfzehn Jahren. Ein Unfall auf dem Berg. Beim Klettern. Er sah Ihnen ein bisschen ähnlich.« Sie blickte mit regloser Miene durch ihn hindurch.

»Das tut mir leid für Sie.«

»Ach, das ist schon so lange her.« Sie winkte lächelnd ab. »Meine zwei Brüder hat es im selben Jahr auch auf dem Berg erwischt. Ich war beide Male dabei, habe beide Unfälle wie durch ein Wunder überlebt. Ich werde immer an sie denken. An alle drei. Bis ans Ende meiner Tage.«

»Das klingt ... äh, sehr traurig.«

»Gehen Sie oft in diese Metzgerei, Peter?«

Offensichtlich wollte sie das Thema wechseln. Kein Wunder. Wer sprach schon gerne über den Tod. Noch dazu über den seiner Liebsten.

»Ich kaufe meine Fleisch- und Wurstwaren ausschließlich dort. Alle Produkte haben sehr hohe Qualität.« Warum klang er gerade wie ein Metzger, der im Privatfernsehen stümperhaft Werbung für sein eigenes Geschäft machte? Verkrampfter Blödsinn. Hör schon auf damit, Mann. Mach dich lieber mal locker.

»Wenn ich nicht Vegetarierin wäre, würde ich wohl auch dort einkaufen gehen.« Sie lächelte amüsiert.

»Vegetarierin? Wie interessant. Ich habe die vegetarische Küche in Indien kennengelernt, als ich vor Jahren einmal dort war. Habe schon einige Rezepte nachgekocht.«

»Ein Mann, der exotische Gerichte kocht. Wie sinnlich.«

Wunderbar. Endlich konnte er bei seiner neuen Bekanntschaft mit etwas punkten.

Er hätte damals für eine amerikanische Computerfirma gearbeitet, berichtete er nicht ohne Stolz in der Stimme. Seine Aufgabe sei es gewesen, Niederlassungen in Indien, Thailand und Indonesien aufzubauen und zu betreuen. Es sei die Zeit in seinem Leben gewesen, zu der er in jeder Hinsicht aus dem Vollen schöpfen konnte. Sowohl materiell, da er für seinen Job fürstlich bezahlt wurde, als auch in spiritueller Hinsicht, in einer so völlig exotischen Umgebung. Nahezu täglich hätten sich ihm damals neue Blickwinkel auf die Welt und das Leben eröffnet. Selbst Jahre später hätte es ihn immer wieder auf Kurzurlaube dorthin verschlagen.

Nachdem er geendet hatte, musste Marcella aufbrechen, zu einem

Termin bei einer Freundin, wie sie sagte. Aber morgen könnten sie sich gerne wieder hier im Café treffen, schlug sie vor. Same time, same place.

Bingo, freute er sich. Er marschierte beschwingt nach Hause. Dort verstaute er flink seine Einkäufe und begann gleich darauf mit seinem neuen Auftrag. Er sollte für ein großes Softwarehaus ein Tool zu einem Lohn- und Gehaltsabrechnungsprogramm entwickeln, mit dem man die Kurzarbeit effektiv verwalten und abwickeln konnte. Nichts Weltbewegendes, aber das nächste halbe Jahr war für ihn dadurch finanziell gesichert. Ein Treffer im Lotto für einen Freelancer, bei dem die Aufträge für gewöhnlich nur tröpfchenweise eintrudelten.

Die Arbeit ging ihm leicht von der Hand. Er programmierte an seinem selbst gezimmerten Schreibtisch, bis es später Abend war und sein Magen unter lautem Knurren Hunger meldete.

Erschöpft betrat er seine kleine Kochnische, briet beide Schnitzel, schnitt sich zwei Scheiben Brot dazu ab, holte ein Bier aus dem Kühlschrank und fläzte sich damit auf seine Couch vor den Fernseher. Die Schnitzel schmeckten vorzüglich. Das Bier tat sein Übriges, um einen in jeder Beziehung erfolgreichen Tag zufrieden ausklingen zu lassen.

»Marcella!«, flüsterte er später im Bett mit einem seligen Grinsen auf den Lippen. Dann schlief er ein.


»Ein indisches Curry ist nicht besonders schwer zuzubereiten, wenn man die entsprechenden Rezepte hat. Eins meiner Lieblingsgerichte, ein leichtes Kartoffelcurry, mache ich mir manchmal sogar zum Frühstück.« Peter war voll und ganz in seinem Element. Er stieß den Zeigefinger wie ein Dozent an der Uni in die Luft.

»Curry zum Frühstück! Das könnte ich nicht herunterbringen.« Marcella schlug mit gespieltem Entsetzen die Hand vor den Mund.

»Doch. Das ist ganz köstlich. Da beginnt der Tag gleich mit einem echten Geschmackserlebnis. Als Zutaten nehme ich Fenchelsamen, Schwarzkümmel, Kreuzkümmel, Curryblätter, Koriander, Kurkuma, Salz, Chilipulver und Mangopulver. Ach, und natürlich Kartoffeln.«

»Klar. Ist ja auch ein Kartoffelcurry.« Sie kicherte albern.

»Genau.« Er lächelte flüchtig. »Von den Gewürzen genügt jeweils ein guter Teelöffel. Sie werden zunächst nicht länger als eine Minute in der Pfanne angebraten und anschließend mit den ein bis zwei Zentimeter dicken und vorher zehn Minuten lang in Wasser gekochten Kartoffelscheiben vermengt. Das Ganze brät man dann noch ungefähr fünf Minuten lang unter wiederholtem Umrühren. Dazu ein Glas Kefir. Besser kann ein Tag nicht beginnen.«

»Beeindruckend. Wie können Sie das alles nur auswendig wissen?« Sie trank einen Schluck Espresso und sah ihn neugierig an.

»Jahrelange Übung«, erwiderte er mit stolz geschwellter Brust.

Die Nacht war lang gewesen. Andauernd war er aufgewacht und hatte an heute gedacht. Es konnte für ihn gar nicht schnell genug Tag werden, damit es endlich Vormittag wäre und er sie wiedersah. Die schönste Frau der Welt, mit den schönsten eisblauen Augen, die man sich vorstellen konnte. Er hatte sie gleich erkannt, als sie sich – heute im engen knielangen Rock und weißer Hemdbluse – dem Café am Rotkreuzplatz genähert hatte.

Jetzt saß er ihr genauso aufgeregt wie gestern unter demselben knallroten Sonnenschirm gegenüber und dozierte über ayurvedische und normale indische Küche.

»Wollen wir uns nicht duzen?«, meinte sie unvermittelt. »Ich habe in meinem ganzen Freundeskreis niemanden, den ich sieze. Geschäftlich schon. Aber privat finde ich das Sie irgendwie doof.«

»Witzig, dass Sie das sagen, äh, dass du das sagst, Marcella.« Er hätte sie allein für dieses großzügige Angebot vom Fleck weg heiraten können. »Mir geht es ganz genauso. Also *du*. Logisch, klar, gerne.«

»Schön.«

»Darf ich dich etwas fragen, was mich schon die ganze Zeit über interessiert?«

»Nur zu.« Sie hob abwartend die Brauen.

»Was machst du eigentlich beruflich?« Na also, heute klappte es doch schon wesentlich besser mit der Kommunikation.

»Das ist kein Geheimnis. Ich bin Grafikerin. Für Printsachen und so.«

»Toll. Kreativ sein und damit auch noch Geld verdienen.« Er lächelte scheu, blickte sie lange an. Dabei wurde ihm klar, dass ihm ihr Beruf eigentlich gar nicht wichtig war. Viel lieber hätte er gewusst, wie es sich anfühlte, sie in den Armen zu halten und zu küssen. So wie sie ihn gerade ansah, schien sie etwas Ähnliches zu denken. Auf jeden Fall war mit einem Mal etwas zwischen sie geraten. Eine Art unsichtbare, vibrierende Spannung. Wie kurz vor einem Gewitter. So ein ganz merkwürdiges, unausgesprochenes, drängendes Gefühl, das sie alle beide immer mehr gefangen zu nehmen schien und dabei gleichzeitig nach Erlösung verlangte.

Andererseits hätte es ihn schon sehr gewundert, wenn sie ernsthaft etwas von ihm gewollt hätte, so überirdisch perfekt und begehrenswert wie sie war. Schließlich sah er seiner Meinung nach eher durchschnittlich aus, war nicht übermäßig geistreich oder humorvoll. Und reich war er auch nicht. Noch nie gewesen. Er war überzeugt davon, dass ihm das jeder ansah.

»So nachdenklich, Peter? Ich hoffe, ich langweile dich nicht.« Marcella rührte in ihrem Espresso und lächelte ihn aufmunternd an.

»Um Gottes Willen, nein! Wie kommst du denn auf so was? Ich musste nur gerade daran denken, wie gut das Leben manchmal zu uns sein kann. Zum Beispiel, wenn es einen wie mich jemanden so Zauberhaften wie dich kennenlernen lässt!« Bist du verrückt? Was redest du denn da?, erschrak er über sich selbst. Du kannst von Glück sagen, wenn sie nicht auf der Stelle aufsteht und dich alleine hier sitzen lässt.

»Ach, komm. Nun übertreib aber nicht, Peter Müller. Ich bin doch nun wirklich nichts Besonderes.« Sie errötete leicht.

»Nichts Besonderes? Du sollst nichts Besonderes sein?« Er konnte nun endgültig nicht länger an sich halten. Die Zeit der Schüchternheit war vorbei. Zumindest für den Moment. »Du bist das Beste, das mir je in meinem Leben begegnet ist. Du bist wunderschön, du bist klug, du hast die genialsten Augen, die man sich vorstellen kann, und ich bin unsterblich in dich verliebt.«

Jetzt war es raus. Es gab kein Zurück mehr. *Geniale Augen*, sagte man so etwas überhaupt? Egal. Wenn sie nun tatsächlich aufstand und ging, konnte er es auch nicht mehr ändern. Aber wenn sie blieb, wurde alles gut. Dann würde er Teil von etwas ganz Großem werden, die Erde würde von heute an ein Paradies sein und dieses kleine gemütliche italienische Gartencafé hier ein heiliger Ort.

»Lebst du allein, Peter?«

»Äh ... ja.« Wieso wollte sie das wissen? Er sah verdattert zu ihr hinüber.

»Gut. Heute Abend bei dir. Schreib mir deine Adresse auf. Ich muss leider los.« Sie schenkte ihm einen sehr tiefen und sehr langen Blick.

»Heute Abend bei mir? Du? Wirklich?« Er meinte, sich verhört zu haben.

»Ja. Wenn du mir sagst, wo ich hinmuss.«

»Wahnsinn.« Schnell kramte er eine Visitenkarte aus seinem Portemonnaie und reichte sie ihr mit zitternden Fingern.

»Zehn Uhr. Aber das bleibt unter uns. Versprochen?« Sie legte geheimnisvoll lächelnd den Zeigefinger vor ihren Mund.

»Natürlich, Marcella. Von mir erfährt niemand etwas.« War sie am Ende verheiratet? Egal. Hauptsache, sie würde ihn später besuchen. Was für eine Freude. Unfassbar.

Sie stand auf, warf ihm eine Kusshand zu und verschwand.

Punkt zehn. Es klopfte.

»Sie kommt tatsächlich.« Peter eilte zur Tür und öffnete.

»Hallo, schöner Mann.« Marcella berührte sanft seinen Arm.

»Hallo, schöne Frau. Komm bitte herein.« Sein Puls schlug schneller, er hatte Ameisen im Bauch, ihm war schwindlig.

Sie folgte seiner Aufforderung und schloss die Tür hinter sich. Ohne etwas zu sagen, mit einem langen verschleierten Blick, der ihm die Röte ins Gesicht trieb. Dann setzten sie sich nebeneinander an den kleinen Couchtisch, den er bereits um acht Uhr mit bunten vegetarischen Häppchen gedeckt hatte. Ein Kartoffelcurry hatte er ebenfalls extra für sie zubereitet. Es roch köstlich.

Sie rutschte näher an ihn heran, umarmte ihn, küsste ihn. Erst zärtlich, dann immer wilder. Peter jubelte innerlich vor Glück. Es war, als würde er mit einem Schlag von allen Fesseln, die sich im Laufe seines Lebens um ihn gelegt hatten, befreit werden. Er dachte, dass es genau dieses erhabene Gefühl sein musste, das sich einstellte, wenn man an einem heißen Sommertag von einem sehr hohen Fels aus in das kühle kristallklare Wasser eines glitzernden Bergsees sprang. Immerzu hatte er sich nach seinem solchen Sprung gesehnt, ihn aber bisher noch nie gewagt.

Der Messerstich in sein Herz kam völlig unerwartet für ihn. Er sah sie nur stumm und verblüfft an. Sein Körper bäumte sich kurz im Todeskampf auf, dann wich das Leben aus seinen weit aufgerissenen Augen. Sie zog die schmale Klinge aus seinem Fleisch, wischte sie an seinem Hemd ab, erhob sich und verließ auf leisen Sohlen seine Wohnung. Niemand würde erfahren, dass er nur einer von vielen war, die für das büßen mussten, was ihr Vater und ihre Brüder ihr jahrelang angetan hatten. Damals, bevor sie schließlich durch ihre Hand auf dem Berg sterben mussten. Niemand würde jemals irgendetwas darüber erfahren.

Morgen Mittag würde sie längst mit neuen Papieren unter anderem Namen in einer anderen Stadt sein. Bevor sie endgültig losfuhr, wollte sie nur noch ihre auffälligen blonden Haare kürzen und färben. In ihrem kleinen Hotelzimmer vor der Stadt. Sie hatte sich Kastanienbraun besorgt. Und eine dicke Hornbrille.

# Lisa Graf-Riemann

## Ein Sommer in Swan Hill

Johanna wirft ihre Kippe in den Rinnstein und schüttelt sich. Es hat angefangen zu nieseln. Sie stößt die Tür zum *Anchor* auf und geht an den Tresen.

»Cäääro, dein Lover holt dich ab. Mach Feierabend!« Paul blinzelt ihr zu.

»Bin gleich so weit!«, ruft es aus der Küche.

»Bring mir noch einen Schluck, Paul«, sagt Johanna.

Paul zapft ihr ein kleines Glas Bier.

»Nicht viel los heute«, sagt Johanna und sieht sich um. In der Ecke sitzen ein paar Jugendliche, die sie nicht kennt. Zwei Männer spielen Darts. Caro kommt aus der Küche, die Regenjacke in der Hand.

»Du musst mich nicht immer abholen, Darling, ich finde den Weg nach Hause auch allein.«

»Willst du noch was trinken?«, fragt Johanna.

»Zu Hause«, sagt Caro.

»Macht euch noch einen gemütlichen Abend daheim am Kamin, hm?« Paul blinzelt schon wieder.

»Leg ne andere Platte auf, Paul, und komm mal wieder runter. Vom Blinzeln kriegst du nur Falten. Ist bei dir zwar auch schon egal, aber vielleicht kannst du's ja ein bisschen aufhalten.«

»Du bist ein freches Luder, Joanna«, sagt Paul. »Warte nur, irgendwann bekommst du auch noch dein Fett ab.«

Johanna trinkt ihr Bier aus und die beiden Frauen gehen. Auf der Straße hakt Caro sich bei Johanna unter.

»Lass ihn doch, Paul ist wirklich nett. Ich bin froh, dass er mir den Job gegeben hat.«

»Ich lass ihn ja, aber manchmal geht er mir auf die Nerven.«

Sie gehen die Dorfstraße entlang und folgen dem unbeleuchteten Weg an der Küste entlang zu ihrem Häuschen. Am Himmel geben die rasch ziehenden Wolken kurz einen eiförmigen, überreifen Halbmond frei. Der Nieselregen ist stärker geworden, als sie beim Haus ankommen. Der Bewegungsmelder reagiert, die Außenlampe taucht den Eingang und den Vorgarten in ein grelles Licht, die Lorbeerhecke wirft einen breiten Schatten auf den Weg. Die Außenlampe ist Johannas neuestes Werk, auf das sie mächtig stolz ist. Sie wird hier draußen, in Lady's Manor, wie sie ihr Häuschen großspurig getauft haben, noch zur Heimwerkerin. In ihrer Wohnung in der Passauer Altstadt mit Dachterrasse und Blick auf Inn und Donau hatte sie einfach nur gewohnt. Um die Technik hatte Matthias sich gekümmert, während sie über ihren Büchern saß. Matthias hat die Wohnung immer noch nicht verkauft, obwohl er gedacht hatte, dort nach der Trennung nicht allein leben zu können.

Caro hat Jacke und Schuhe im Flur abgestellt und hantiert in der Küche. Sie kommt mit einer offenen Flasche Rotwein und zwei Gläsern ins Wohnzimmer und macht es sich auf dem Sofa bequem.

»Bitte heute kein Glenn Gould, kein Bach, keine Opern«, stöhnt sie und wickelt sich eine Wolldecke um die Beine. »Bin einfach zu kaputt.«

Johanna legt etwas Mexikanisches auf, Lila Downs, die ihnen beiden gefällt.

»Hm, schön«, murmelt Caro und macht die Augen zu. Johanna schenkt sich Wein ein und setzt sich zu ihr, legt sich Caros Kopf auf den Schoß und streicht ihr das Haar aus dem Gesicht.

»Haben wir's nicht schön, wir zwei, in unserer Hütte?«, fragt sie.

»Hmm«, macht Caro.

»Vielleicht kannst du irgendwann die Tagschicht im *Anchor* übernehmen.«

»Ach, da ist doch nichts los. Da kommt Paul ganz gut alleine zurecht. Was hast du denn heute gemacht? Sitzt du immer noch über diesem verkorksten Roman?«

»Oh ja. Kafka kommt achtzig Jahre nach seinem Tod wieder nach Prag und findet alles ganz wonderful, genau wie die Touris das billige Budweiser. Dieser Autor treibt mich noch in den Wahnsinn.«

Während Johanna erzählt, merkt sie an Caros ruhig gehendem Atem, dass sie eingeschlafen ist. Sie streicht ihr über die Wange, fährt mit dem Finger ihre Augenbrauen entlang, betrachtet ihren halb geöffneten Mund mit den schön geschwungenen Lippen, die feinen Fältchen in den Augenwinkeln. Bei Caro sind es keine Krähenfüße, allenfalls die zarten Fußabdrücke der Regenpfeifer im feuchten Sand. Sie ist eine schöne Frau. Johanna ist glücklich, hier mit ihr zusammenzuleben, nach all dem Ärger, den sie hinter sich haben. Caros Flucht ins Frauenhaus, die Scheidung, Johannas Trennung von Matthias, der gemeinsame Entschluss, die bayerische Heimat zu verlassen und in England einen Neuanfang zu wagen. Das alles ist noch nicht lange her und doch kommt es ihr so vor, als sei ihnen das in einem früheren Leben passiert. Oder vielleicht ist es nicht ihnen selbst passiert, sondern ihren Zwillingsschwestern, die sie irgendwo auf dem Weg in ihr neues Leben zurückgelassen haben. Johanna legt Caros Kopf behutsam auf das Sofa und tritt ans Fenster. Neben den Bäumen kann man rechts ein Stück der Bucht und einige Lichter der Küstenstraße erkennen. Von hier gehe ich nie wieder weg, denkt Johanna. Swan Hill ist ein ziemliches Kaff, aber sie beide sind hier draußen sehr gut aufgehoben.

Als Caro am Morgen erwacht, sitzt Johanna bereits mit einer Tasse Kaffee am Schreibtisch und telefoniert mit ihrem Verlag. Caro macht das Frühstück. Sie essen zusammen und machen anschließend ihren Vormittagsspaziergang am Strand. Der Himmel ist klar, aber die Sonne hat noch nicht viel Kraft in diesem Frühsommer. Für Anfang Juni ist es ziemlich frisch. Wie immer sammelt Caro Strandgut: löchrige Steine, abgeschliffene Holzstücke oder Glasscherben in Grün und Blau, die sie zu Hause auf den Fenstersimsen verteilt.

Gegen Mittag geht Caro ins Dorf, macht Einkäufe, kleine Besorgungen, bleibt hier und da zu einem Schwätzchen mit den Nachbarn stehen, trinkt bei Brian und Kate noch einen Espresso auf der Terrasse, wandert dann heim, zupft im Garten herum, kümmert sich um das Haus, blättert in Zeitschriften, die Kate ihr mitgab, oder sieht fern, wenn eine ihrer Soaps läuft. Johanna zieht sie immer wieder damit auf und sagt ihr exakt voraus, was in der nächsten Folge passieren wird. Sie lachen beide darüber, wenn den Drehbuchautoren doch einmal eine unvorhergesehene Wendung einfällt. Am Nachmittag geht Caro zur Arbeit in den *Anchor* und Johanna setzt sich wieder an ihren Schreibtisch. So plätschern die Tage in Lady's Manor dahin. Der Sommer beginnt und die Regentage werden seltener. Sie tragen Shorts und Sandalen auf ihren Spaziergängen und manchmal wagen sie sich ins Wasser und tollen herum, bis die Kälte sie wieder hinaustreibt. Im Sommer ist in Swan Hill mehr los, im *Anchor* herrscht Hochbetrieb, Caro fängt früher an zu arbeiten und am Abend wird es nun oft sehr spät.

Caro erzählt, sie habe alle Hände voll zu tun mit den Sommerfrischlern und den Londonern, die jetzt ihre Ferienhäuschen bewohnen. Sogar die Einheimischen gehen jetzt öfter ins Pub. Caro scheint es zu genießen. Wenn Johanna sie abends abholen kommt, geht sie nach ein, zwei Gläsern Bier oft allein nach Hause, weil Caro noch zu tun hat. Wenn Johanna sie mit den Männern im *Anchor* herumalbern sieht, gibt es ihr einen Stich.

»Ein Prachtweib, die Kleine! Die Kerle stehen schon Schlange«, sagt Paul, als er Johannas Bier zapft. »Bald könnt ihr Eintritt verlangen bei euch draußen.«

Er hat tatsächlich das Blinzeln eingestellt und lässt jetzt nur noch seinen Bauch wackeln.

»Jeder, der vorne reinkommt, wandert hinten wieder raus, über die Klippen. Nur sieht er dann nicht mehr ganz so gut aus«, sagt Johanna. »Willst du der Erste sein?«

»Joanna, Joanna, du bist wirklich eine Nummer! Am Ende meinst du's noch ernst.«

»Darauf kannst du einen lassen, Paul.«

Sie kippt ihr Bier hinunter und stapft davon.

Es ist Mitte August, als Ken bei ihnen im Haus auftaucht. Er ist zu Besuch bei seiner Mutter in der Nähe von Swan Hill. Caro hat ihn im *Anchor* kennengelernt. Er fährt einen Lkw und hat schlechte Manieren. Er kommt auf einem schweren Motorrad zu ihnen raus und selbst das scheint Caro zu imponieren. Er trinkt Bier bei ihnen im Garten und Johanna hört die beiden von ihrem Arbeitszimmer aus lachen. Caro kichert und benimmt sich mit diesem Flegel überhaupt wie ein Backfisch, wie eins dieser Fräuleins aus den Soaps, wenn sie ihrem Traumprinzen begegnen. Johanna kann kaum glauben, was sie da sieht. Sie erinnert sich an den Tag, als Caro mit blutiger Nase und einem zugeschwollenen Auge vor ihrer Tür stand, nachdem ihr Mann sie verprügelt hatte. Und jetzt der hier, wieder so ein Möchtegern-Hell's Angel. Hat Caro denn keine Augen im Kopf? Als Ken abgerauscht ist und sie Caro verträumt lächelnd in der Küche antrifft, rutscht es ihr einfach heraus.

»Wozu brauchst du denn den eigentlich? Dass er dir's ordentlich besorgt und dich hinterher noch vermöbelt?«

Caro hebt wie in Zeitlupe den Kopf. »Wie kannst du nur so gemein sein!« Sie läuft die Treppe hoch in ihr Zimmer.

Johanna beißt sich auf die Lippen. Verdammt, das hat sie nicht gewollt. Sie schenkt sich ein Glas Wein ein, geht in der Küche auf und ab und starrt hinaus in die Dunkelheit. Dann geht sie zu Caros Tür.

»Caro, Darling, es tut mir schrecklich leid. Ich hab's nicht so gemeint.«

»Hau ab, Johanna!«, schreit Caro. »Du kotzt mich an.«

Johanna zieht sich an und geht hinaus. Sie steht unschlüssig auf der Straße. Es ist warm, aber sie fröstelt. Sie nimmt den Weg über die Klippen. Was für ein verdammter Trampel sie ist! So kann sie doch gar nichts erreichen. So kann sie Caro bestimmt nicht zurückgewinnen, Idiotin! Vielleicht steckt ja gar nichts dahinter. Ein kleiner, harmloser Flirt. Und sie macht eine Staatsaffäre daraus. Wer ist schon dieser Ken? Ein Arschloch. Das wird Caro doch selbst bald merken. Mit ihrer verdammten Eifersucht macht sie alles noch schlimmer. Sie weiß es, aber ihr freches Mundwerk war schneller gewesen als ihr Verstand. Sie wird es wieder gutmachen. Wegen dieses einen Satzes kann doch nicht alles kaputt sein, ihr ganzes Leben, alles, was sie sich hier zusammen aufgebaut haben. Das kann Caro doch auch nicht wollen. Morgen werden sie reden und sich wieder versöhnen. Wer ist schon dieser Bastard Ken, dass er hierher kommen und alles in Schutt und Asche legen kann? Sie geht zurück ins Haus. In Caros Zimmer brennt kein Licht. Vorsichtig drückt Johanna die Klinke herunter, aber Caro hat abgeschlossen. Na gut, dann wird sie jetzt auch schlafen gehen. Morgen früh wird sich schon alles wieder einrenken.

Johanna schläft lange nicht ein. Die Bilder aus der Vergangenheit sind alle wieder da. All die wüsten Szenen. Aber sie münden alle in die Ruhe ihres gemeinsamen Lebens in Lady's Manor, ihre Morgenspaziergänge, Caros Lachen, ihre Freude über ein gefundenes Stück Holz, in dem sie einen Delfin sieht oder einen Schwertwal. Johanna schläft endlich ein und fällt von einem Traum in den anderen. Vom letzten erwacht sie. Sie hat geträumt, sie sähe Caro vom Haus aus schreiend am Strand stehen, vor ihren Füßen ein Strandgut, das sie hier noch nie gefunden haben. Es ist ein Kopf, den die Brandung auf den Strand gespült hat. Und Johanna weiß genau, zu wem dieser Kopf gehört.

Sie schüttelt sich. Es ist früher Morgen. Sie springt aus dem Bett. Caro ist noch nicht wach. Johanna macht das Frühstück und als der Kaffee durchgelaufen ist, klopft sie an Caros Tür. Keine Antwort. Sie drückt wieder die Klinke. Es ist immer noch abgesperrt.

»Komm doch raus, Liebes, das Frühstück ist fertig.«

Caro antwortet nicht. Johanna geht hinaus in den Garten und sieht von draußen durch Caros Fenster. Das Zimmer ist leer. Sie ist fort und hat das Zimmer von außen abgesperrt. Ein Schwindelgefühl erfasst Johanna. Sie lehnt sich an die Hauswand. Sobald der Schwindel verfliegt, geht sie zurück ins Haus. Sie lässt das Frühstück unberührt stehen und nimmt sich eine Tasse Kaffee mit an den Schreibtisch. Warum nicht einfach an die Arbeit gehen? Arbeiten hat ihr immer noch am meisten geholfen. Am Anfang fällt es ihr schwer, sich zu konzentrieren, aber dann beißt sie sich in dem Text fest, den sie gerade zu bearbeiten hat, und taucht völlig in die fremde Geschichte ein.

Mittags ist Caro immer noch nicht zurück. Als Johanna von ihrem Strandspaziergang zurückkehrt, steht Kens lächerlicher Feuerstuhl vor dem Haus. Die beiden sind in Caros Zimmer und Johanna hört wieder dieses schreckliche Kichern und Kens leises Lachen. Wie kann Caro ihr das nur antun? Sie klopft.

»Caro, ich möchte mit dir reden«, sagt Johanna.

Die Tür geht auf und die beiden kommen gemeinsam heraus. Caro hat ihren kleinen Rucksack umgehängt.

»Tut mir leid, Johanna«, sagt sie. »Wir wollen noch einen Ausflug machen und dann muss ich zur Arbeit.«

Ken grinst ihr frech ins Gesicht.

»Bis später dann.«

Und schon sind die beiden draußen. Johanna hört, wie das Motorrad davonbraust. Sie räumt das Haus auf, schmiert ein paar Brote und isst sie am Schreibtisch. Am Abend hält sie es zu Hause nicht mehr aus. Sie macht sich auf den Weg ins Dorf. Im *Anchor* ist großes Halligalli. Die Tür steht offen und sie hört die Leute schwatzen, ein Surren wie in einem Bienenhaus, das manchmal von lautem Gelächter übertönt wird. Johanna muss all ihren Mut zusammennehmen, um hineinzugehen.

Der Laden ist voll. Sie kennt die meisten Gäste nicht. An einem der Tische sitzt Ken in seiner Bikerkluft. Caro hantiert mit einem vollen Getränketablett an einem der hinteren Tische. Johanna geht an den Tresen und bestellt ein Bier.

»Je später der Abend …«, setzt Paul an.

»… desto schlechter die Laune der Gäste«, ergänzt Johanna.

»Na, Lady, ist heute wohl nicht dein Tag?«

Pauls Blick sagt, dass er bereits voll im Bilde ist. Da legt ihr jemand von hinten einen Arm um die Schulter, der in einer Biker-Lederjacke steckt. Ehe der Kerl noch einen Ton sagen kann, nimmt Johanna ihr volles Glas und schüttet ihm einen halben Liter Bier ins Gesicht. Ken reibt sich die Augen.

»Du blöde Zicke«, zischt er und packt sie mit beiden Händen am Kragen ihrer Jacke. Er holt mit der Rechten aus, aber Paul ist schneller. Trotz seiner Körperfülle ist er wie ein Derwisch um den Tresen herumgeflitzt und geht nun beherzt dazwischen. Er packt Kens Arme und drängt ihn von Johanna weg.

»Na, na, Ken, wir sind doch zivilisierte Leute. War bestimmt nicht so gemeint. Hier, nimm das.« Er reicht ihm sein Geschirrtuch. »Und dann setzt du dich schön brav wieder an deinen Tisch. Dein nächstes Bier geht aufs Haus.«

Er bleibt stehen, bis Ken sich grummelnd in Bewegung setzt. Johanna wendet sich zum Ausgang. Sie ist nicht stolz auf ihre erneute Unbeherrschtheit. Mist! Wie kann man sich so wenig in der Gewalt haben? Aus dem Augenwinkel sieht sie Caro. Sie steht mitten im Lokal, kreidebleich. Johanna tritt hinaus auf die Dorfstraße. Ihr Kopf ist schwer. Ihre Gedanken sind träge und stumpf, als hätte man ihr eine Keule über den Kopf gezogen. Eine leichte Brise streicht ihr wie zum Trost über Gesicht und Hände. Ihre Füße finden den Weg von allein. Erst das automatisch sich einschaltende Hoflicht vor ihrem Cottage reißt sie aus ihrem dumpfen Brüten. Sie geht ins Haus, stürzt in der Küche ein Glas Leitungswasser hinunter. Sie schreit, hämmert mit den Fäusten gegen den Kühlschrank, tritt mit den Füßen gegen die Spülmaschine. Sinnlos, aber sie muss es einfach tun. Dieser dreckige, dahergelaufene Bastard, der sein Maul nicht aufbringt. Genau wie Caros Mann. Das gleiche Muster. Einfach dasselbe Spiel noch einmal. Wie konnte sie nur so blind sein! Sie hat sich diese gemeinsame Idylle hier in ihrem Häuschen mühsam zusammengebastelt und schöngeredet. Sie schenkt sich ein Glas Rotwein ein und nimmt es mit hinüber ins Wohnzimmer. Es rutscht ihr aus der Hand und sie sieht ohnmächtig zu, wie es umkippt und am Tisch zerspringt. Der Wein läuft auf den hellen Teppich. Er saugt den Wein gierig auf. Es bleibt ein hässlicher Fleck mit ausgefransten Rändern. Seine Form ist leicht zu deuten. Es ist geradezu lächerlich. Ein blutrotes Herz liegt da auf dem Wollteppich. Ihr Herz! Sie tritt mit dem Fuß darauf und verwischt die verräterische Form. Da hört sie draußen den Lärm eines Motorrads. Sie rennt zur Tür. Ken zieht eben den Schlüssel aus dem Zündschloss.

»Was willst du hier, du Proll?«, schreit Johanna.

»Du hast noch was gut bei mir, du Nutte«, zischt Ken.

Johanna lässt die Tür offen stehen und rennt los, auf den Fußpfad über die Klippen. Es ist dunkel, aber sie kennt den Weg. Sie hört, wie Ken das Haus umrundet und ihr folgt. Sie denkt nicht daran, sich irgendwo zu verstecken, stolpert einfach weiter. Sie hört ihn näherkommen, er keucht. Wie lange wird sie durchhalten? Ihre Lunge brennt, sie spürt ein Stechen in der linken Schulter. Er ist schneller als sie. Bald wird er sie eingeholt haben.

Sie schlägt einen Haken, verlässt den Weg, stolpert und fällt. Sie unterdrückt den Schrei, der ihr in der Kehle sitzt, und reibt sich den Knöchel. Sie kann nicht mehr. Mit den Händen bekommt sie einen Ast zu fassen und zieht sich unter das windzerzauste Gestrüpp neben dem Pfad. Sie hört Ken. Er kommt näher.

»Ich krieg dich, du dreckiges Luder«, keucht er.

Gleich wird er auf ihrer Höhe sein. Sie hält den Atem an. Da hört sie ihn schreien. Es klingt überrascht. Ein dumpfer Schlag, dann Stille. Aus ihrem Versteck heraus kann Johanna nichts erkennen. Sie wartet. Nichts geschieht. Kein Laut mehr. Hat er sie entdeckt? Ihre Beine zittern. Sie presst sie mit den Händen auf den Boden. Sie wartet. Hat kein Gefühl mehr für Zeit. Sie sind etwa fünfhundert Meter vom Haus entfernt. Wenn Caro doch nur heimkäme! Sie würde sie bestimmt suchen. Aber wo? Johanna kann doch jetzt nicht rufen. Was ist mit Ken passiert? Johanna wartet noch einmal, für sie eine Ewigkeit, aber es bewegt sich nichts. Da fängt sie an aus ihrem Versteck zu kriechen. Ein Zweig unter ihr knackt. Sie hält den Atem an. Kein Geräusch. Ist Ken am Ende doch weitergelaufen oder zurückgegangen? Sie ist sich plötzlich nicht mehr sicher. Sie kriecht weiter. Ein paar Zentimeter noch und sie müsste auf den Weg zurückkommen. Sie schleppt sich voran. Da sieht sie Ken. Er liegt auf dem Rücken und bewegt sich nicht mehr. Ein Pfropf löst sich aus Johannas Ohren. Eine Ewigkeit hat sie nur ihr eigenes Blut im Kopf rauschen gehört, nun hört sie endlich die Brandung wieder. Die Flut kommt.

Sie kriecht zu Ken. Spürt, dass der Fels unter seinem Kopf nass ist. Die Panik löst sich wie ein Klumpen aus ihrer Brust und sie stößt die ganze Anspannung mit einem geräuschvollen Atemzug aus sich heraus. Dann dreht sie sich weg und erbricht sich auf den Weg. Sie kniet vor ihm. Vorsichtig nimmt sie seinen Arm und fühlt seinen Puls. Sie ist sich nicht sicher, ob sie etwas spürt. Ihre Finger zittern. Sie legt den Arm wieder auf den Boden und tastet an seinem Hals nach der Schlagader. Ja, sie kann seinen Puls noch spüren. Sie rutscht ein wenig von ihm weg. Die Wellen krachen auf den Strand. Sie hat das Gefühl, als brächen sie sich innen an ihrer Schädelwand. Sie presst die Hände auf die Ohren. Eine Windböe reißt an den Ästen, die Blätter wirbeln auf. Vereinzelt blitzen ein paar Sterne durch die Wolken, die der Wind am Himmel wie Kulissen verschiebt. Johanna fühlt noch einmal Kens Puls. Es kann nicht mehr lange dauern, denkt sie, und dass sie ausharren wird. Kens Gesicht ist ein einziges Staunen. Ja, ja, Junge, das hast du dir ganz anders vorgestellt, nicht? Was hättest du denn angestellt mit mir, wenn du mich erwischt hättest? Johanna spürt, wie ihr Magen sich wieder verkrampft. Sie kämpft den Ekel nieder. Sie tastet noch einmal über seinen Hals. Doch, der Puls wird wirklich schwächer. Sie täuscht sich nicht. Sie wartet noch einige Minuten ab, dann richtet sie sich langsam auf und prüft, ob sie mit ihrem rechten Fuß auftreten kann. Es muss gehen.

Sie humpelt den Weg zurück. Als sie das Haus erreicht, bleibt sie stehen. Eine weiße Mondsichel steht wie eine Kinderlaterne über dem Tor. Das Motorrad schimmert wie ein riesiges Insekt in ihrem Licht. Sie schleppt sich ins Haus. Caro sitzt im Wohnzimmer am Boden, neben den Scherben und der hässlichen Lache auf dem Teppich. Die Wimperntusche läuft ihr in kleinen Bächen über das Gesicht.

»Wo ist Ken?«, fragt sie. »Wo wart ihr? Ich hab euch gesucht.« Sie starrt auf Johannas zerkratzte Beine, die zerrissenen Kleider und ihre schmutzigen Hände. »Was hast du mit ihm gemacht?«

Johanna macht eine vage Handbewegung nach draußen.

Caro starrt sie an. »Du hast ihn umgebracht«, flüstert sie. »Du konntest es nicht ertragen, mich mit jemandem zu teilen. Mit einem Kerl! Noch dazu mit einem, der nicht studiert hat. Der keine Bücher schreibt und der nicht ins Theater geht. Aber das tue ich auch nicht. Ich bin ja nur eine dumme kleine Kellnerin. Und ich stehe auf Männer.« Sie packt Johanna an der Schulter und schüttelt sie. Johanna wehrt sich nicht, sie hat keine Kraft mehr. Caro greift in Johannas dunklen Haarschopf und zerrt daran, bis Johanna in die Knie geht und mit dem Gesicht nach unten auf den Teppich fällt, neben die Rotweinlache. Dann rennt sie hinauf in ihr Zimmer und kommt mit einem gepackten Seesack zurück.

»Die Polizei wird gleich hier sein«, sagt sie. »Und dann werden sie Ken suchen. Und ich weiß, dass du es warst. Du hast ihn dort draußen umgebracht.«

Johanna versucht, sich an der Tischkante abzustützen und aufzustehen. Sie muss hinaus, bevor die Polizei kommt. Aber Caro versetzt ihr einen Stoß und sie sackt wieder zusammen und kauert sich auf den Boden, legt die Hände schützend um den Kopf.

»Ich mache meine Aussage und dann bin ich weg. Ich komme nie wieder zurück, hörst du?« Caro versucht, Johannas Hände zu packen und sie vom Kopf wegzuzerren.

Es klingelt. Caro steht auf und geht zur Tür. Johanna hört sie mit einem Mann sprechen. Es ist nicht Peter, der Dorfpolizist, sondern ein Bulle aus der Stadt. Als sie am Haus vorbeigehen, sieht Johanna den Schein mehrerer Stirnlampen, es sind mindestens fünf oder sechs. Dann steht ein Mann bei ihr im Zimmer, der sich als Constable Smith vorstellt. Besorgt betrachtet er den roten Fleck, neben dem Johanna immer noch kniet.

»Brauchen Sie Hilfe, Madam?«, fragt er.

Johanna schüttelt den Kopf. »Das ist nur Rotwein«, sagt sie. Und die Scherben sind nichts als zerbrochenes Glas, denkt sie, und doch fühlt es sich an wie mein Leben.

# Harry Kämmerer

## Licht aus

Die Nadelspitze senkt sich in das schwarze Vinyl. *Chrrrtchh.* Statik. Entladungen. Knistern. Feuer. Eine lange Sekunde. Dann Beats – streng, monoton. Knacken, als ob man einen Joghurtbecher eindrückt. Immer wieder. Jetzt die Bassline. Trocken, voll, federnd. Tanzmusik.

In den Club geh ich schon lang nicht mehr. Kann ich mir nicht leisten. Ich seh mir die Plattenhülle an. *12 Inch.* Aus besseren Zeiten. Grauer Karton. Keine Band, kein Foto, nur links unten klein das Label: *Last Moment.* Passt zu meiner Stimmung.

Bin zornig. Stress mit dem Arsch aus der Wohnung über mir. Schlater. Hat die Polizei gerufen. Weil es zu laut war. »Ein Nachbar hat sich beschwert«, meinte der Polizist. Ich hab's Schlater auf den Kopf zugesagt. Im Lift. Fast hätt ich ihm eine reingehaun. Hat mich »Asi« genannt. Aber ich hab mich zusammengerissen. Hab ihn abperlen lassen. Selber Asi. Hängt den ganzen Tag am Balkon und scheißt die Kinder an, die hinterm Haus Fußball spielen. Ich bin kein Asi. Nur Orientierungsphase. Bis ich weiß, was ich wirklich will.

Ich konzentrier mich auf die Musik. Eine Snare. Rückwärts abgespielt. Rhythmus, Sog, Vakuum. Genau mein Groove. Saugt alles ein. Meine Gedanken. *Ntschag, nschtag, ntschag …* All das Negative. Was nicht klappt. *Ntschag, nschtag, ntschag…*

Die ganzen Demütigungen. In mir rumort es. Vielleicht auch, weil ich angetrunken bin. Schon wieder. Nicht gut.

Jetzt endlich der Sänger. Verhallt, wie durch Trockeneisnebel. Moody. Nein. Eher depro.

*Letzte Schritte durch mein Leben*
*alle Chancen schon vergeben*
*kein Feuer, das in mir brennt,*
*Stille, die kein Ende kennt,*

*sich unendlich dehnt*
*Erlösung, so sehr ersehnt*

*Kopfüber weißes Rauschen*
*werde meinen Platz eintauschen*
*Schwelle überschreiten*
*in weichen Nebel gleiten,*
*der sich unendlich dehnt*
*Erlösung, so sehr ersehnt*

Wie gemacht für mich. Ja kein positiver Gedanke, bitte nicht! Hymne für Leute, die mit allem fertig sind. Bin ich das? Mit allem fertig? Ich denke oft darüber nach, was kommt, wenn man wirklich mit allem durch ist. Manchmal sogar, wie das ist, wenn man stirbt. Wie der Übergang ist. Was man empfindet. Zwischen gerade noch und noch nicht. Zwischen hier und da, zwischen Leben und Tod. Ich denke an den Unfall letztes Jahr auf der Autobahn. Als die Polizei mich an der Stelle vorbeiwinkt. Zertrümmerte Autos, zerquetschte Leiber. Wie sie zucken. Und ich meinen Blick nicht von ihnen wenden kann. Trotz des ganzen Schreckens, Ekels, meiner Angst. Bin gelähmt und fühl mich zugleich so lebendig. Mich hätte es auch treffen können, ein paar Minuten eher. Starkes Bild auf dem hellen Asphalt: Öl, Wasser, Blut, schillernde Farben. Bin tief berührt.

Das alles geht mir durch den Kopf. *Ntschag, nschtag, ntschag …* Ich seh der Nadel zu, wie sie über die Rennstrecke fährt. Dreh den Verstärker ganz runter. Nur noch das Schaben des Diamants. So viele Gedanken. Über mich. Muss etwas ändern, ein Zeichen setzen, will die Taubheit loswerden, mich spüren, beweisen, dass ich es kann, dass ich den Mut aufbring, mich wehr. Nicht im Affekt, keine unkontrollierte Situation, sondern wohlüberlegt, einfach, wirkungsvoll. Als würde man das Licht ausknipsen. Ob es wirklich so einfach ist? Licht aus, von einem Raum in den anderen treten, über die Schwelle, die Seiten wechseln. Vom Leben zum Tod. Nicht ich. Ich bin kein Opfer mehr.

Wie oft habe ich als Kind über das perfekte Verbrechen nachgedacht. Es ist perfekt, wenn es keinen erkennbaren Grund gibt, kein Motiv. Würde mich jemand mit Schlater in Zusammenhang bringen? Sicher nicht.

Er ist der Richtige. Weil er sich für was Besseres hält. Und mich für einen Loser. Wer ist hier der Loser? Wer hat die Fäden in der Hand? Keiner wird dich vermissen, wenn du aus dem achten Stock fällst und dir den Hals brichst. Nein, keine gute Idee. Unten spielen ja die Kinder. Ich werde es anders machen, mir was Hübsches ausdenken. Und ich bin neugierig. Wenn ich es wirklich tu, was macht das mit meinem Leben? Läuft es einfach weiter, nach einem kurzen Zittern im Fernsehbild? Oder ändert sich alles? Aber es muss sich sowieso was ändern. So kann es nicht weitergehen.

Es ist still, der Tonarm ist zurück auf Anfang. Die Nadel hat den Staub aus der Rille geholt. Zarter Flaum. Ich pust ihn weg. Wünsch mir was.

November im Park. Die Wege verklebt mit Laub, Bäume kahl im Weißgrau des Himmels, über dem struppigen Rasen kalter Milchdunst. Ich seh zu unserem Hochhaus. Erste Lichter. Gerade mal vier Uhr. Erst nur ein Gedankenspiel, aber ich hab jeden Tag dran gedacht. Jetzt ist es mir ernst. Und wütend bin ich auch. Letzte Woche hat mir jemand die Fahrradreifen aufgestochen und die Felgen kaputtgetreten. Natürlich hat Schlater es geleugnet, als ich ihn im Treppenhaus gestellt hab. Aber ich hab nicht rumgebrüllt. Wäre kontraproduktiv für das, was ich vorhab. Bin ganz cool geblieben. Ja, ich will es wirklich machen, es geht jetzt nur noch um die Details. Ich seh mich um. Hier soll es sein.

Schlater macht um neun immer noch eine Runde durch den Park. Keine Ahnung, warum eigentlich. Er hat keinen Hund. Vielleicht Fitness? Ha, bald vorbei. Oder denkt er nach? Über sein verpfuschtes Leben? Will er Frauen auflauern? Irgendwas. Jedenfalls geht er jeden Abend in den Park. Ich weiß das. Denn meistens steh ich am Balkon. Rauch. Denk nach. Blick starr in den Park. Am Tag die grauen Teerlinien im gefleckten Grün, die Inlineskater und Radfahrer, das zugemüllte Amphitheater, der mit Algen und Entenscheiße verseuchte Teich beim Biergarten. Trostlos bis dorthinaus. Nachts sind die Wege beleuchtet – Lichtkreise, Perlenketten im Nachtschwarz. Ich spiel es immer wieder durch. Bin entschlossen. Schlater hat keine Ahnung, dass seine Zeit abläuft, bald vorbei ist. Der Gedanke gefällt mir außerordentlich. Ich fühl mich stark.

Schließlich ist es so weit. Kurz vor neun. Stockfinster. Ich steh auf dem Balkon. Hab Schuhe und Parka an. Will keine Zeit verlieren. Seh die Glut meiner Zigarette. Von gelb zu weiß. Meine Hände zittern. Nicht weil ich aufgeregt bin. Weil es kalt und feucht ist.

Irgendwann kommt er. Bisschen später als sonst. Hut und Mantel. Geht über den Parkplatz. Soll ich einfach wieder reingehen, mir ein Bier aufmachen, fernsehen? Das Ganze vergessen? Nein. Dafür bin ich schon zu weit. Ich verlass die Wohnung. Nehm den Lift, damit mich die Tante im vierten Stock nicht sieht. Hängt immer am Spion. Auch eine Kandidatin. Vielleicht ist das der Beginn einer wunderbaren Karriere …

Ich zieh mir die Wollmütze tief ins Gesicht. Vorbei an den Autos auf dem Parkplatz. Nach zweihundert Metern hab ich den Park erreicht. Stoß weiße Schwaden aus. Fühl nichts, bin wie eingewachst. Ich geh zu meinem Baum. Die Eisenstange liegt im Gras, wo ich sie gestern hingelegt hab. Handschuh. Keine Spuren. Auch nicht auf dem harten Boden. Aber wer soll nach Spuren suchen? So schnell wird niemand Schlater vermissen. Und wenn die Leute von den Stadtwerken im nächsten Frühjahr den Gully zum Reinigen aufmachen, sind nur noch ein paar moderige Knochen und Kleidungsstücke übrig. Die man vielleicht gar nicht mehr als Schlater erkennt. Tja, mehr wird von dir nicht übrigbleiben … Ich seh zu dem Gully und muss grinsen. Alles vorbereitet. Der Laubfangkorb liegt im Teich beim Biergarten.

Ich steh im Schatten des dicken Baumstamms. Weiße Lichtinseln, nebeltaub, fahler Glow, fast Neon. Sonst tiefschwarz. Und still. Keine Autos von der Straße. Doch, jetzt, ein Auto, noch eins. Motoren, Lichtkegel, Türenschlagen. Bin unschlüssig. Doch nach Hause? Ein Bier aufmachen … Jetzt seh ich die Silhouette. Hör Schritte auf dem Teerweg. Was hat der für Schuhe an? Hitze steigt mir ins Gesicht. Der Mantel, der Hut. Er ist es. Ich drück mich an den Baum. Mein Magen zieht sich zusammen. Angst. Also doch. Die harten Absätze. Seh seinen Rücken. Soll ich ihn einfach im Nebel verschwinden lassen? Nein. Ich greif nach der Eisenstange, gleit lautlos aus dem Schatten des Baums. Er bleibt stehen! Bückt sich, um sich den Schuh zu binden.

*Gelegenheit! Schlagen Sie zu! Sonderangebot!*

Ich hol aus und lass die Eisenstange runtersausen. Das Knacken einer Kokosnuss. Erschrocken lass ich die Stange fallen. Dröhnt in meinen Ohren. Ich will laufen, nur noch laufen, weglaufen! Aber ich tu's nicht. Bin schockgefrostet.

Jetzt keinen Fehler machen! Ruhig! Schlater mitten im Lichtkegel, Gesicht nach unten. Kanaldeckel wenige Meter hinter ihm. Ich heb den Gullydeckel raus, pack Schlater an den Füßen, zieh ihn zum Gully. Breite Blutspur. Daran hab ich nicht gedacht. Scheiße! Aber weiter! Weiter! Ich lass Schlater kopfüber in den Gully fallen. Er passt geradeso rein. Fast. Drück die Füße rein. Zieh den Deckel über den Gully. Fertig. Hab nicht darauf geachtet, ob jemand den Weg entlangkommt. Hab funktioniert wie eine Maschine. Mein Programm abgespult. Wie in einem Traum. Jetzt bin ich wach. Hellwach. Seh mich um. Nichts, niemand. Das weiße Glühen der Laterne. Nächster Schritt. Ich nehm die Stange und lauf zum Teich. Werf sie ins Wasser. Wie laut das ist! Dann Stille. Das Wasser wieder ein schwarzer Spiegel. War's das? Nein: Das Blut auf dem Weg ... Was soll ich ...? Es fängt an zu regnen. Heftig. Ich muss lachen. Perfekt. Nach Hause.

Ich nehm den Weg durch die Tiefgarage, damit mich keiner unten im Hausflur sieht. Als ich oben bin, zittern meine Hände. Ich brauch jetzt Bier, Schnaps, Zigarette. Alles im Plural.

Mein Kopf ist eine Baustelle, als ich mittags aufwach. Betonmischer dreht sich schwer, Presslufthammer stemmt Estrich auf. Grelle Novembersonne. Ich stolper aus dem Bett und geh ins Bad. Als ich Tabletten aus dem Allibert holen will, wird mir schwarz vor Augen. Ich halt mich an der offenen Schranktür fest, der Allibert kippt nach vorn, Inhalt klirrt ins Waschbecken. Ich stemm mich gegen den Schrank, damit er bleibt, wo er ist. Tut er nicht. Bugsier ihn ins Waschbecken. Alles voller Scherben. Scharfer Geruch. Scheiß auf die Tabletten. Ich geh wieder ins Bett.

Als ich die Augen öffne, ist es draußen dunkel. Gelbes Licht von der Straße. Die Jalousie projiziert Blockstreifen an die Decke. Ich denk an meinen Plan, das perfekte Verbrechen. Überleg, was passiert ist. Nein, kann nicht sein! Ich hab niemanden umgebracht! Ich versuch, den vergangenen Abend zu rekonstruieren. Gelingt mir nicht. Das

Grobe weiß ich, aber es fehlen Details. Nur ein Traum? Hab ich's wirklich getan? Ich im Park, sein Schattenriss im Nebel, die Eisenstange? Nein! Ich will's nicht glauben.

Nieselregen. Der Weg glänzt metallisch im Laternenlicht. Ich geh auf den Baum zu. Da hab ich gewartet. Oder? Ich seh nichts. Doch was will ich sehen, was soll anders aussehen, anders als was? Ich denk nach. Nein! Und was hätte ich mit der Leiche gemacht? Weit und breit kein Versteck. Kein Gebüsch, kein Laubhaufen. Irgendwas fehlt mir. Ein wichtiges Detail. Getilgt aus meiner Erinnerung. Es war doch genau geplant? Mein Kopf funktioniert nicht richtig. Ich geh den Weg auf und ab. Find keine Lösung. Es regnet immer stärker. Ich lauf nach Hause. Der Wind peitscht mir den Regen ins Gesicht. An der Haustür fällt es mir ein. Klar, der Gully! Der Laubkorb, den ich vorher im Teich versenkt hab! Dann die Stange. Die Bruchstücke fügen sich zusammen. Mir bricht der Schweiß aus. Also doch! Ich will schon umdrehen, um nachzusehen, aber nein, heute nicht mehr. Dafür reichen meine Kräfte nicht.

Ich hol den Lift. Dauert ewig, bis er kommt.
Endlich, die Tür ruckelt auf. SCHLATER!?!
Ich starr ihn fassungslos an. Schlater drückt mich verärgert beiseite. Riecht nach Bier. Bin wie vom Blitz gerührt. Als die Lifttür vor meiner Nase zugeht, stell ich den Fuß gerade noch in den Spalt. Tür wieder auf. Steig ein. Tür schließt sich. Ich lach los, laut und hysterisch. Ein Traum, eine wirre Fantasie! Sonst nichts. Schlater, ich könnt ihn küssen! Ich hab's nicht getan! Gott sein Dank! Tränen laufen mir über die Wangen. Ich bin außer mir, beseelt, lebendig.
Als ich oben bin, dusch ich lang und heiß. Mir fällt wieder ein, wie ich auf den Gedanken gekommen bin: schlechter Tag, Stress mit Schlater, dazu Musik, die meine Aggressionen noch verstärkt hat. Brandbeschleuniger. Meine Stimmung. Die mit Schlater eigentlich wenig zu tun hat. Vor allem mit mir selbst, selbstgerecht, weinerlich. Heul doch! Herr über Leben und Tod – lachhaft! *Last Moment*. Stand auf der Plattenhülle. Ich such die Maxi raus, leg sie auf. Seh zu, wie sich der Tonarm senkt. Ölgedämpft. Die Nadel zuckt in den Rennkurs. Instrumentaltrack. Hab die B-Seite erwischt. Gut so. Ich dreh die Lautstärke hoch. Find eigene Worte.

*Feuer, das in mir brennt*
*Erlösung, so sehr ersehnt*
*neue Schritte durch mein Leben*
*keine Chance ist vergeben*

Ich tret im Bademantel auf den Balkon raus. Vor mir der dunkle Park, unverändert, wie jeden Tag, ohne grausames Geheimnis. Ein falsches Stichwort, eine wirre Fantasie, ein kurzes Fegefeuer. Zum Glück nur kurz. Denn mehr halt ich nicht aus. Muss ich auch nicht. Ich leb noch, wieder, will raus, Menschen sehen. In die Stadt. Heute gehe ich Tanzen, morgen fang ich ein neues Leben an. Arbeit, Freunde, der ganze Scheiß. Bring meine Sachen auf die Reihe.

Ich stürm die Treppe runter. Sieben Stockwerke. Sechster, fünfter, vierter … Im dritten Stock lauf ich Frau Mündel und Frau Grasser in die Arme. Frau Mündel sieht verheult aus. Schwer atmend bleib ich stehen. »Ist was passiert?«

»Ihr Mann ist verschwunden«, erklärt Frau Grasser. »Haben Sie ihn vielleicht gesehen?«

»Er wollte nur eine Runde im Park spazieren gehen«, schluchzt Frau Mündel.

Mein Magen krampft sich zusammen. Ich schüttel der Kopf. »Wann?«, würg ich heraus.

»Gestern Abend. So um neun.«

Ich starr sie an. Schüttel wieder den Kopf und renn die Treppe runter.

Ich denk scharf nach. Die Statur stimmt. Ich hab sein Gesicht nicht gesehen! Quatsch, alles nur Einbildung! Ich hab niemanden umgebracht! Schlater war im Lift. Alles ist gut. Ist es das? Ich geh in den Park, direkt auf den Baum zu. Seh mich um. Kein Mensch. Schnell zieh ich den Deckel vom Gully und späh hinein. Schwarzes Loch. Sonst nichts. Ich atme auf. Nein! Nicht so schnell! Ich greif rein. Ein Schuh! Zuck zurück. Dann greif ich noch mal rein. Nicht nur der Schuh. Kaltes, haariges Fleisch an meiner schwitzigen Hand. Sie zittert. Mein ganzer Körper zittert. Blut rauscht in meinen Ohren. Ich schleif den Gullydeckel wieder übers Loch. Ich renn los, durch den Park, raus auf die Umgehungsstraße. Mein Herz sticht. Ich lauf und lauf.

Wer soll auf die Idee kommen, dass ich es war? Jetzt hab ich keine Handschuh an. Aber selbst wenn sie Fingerabdrücke finden, wie sollen sie auf mich kommen? Doch, natürlich werden sie das. Sie werden alles auf den Kopf stellen, alle Nachbarn fragen. Auch mich. Nein, kann nichts passieren, der perfekte Mord. Ich hab kein Motiv, es gibt keinen Grund, keine Auseinandersetzung. Der nette Herr Mündel aus dem dritten Stock. Der den Kindern immer mal wieder ein Spezi ausgibt. Mir ist speiübel. Wenn sie mich fragen, werd ich das nicht aushalten, nicht durchhalten. Bin jetzt schon ein Nervenbündel.

Ich lauf ziellos durch die Gegend. Durch die Wohnblocks, das aufgelassene Einkaufszentrum, vorbei an Bauzäunen, Baracken, Müllcontainern. Richtung Bahnhof, Industriepark. Tauch ab in die Schatten der Hallen. Dunkelheit. Stille.

Schmale Lichtstraße zwischen den hohen Hallen, dürre Baumgerippe neben dem Gehsteig, leergefegte Parkplätze. Ich setz mich auf den Bordstein. Irgendwo eine Sirene. Martinshorn. Polizei.

Die nächste Polizeistation ist an der Auffahrt zum Ring. Zehn, fünfzehn Minuten zu Fuß. Ja, so mach ich's! Hingehen, reinen Tisch machen. Gleich, ohne Umwege! Bin ganz klar. Geh los. Es ist zu dunkel hier im Schatten, ich ertrag das nicht. Tret raus auf die Straße. Ins Laternenlicht. Hör ein Auto. Dreh mich um. Gleißendes Licht. Alles explodiert.

Mein heißes Gesicht auf dem kalten Asphalt. Warmes Blut, Geschmack von Eisen. Ich atme flach, kann mich nicht bewegen.

Das Auto hat gestoppt. Jetzt Motor aus, Türen, Schritte.

»Ist er tot?«

»Keine Ahnung.«

Ich zuck mit dem Bein. Mehr geht nicht.

Ein Fuß fährt unter meinen Brustkorb. Ich spür keinen Schmerz, als ich auf den Rücken gedreht werd. Augen weit offen. Seh nichts, nur einen dichten roten Schleier im Gegenlicht.

»Scheiße, Mann! Das ist er nicht!«

»Wie, das ist er nicht?«

»Das ist er nicht!«

»Das muss er sein! Du hast doch gesagt ...«

»Das ist er nicht!«

»Aber er kam doch von der Halle da!«

»Das sagst du.«

»Das sag ich?! Hör mal, du pennst dir einen ab und ich ...«

»Mann, du weißt doch genau, wie er aussieht!«

»Ja, klar – im Dunkeln ...«

»Na super ...«

»Super, jaja, super ... Du gehst mir vielleicht auf den Sack. Warum fährst du nicht selbst, du Klugscheißer?«

»Ich bin nachtblind.«

»Nachtblind!? Und ich bin der Uhu, oder was?!«

»Jetzt mach mal halblang, ich kann's auch nicht ändern.«

»Uhu, Uhuuu ...«

»Noch ein Wort und ...!«

»Was, und ...?«

Sendepause. Aber sie sind noch da. Ich höre alles genau. Jedes Geräusch. Weit entfernt rauscht leise die Stadt. Einer zündet sich jetzt 'ne Zigarette an.

»Hm ...«

»Was?«

»Was machen wir jetzt mit dem?«

»Nichts. Was sollen wir schon machen? Abhaun.«

»Aber er lebt ja noch!«

»Nicht mehr lange.

»Hm ... Aber was sagen wir dem Chef?«

»Nix. Es geht nicht um einen Tag. Den erwischen wir schon noch.«

»Und der hier?«

»Tragischer Unfall. Komm, wir haun ab.«

»Gleich. Ich rauch noch aus.«

»Boah, ich hab echt Hunger. Pizza wär jetzt gut.«

»Dazu 'n Bier.«

»Und ich geb 'nen Schnaps aus. Auf den Jungen. Hat's nicht verdient. Sorry, Alter.«

Kein Thema, alles klar. Denk ich.

Schritte entfernen sich, Autotüren schlagen, Motor heult auf. Dann Stille. Mir ist zum Lachen. Kann nicht. Die Schmerzen. Aber ich bin fröhlich, erlöst. Hab Gewissheit. *Last Moment.* Dehnt sich ins Unendliche. Jetzt weiß ich gleich, wie das ist. Erzählen kann ich es nicht. Denn jetzt knipst jemand das Licht aus.

# Thomas Kastura

## Fear

W ie ist der Truthahn?«
»Ein Traum«, lügt Nick und verzieht genießerisch das Gesicht.
»Wusste gar nicht mehr, wie so was schmeckt.«

»Meine Mutter hat in die Fülle immer Erdnüsse reingetan. Aber das ist uns zu gehaltvoll, nicht wahr, Ben?«

»Nüsse sind Dickmacher«, bestätigt Ben, ohne Doreen anzusehen. »Richtige Fettbomben. Und hochallergen. So ein Müll kommt mir nicht ins Essen.«

Aus Höflichkeit nimmt sich Nick noch einen Klacks Preiselbeersoße. Das Zeug sieht so künstlich aus wie Marshmallows, enthält aber kein Gramm Zucker, sondern Süßstoff, der in San Quentin sofort einen Aufstand ausgelöst hätte. Er denkt an den Truthahn den es jetzt im Knast gibt. Wenn es der gleiche ist wie all die Jahre zuvor, entgeht ihm gerade ein Butterball, den er normalerweise gegen nichts in der Welt eingetauscht hätte. Normalerweise.

»Schön, wenn wir Ihnen damit eine kleine Freude machen können.« Doreen pickt an einem bleichen Fleischstück herum, von dem sie die Haut sorgfältig abgelöst hat. Sie wirkt nervös. Obwohl sie sich eine Menge Gesprächsthemen zurechtgelegt hat, verstreichen Sekunden quälenden Schweigens.

Ben seinerseits macht keine Anstalten, die Unterhaltung in Gang zu halten. Er kaut konzentriert, starrt auf seinen Teller. Man merkt ihm an, dass er sich dieses Weihnachtsessen anders vorgestellt hat. Dass er einer Laune seiner Frau nachgibt, einer Frau, die in einem Anfall von Wohltätigkeit ein Formular des Sozialdienstes ausgefüllt hat. Darauf erklären sich Mr und Mrs Hamilton bereit, am Weihnachtsabend einen Strafgefangenen bei sich aufzunehmen.

»Möchten Sie noch einen Maiskolben?«, fragt sie mit gespielter Ungezwungenheit. Der Kerzenschein schmeichelt ihrem perfekt geschminkten Gesicht. Es hat nicht die erste Operation hinter sich. Neue Silikonimplantate unter den Backenknochen, tippt Nick. Von den leicht aufgespritzten Lippen und der winzigen Barbie-Nase gar nicht zu reden.

Er lächelt. Ihr habt keine Ahnung, worauf ihr auch eingelassen habt, oder? »Gern«, antwortet er und streckt die Hand aus, um die Platte mit den Maiskolben entgegenzunehmen.

Doreen bemerkt die Tattoos auf den Knöcheln seiner rechten Faust. ꜰ ꜰ ꜰ ꜰ steht da seit mehr als zwanzig Jahren, in gotischen Lettern. Im Knast ganz nützlich. Hält zumindest die kleinen Schläger auf Distanz.

»Jugendsünde«, lügt er und hält die Hand hoch. »Verlorene Wette.«

»Sie brauchen sich nicht zu rechtfertigen.« Ben verfällt in seinen Anwaltston, ertappt sich dabei und fügt hinzu: »Gwennie hat auch eines. Stimmt's, mein Schatz?«

Das Mädchen, das Nick am Tisch gegenüber sitzt, zieht ihr Top hoch und entblößt ihren Bauchnabel. »Hat verdammt wehgetan.« Sie deutet auf verschlungene Ornamente, die unter ihrem Hosenbund verschwinden. »Aber das war's wert. Sieht gut aus, oder?«

»Gwennie!«, tadelt Doreen ihre Tochter.

»Wenn's seinen Zweck erfüllt«, gibt Nick mit einem Schulterzucken zurück. Er nimmt einen Maiskolben in die Hand. Ben und Doreen schauen ihn entgeistert an. »Ich meine, es ist … dekorativ.« Das Wort ist ihm gerade noch eingefallen. Verdammt, er hat sich doch vorgenommen, nichts Falsches zu sagen. Wie ihm Direktor Archer eingebläut hat: Führen Sie sich anständig auf! Seien Sie froh, dass es barmherzige Leute wie diese Hamiltons gibt. Benehmen Sie sich wie ein Mensch, nur für ein paar Stunden.

Ben wirft Gwennie einen strafenden Blick zu. Sie ignoriert ihren Vater und nimmt stattdessen einen großen Schluck Wein. Von dem Essen hat sie bislang nichts angerührt.

Es ist lange her, seit er zuletzt einen Anzug getragen hat. Der Kragen des billigen Hemds scheuert an seinem vernarbten Hals. Nick hat den obersten Knopf bereits gelöst und den Binder gelockert. Bens Krawatte, die mindestens vier Stangen Zigaretten wert ist, sitzt wie eine Eins. Und sein Jackett spannt nicht am Rücken. Er hält den Laden hier zusammen, denkt Nick, das ist schon mal klar. Ben schafft die Kohle ran, also hat er auch das Sagen. Nur dass seine beiden Frauen das nicht so recht kapieren wollen.

»Haben Sie wirklich jemanden umgebracht?«, fragt Gwennie. »Wie fühlt sich das an?«

Doreen verschluckt sich an einem Stück Truthahn. Sie hustet und hält sich eine Stoffserviette vor den Mund.

»Sie müssen entschuldigen«, springt Ben für sie ein. »Meine Tochter ist manchmal etwas direkt.« Den strafenden Blick spart er sich diesmal. Scheint es schon aufgegeben zu haben.

Doreen kriegt wieder Luft. »Gwennie wird sich nach dem Essen von uns verabschieden«, sagt sie aufgeräumt. »Sie hat eine Verabredung mit ihren Freunden.« Ihr wird deutlich, dass sie gerade Blödsinn geredet hat. Als ob Gwennies Pläne für den Weihnachtsabend irgendetwas erklären würden. »Sei nicht so vorlaut«, raunt sie ihr zu.

Weil es sie selber interessiert, denkt Nick. Er knabbert an seinem Maiskolben und genießt die Spannung, die zwischen ihnen steht wie die Luft vor einem Gewitter. Er überlegt, was er ihnen auftischen soll. Die übliche Ich-bin-unschuldig-Geschichte? Dafür haben sie ihn bestimmt nicht eingeladen. Auch wenn Doreen das kaum zugeben würde. Er entscheidet sich für die Wahrheit. Oder einen Teil davon. »Es ließ sich nicht vermeiden.«

Bens Interesse erwacht, obwohl er noch nie jemanden wie Nick verteidigt hat, er macht nur Wirtschaftssachen. »Ich nehme an, es war Notwehr?«, sagt er und bittet Doreen mit einer stummen Geste um Nachschlag. Ungeschickt beginnt sie, an dem Truthahn herumzusäbeln.

»Darf ich Ihnen behilflich sein?«, fragt Nick.

Doreen reicht ihm reflexartig das Tranchiermesser. Es ist ein verdammt langes und verdammt spitzes Messer, aus Silber, mit einem antiken Horngriff.

Nick erhebt sich und trennt mit ein paar routinierten Schnitten ein Bruststück heraus. »Wenn Sie einem Mann von hinten die Kehle durchschneiden, geht das wohl kaum als Notwehr durch.« Er legt Ben ein Bruststück vor und setzt sich wieder. Doreens Augen fixieren wie in Trance das Messer, das er immer noch in der Hand hält. »So hat das jedenfalls mein Pflichtverteidiger gesehen.« Er legt das Messer auf die Platte zurück. »Ich hab mich in der Bibliothek schlau gemacht und eine Wiederaufnahme des Verfahrens beantragt. Ohne Erfolg.«

»Seit wann sitzen Sie denn?«, will Gwennie wissen.

»Lang genug.« Während Nick sich wieder dem Essen widmet – bei der Zubereitung von Maiskolben kann man nicht viel falsch machen –, droht Doreen ihrer Tochter mit dem Zeigefinger.

Ben räuspert sich. »Nach den Feiertagen lasse ich mir Ihre Akte kommen. Vielleicht kann ich Ihnen helfen.«

»Das wäre sehr freundlich.« Nick versucht, dankbar zu klingen. Ben wird natürlich nichts dergleichen tun.

»Und? Sind Sie unschuldig?« Gwennie stochert in ihrem Essen herum, nimmt einen Happen und legt ihre Gabel wieder weg. »Alle Knastis behaupten doch, dass sie unschuldig sind.« Sie schaut ihn herausfordernd an.

»Kommt drauf an.« Nick nippt an seinem Wein. »Eins steht fest: Ich hab den Kerl umgebracht. Und ich würde es wahrscheinlich jederzeit wieder tun.« Er lässt seine Worte wirken. Die Essensgeräusche verstummen. »Mit einer Kugel in deinem Bauch würdest du das vielleicht auch machen, dann hast du nichts mehr zu verlieren.« Er rückt mit seinem Stuhl vom Tisch ab, um zu signalisieren, dass er genug hat. »Zum Glück hab ich auch den anderen Typen erwischt, bevor der nochmal abdrücken konnte.«

»Es waren also … zwei?« Gwennie schaut Nick ungläubig an.

»So ungefähr.«

Stille.

Dass die beiden Cops gewesen waren, verschweigt er lieber. Korrupte Cops zwar, aber das konnte er nie beweisen. Und dass er sich den dritten Mann am Hinterausgang vorgeknöpft hatte, bis der Krankenwagen eingetroffen war, müssen die Hamiltons auch nicht unbedingt erfahren.

Nach einer Weile atmet Ben hörbar aus und schiebt seinen Teller von sich weg. »Das war fantastisch, Liebes. Aber jetzt brauch ich einen Muntermacher.«

Doreen beeilt sich, die Teller abzutragen und das Tablett mit der Bourbon-Karaffe und Gläsern zu bringen.

»Sie nehmen doch auch einen?«, fragt Ben, um die Stimmung aufzulockern.

»Da sag ich nicht nein.« Nick betrachtet das Etikett. Irgendeine Edelmarke, mindestens so alt wie Gwennie, der erste Lichtblick an diesem Abend. Er pfeift auf die guten Manieren, schenkt sich das Glas ordentlich voll und holt seine Zigaretten hervor. Während er sich eine anzündet, stellt ihm Doreen einen Aschenbecher hin. Er registriert die pikierten Blicke, die sie mit Ben wechselt. Ihr Problem.

90

Gwennie kommt um den Tisch herum, zieht einen Stuhl zu sich heran und setzt sich neben ihn. »Haben Sie auch eine für mich?«

»Die Diskussion hatten wir doch schon«, weist Doreen sie zurecht. »Lass die Finger von diesem Gift. Ich dachte, du wolltest mit Donald und den anderen ins *Babylon*?«

»Du kriegst auch den Wagen«, ergänzt Ben und runzelt die Stirn, als seine Tochter Nicks Feuerzeug schnappt und sich eine anzündet.

»Das hat Zeit.« Gwennie legt den Kopf in den Nacken und macht einen demonstrativen Lungenzug. »Kannten Sie die Männer?«

Nick kippt seinen Bourbon runter. »Klar. Ich wusste, dass die irgendwann bei mir vorbeikommen. Weil ich was gesehen hab, was ich besser nicht gesehen hätte.« Er zwinkert Ben anerkennend zu. »Der ist hervorragend.« Für einen Moment schließt er die Augen. Der Geschmack in seinem Mund erinnert ihn an eine Zeit, als er selbst den Festbraten aufschnitt und seine Frau Gloria um die Schüssel mit den Erbsen bat. Als er ihre Hand für einen Moment in der seinen barg. Als er die beiden Jungs mit launigen Bemerkungen unterhielt, bevor sie gemeinsam eine Weihnachtsgeschichte lasen und darüber rätselten, was die Strümpfe über dem Kamin wohl enthielten. Als er noch alles unter Kontrolle hatte.

»Und Sie bereuen es überhaupt nicht?«, hakt Gwennie nach.

Er schlägt die Augen auf, streift die alten Gedanken ab, überlegt. »Das hab ich nicht gesagt.«

»Sie stehen hier nicht vor Gericht.« Gwennie versucht, seinen Blick festzuhalten. »Hier können Sie ruhig sagen, was Sie denken. Sie brauchen sich nicht zu verstellen, wie Sie es bei Mums Truthahn gemacht haben.«

Doreens Kinnlade klappt herunter.

»Ein höflicher Mörder. Süß.«

»Hör auf, Gwennie!« Bens Besorgnis ist deutlich herauszuhören.

Doreen schaut hilflos von ihrer Tochter zu Nick, bemerkt, wie die Sehnen auf seinem Handrücken hervortreten und die Buchstaben auf den Knöcheln in Bewegung geraten. Seine Finger schließen sich um das leere Whiskeyglas.

»Die anderen haben es sicher verdient«, fährt Gwennie fort, ohne ihre Eltern zu beachten. »Und Sie haben sich nichts vorzuwerfen. So ist es doch, oder?«

Nick zögert, dreht die Augen zur Zimmerdecke, entdeckt eine Stuckatur, die aus einem Baumarkt zu stammen scheint. Davon hat er früher jede Menge verkauft. Man muss die Fertigteile sorgfältig verfugen, sonst sieht man sofort, dass sie nur aufgeklebt sind.

Schließlich steht er auf, durchquert den Raum und bleibt vor dem Christbaum stehen. Er spürt die Blicke in seinem Rücken. Vermutlich ist Doreen schon kurz davor, die Nummer von San Quentin zu wählen. »Warum willst du das wissen?«, fragt er und streicht über die Nadeln eines Tannenzweigs. Sie sind ganz weich, wie ein schwerer Teppich, der alle Geräusche verschluckt. Er hört Stuhlbeine über das Parkett rücken.

»Dass meine Eltern eine Weihnachtsshow abziehen, ist mir nicht neu.« Gwennie lässt sich auf das Sofa der Polstergruppe plumpsen. »Für gewöhnlich würden sie jetzt den Fernseher einschalten und sich irgendeine verlogene Schnulze reinziehen. Aber dieses Jahr haben sie ja Reality-TV in der eigenen Wohnung.« Zu Nick gewandt fährt sie fort: »Ich hätte nie gedacht, dass Sie bei so was mitmachen. Gibt das Strafnachlass wegen guter Führung?«

»Was fällt dir ein …«, fängt Doreen an.

»Lass sie reden«, wirft Ben dazwischen. »Dann erfahren wir wenigstens, was sie wirklich denkt.« Er erhebt sich, geht zu der Polstergruppe und setzt sich in einen Sessel. »Also, was passt dir nicht? Was haben wir falsch gemacht?«

»Oh mein Gott!« Gwennie verschränkt die Arme und dreht sich weg.

»Verwöhnte Zicke«, murmelt Doreen, die sich inzwischen auf Nicks Stuhl gesetzt hat und nach einer Zigarette angelt. Sie zündet sie an, schenkt auch sich einen Bourbon ein und leert das Glas in einem Zug. Scheint darin Übung zu haben. »Was meinst du, was dieser ganze Plunder hier soll?«, sagt sie mit heiserer Stimme. Sie wedelt mit der Zigarette umher, in Richtung Christbaum, Kamindekoration, Weihnachtsbeleuchtung. »Das hängt nur wegen dir da. Als du klein warst, konntest du nicht genug davon kriegen.« Ein höhnisches Lachen. »Wenn's nach mir ginge, hätten wir das Zeug längst weggeschmissen.«

»Ist ja schon gut«, versucht Ben sie zu beruhigen. Er klingt müde, als wäre ihm die Situation vertraut.

Doreen drückt ihre Zigarette aus und stöckelt zum Christbaum hinüber, unter dem mehrere Geschenkpakete in getrennten Stapeln liegen. Sie kniet sich hin, zerrt ein großes, längliches hervor und reißt das Papier auf. »Die hast du dir doch gewünscht, oder?« Ein Instrumentenkoffer kommt zum Vorschein. Sie klappt den Deckel auf und holt eine schwarz glänzende Gitarre heraus. »So eine wolltest du doch? Fünfhundert Dollar. Drunter ging's ja nicht!« Sie lässt die Gitarre zurück in den Koffer fallen. Die Saiten geben einen schrägen Akkord von sich.

»Ich bin euch ja sooo dankbar«, gibt Gwennie angewidert zurück. »Gehört doch alles zu deiner Show. Dieses Jahr hast du sogar Publikum.« Sie deutet auf Nick. »Und jetzt bist du wütend, weil deine Show geplatzt ist. Dabei hast du alles so toll vorbereitet.«

Doreen sinkt in sich zusammen. Sie schlägt die Hände vors Gesicht und beginnt leise zu schluchzen. Ben weiß nicht, was er tun soll. Er will etwas erwidern – und hält resigniert inne. Schließlich geht er zu seiner Frau und legt ihr einen Arm um die Schulter. Sie schüttelt ihn ab. Gwennie wirft einen bedauernden Blick auf die Gitarre, vergräbt ihren Kopf unter den dicken Sofakissen und stößt einen Fluch aus. Dann bleibt sie liegen und schweigt.

Für eine Weile ist nichts zu hören außer Doreens erstickten Lauten. Sie werden immer leiser und hören irgendwann auf. Ben blickt ins Leere und scheint sich weit weg zu wünschen.

Niemand achtet auf Nick. Er bückt sich und streckt die Hand aus. Eine lautlose Bewegung, wie er es in San Quentin gelernt hat, schon während der ersten Wochen, als sie ihn in den Trakt mit den Schwerverbrechern steckten und ihm sein Zellengenosse zu verstehen gab, dass er nicht den geringsten Ton von ihm hören wollte. Dass er sich unsichtbar zu machen habe, wenn ihm sein Leben lieb sei.

Als seine Finger die Saiten berühren, kommen sie ihm merkwürdig hart vor. Zu straff gespannt, vermutet er und lockert einige Wirbel. Schon besser. Er versucht, sich an die Griffe zu erinnern, aber sein Kopf ist so leer wie das Whiskeyglas auf dem Tisch. Er beschließt, sich auf seine Intuition zu verlassen, und fängt einfach an.

Der erste Akkord klingt schrecklich schief. Er dreht noch ein wenig an den Wirbeln und fängt von vorne an.

Nach ein paar zögerlichen Takten greift er kräftiger in die Saiten. Das Instrument hat einen überraschend vollen Klang. Die akustische Fender ist ihre fünfhundert Dollar wert. So eine hätte er sich höchstens gebraucht leisten können, damals, als er noch regelmäßig Gitarre spielte, an Abenden wie diesem. Bevor die Männer mit den Pistolen kamen, um den unliebsamen Zeugen zu beseitigen, der die Geldübergabe auf der Baustelle zufällig beobachtet hatte. Dumm, dass der Typ Familie besaß.

Als Nick zu singen beginnt, erschrickt er über seine dünne Stimme und räuspert sich. Na ja, den ersten Part des Duetts hatte ja auch immer Gloria übernommen. »I really can't stay«, hauchte sie, während er mit einem gequetschten Louis-Armstrong-Bass fortfuhr: »But baby, it's cold outside.« Dann Gloria: »Got to go away«. Und Nick: »But baby, it's cold outside.«

»This evening has been«, ertönt es vom Christbaum her. Ben singt als Erster mit. Ziemlich falsch, aber das macht nichts.

»Been hoping you'd drop in«, ergänzt Nick und nickt Ben zu.

»So very nice«, singen Ben und Doreen jetzt gemeinsam. Sie streicht ihre Haare aus dem Gesicht, wischt sich die Tränen ab und verschmiert dabei ihr Make-up.

»I'll hold your hands, they're just like ice.« Nick wird langsam warm. Satchmo wäre stolz auf ihn. Und Gloria natürlich auch. Seine Eltern kümmern sich um ihr Grab und das der Jungs daneben, mit Blick auf die Bucht.

Die nächste Zeile kommt aus den Sofakissen: »My mother will start to worry.« Gwennie setzt sich auf und versucht ein Lächeln. Es gelingt ihr nicht so recht, vielleicht, weil auch sie geweint hat.

»Beautiful place don't hurry«, ändert Nick den Text ab und singt weiter. Alle machen mit, auch wenn sie sich sichtlich komisch dabei vorkommen. Manchmal bleiben die Hamiltons hängen und er erfindet etwas dazu, damit sie im Takt bleiben. Nach der ersten Strophe setzt er sich neben Gwennie, die seine Griffe mit den Augen verfolgt und mitwippt. Es ist nicht die beste Version des alten Schlagers, aber mehr ist an diesem Abend nicht drin. Für den Anfang schon ganz gut, denkt Nick. Für den Anfang.

»Get over that old doubt«, knarzt er gegen Ende des Liedes.

Es klingelt an der Tür. Wie damals, vermutet er. Gloria ließ ihre Mörder ahnungslos ins Haus. Die Jungs saßen in der Badewanne und hörten die Schüsse gar nicht, Schalldämpfer. Bis sie ein paar Minuten später selbst an der Reihe waren. Als es passierte, stellte Nick den Lieferwagen gerade in der Einfahrt ab, erschöpft von einem endlosen Arbeitstag. Die Eingangstür stand einen Spaltbreit offen, dahinter lag

Glorias Leiche in einer größer werdenden Blutlache, von oben hörte er den Schrei eines Kindes. Er zückte sein Tapetenmesser, rannte die Treppe hoch – und kam zu spät. Doch er ließ die beiden Cops bezahlen, wie das ging, hatte er in der Army gelernt. Schwer verletzt schleppte er sich zum Hinterausgang herunter. Dort tötete Nick den dritten Mann, schoss ihm direkt ins Auge. Er rief den Rettungsdienst in der Gewissheit, dass er seinen Frieden niemals wiederfinden würde. Die Zeitungen schrieben, er sei durchgedreht, habe in einem Amoklauf seine ganze Familie niedergemetzelt und die zu Hilfe eilenden Polizisten gleich mit, Kriegstrauma. Was wirklich dahintersteckte, wurde vertuscht. Der Schalldämpfer verschwand schon bei der Beweisaufnahme. Renommierte Anwälte, sogar solche, die sich noch profilieren wollten wie Ben Hamilton zu jener Zeit, lehnten den Fall ab wegen der heiklen Publicity. Seither feierte Nick Weihnachten in San Quentin, wo sich keiner dafür interessierte, was in ihm vorging. Was er für einer war. Ob er Louis Armstrong kannte. Erst nach zwanzig Jahren guter Führung hatte ihn der Direktor für das »Santa Claus«-Sozialprogramm empfohlen. »Ein kleiner Lichtblick für die Lebenslänglichen«, hieß es.

Es klingelte erneut.

»Das ist mein Taxi«, flachst Nick und reicht Gwennie die Gitarre. Er weiß, dass die Wärter des Gefangenentransporters höchstens zweimal klingeln. Also macht er es kurz. »Frohe Weihnachten! Und danke für alles.«

Ben und Doreen schauen ihn betreten an. »Frohe Weihnachten!«, geben sie zurück. Ben macht Anstalten aufzustehen, aber Nick wehrt mit einer Handbewegung ab. »Bleiben Sie sitzen. Ich finde allein raus.«

Er wendet sich Gwennie zu. Deutet auf den tätowierten Schriftzug auf seinem Handrücken. 𝔉𝔈𝔄𝔕 – Angst. Wenn er sich bei der Übergabe des Schmiergelds sofort bemerkbar gemacht hätte, wäre seine Familie verschont geblieben. Dann würden Gloria und die Jungs vielleicht noch leben. Wenn er hinter dem Pfeiler hervorgekrochen wäre und sich offen gezeigt hätte. Wenn er mutiger gewesen wäre …

Nick fährt mit einem Finger über die Buchstaben. »*Das* bereue ich jeden Tag.«

# Lotte Kinskofer

## Perfektes Timing

Es war Punkt 8.00 Uhr, als er seine elfte Klasse betrat. Natürlich bemerkte er sofort die angespannte Stimmung bei den Schülern. Sie verstummten, nahmen Platz, betrachteten ihn aufmerksam, als wäre er heute anders als sonst.

Er war anders als sonst. Aber das konnten sie nicht wissen. Er überspielte seine Anspannung, indem er freundlich lächelte. Er wollte sein wie immer. Die Sache lief. Nun musste er nur noch hier sitzen und warten, dass die Zeit verging.

Er ließ die leeren Blätter für die Arbeit austeilen, dann den Zettel mit den Aufsatzthemen, aus denen die Schüler wählen konnten.

»Gerechtigkeitsfanatiker und Mörder: Schildern Sie den Weg des Michael Kohlhaas und beziehen Sie Stellung zu seinem Kampf.« – »Die Zeit verändert uns nicht, sie entfaltet uns nur. Erläutern Sie den Begriff Zeit und schreiben Sie Ihre Meinung zu dem Satz von Max Frisch.« – Für alle, die sich weder mit Literatur befassen noch selbst denken wollten, gab es ein drittes Thema:»Zeitung – Fernsehen – Internet: Vergleichen Sie die Informationsmöglichkeiten und erklären Sie, welches Medium Sie warum bevorzugen.« Das Stöhnen der Schüler gehörte zum Ritual, natürlich passte ihnen keines der Themen, das war normal.

»Sie haben drei Stunden«, rief er in das Raunen hinein, zog seine Taschenuhr heraus, legte sie vor sich aufs Pult und setzte sich. »Viel Glück und gutes Gelingen.«

In drei Stunden war diese Prüfung vorbei, seine Mutter tot und seine Frau des Mordes an ihr verdächtig. Der Plan war perfekt, das Timing stimmte. Dann war er ein glücklicher Mann. Der Tod seiner Mutter machte ihn reich, die Verhaftung seiner Frau frei. Sein neues Leben konnte beginnen.

Ein Schüler störte ihn in seinen Gedanken. Ob er über das Zitat von Max Frisch auch schreiben dürfe, wenn er völlig anderer Meinung sei. Er nickte. Ob die Zeit ihn verändert oder entfaltet hatte? Auf alle Fälle hatte er sie genutzt. Zu seinem Vorteil.

Es war 8.15 Uhr. Sein letztes Schuljahr hier am Goethe-Gymnasium in Regensburg. Nie wieder mit dem Auto von Barbing jeden Tag in die Stadt fahren. Nie wieder schauen, ob auf dem Platz, wo die Lehrer ihre Wagen abstellten, überhaupt noch eine Lücke für sein Auto war. Nie wieder Kollegen freundlich zunicken, die er noch nie hatte leiden können. Nie wieder in das Lehrerzimmer, nie wieder … Er hatte genug davon, mäßig begabte Jugendliche zu unterrichten. Er wollte leben. Vierzig Jahre war er alt und hatte sich selbst die Chance verschafft, noch einmal alles ganz anders zu machen. Mit neuen Augen betrachtete er seine Schülerinnen. Welche käme infrage für eine Nacht oder eine kleine Affäre? Julia vielleicht oder Kira. Er würde es sich aussuchen können, wenn er erst einmal geerbt hatte und solo war. Frauen schätzten reiche Männer.

Obwohl … würde er überhaupt hier bleiben wollen? Wie wäre es, wenn er sein neues Leben mit einer Weltreise startete? Weg aus dem Donaunebel hinein in die Sonne der Karibik … Zurückkehren konnte er immer noch. Aber sicher nicht in das Haus, das er mit seiner Frau jetzt noch bewohnte. Und schon gar nicht in das Haus seiner Mutter in Großprüfening. Nein, das neue Leben brauchte auch neue Räume. Neue Menschen. Alles neu.

Er war bisher ein Fremdbestimmter in seinem eigenen Leben. Eingezwängt zwischen dem Stundenplan und den Ansprüchen seiner Frau, deren Pünktlichkeit er früher als wohltuend empfunden, deren Ordnungssinn seinem chaotischen Leben einmal Struktur gegeben hatte. Das war lange her. Jetzt war sie eine Belastung für ihn, er war ein Opfer ihrer zunehmenden Kontrollsucht, so wie früher ein Opfer der mütterlichen Herrschsucht gewesen war. Seine Fantasie und Intelligenz reichten, um beide auf einen Schlag zu entsorgen. Ausgangspunkt war ein einfacher, aber genialer Gedanke: Man wurde einen Menschen nicht nur dadurch los, dass man ihn tötete. Sondern auch dadurch, dass man den Tatverdacht auf ihn lenkte. Seine Mutter tot und seine Frau im Gefängnis – ja, die Zeit hatte ihm geholfen, sich zu entwickeln. So skrupellos hatte er früher nicht gedacht. Aber in Stunden wie diesen, wenn seine Schüler schrieben und er nachdenklich aus dem Fenster sah auf den Pausenhof, dann wurden die Gedanken wenigstens für einen Moment weit und er wusste: Das konnte nicht alles gewesen sein.

8.30 Uhr – jetzt lief sein Plan wie von selbst. Seine stets pünktliche Frau kam sicherlich in genau diesem Moment beim Haus seiner Mutter in Großprüfening an. Er würde sein Elternhaus nach dem Tod der Mutter schnellstmöglich verkaufen, das verstand sich von selbst. Er war dort nie glücklich gewesen. Seine Frau hatte sicher Semmeln mitgebracht, sie würde mit der alten Dame frühstücken. Anfangs hatten sich die beiden nicht gemocht. Seine Mutter, die so viel Wert auf Benehmen legte, die immer gerne etwas Besseres sein wollte, auch wenn sie es nicht war und nur durch den Autohandel ihres verstorbenen Mannes reich geworden war. Seine Frau, Tochter eines Bauern aus der Nähe von Schwandorf, der auch nicht ganz arm war. Ihr herber, direkter Charme hatte ihm einmal gefallen. Heute war sie ihm manchmal peinlich mit ihrem Dialekt, der sich nie so ganz überspielen ließ. Mit ihrer Grobheit, die sie mit den Jahren weniger versteckte als früher.

»Achte bitte darauf, dass Mama vor dem Frühstück ihre Tabletten nimmt«, hatte er ihr noch gesagt, bevor er zur Schule fuhr. Eine unsinnige Bemerkung, sie vergaß nie etwas. Sie mochte ein Landei geblieben sein, aber sie funktionierte wie ein Taschenkalender mit integriertem Uhrwerk.

Er war am Abend zuvor kurz bei seiner Mutter gewesen, hatte ihr ein paar Einkäufe vorbeigebracht. Während sie mit ihrer besten Freundin telefoniert hatte, war er ins Bad gegangen. Hier stand die Dosierbox für ihre Medikamente: Morgens – mittags – abends. Drei große Kapseln für den Morgen, gegen was auch immer. Drei große Kapseln auch am Abend. Er hatte die morgendlichen Plastikkapseln herausgenommen, sie vorsichtig geöffnet, das Pulver weggeschüttet und sie mit einem stark blutdrucksenkenden Mittel gefüllt. Die Idee war ihm gekommen, als er von einer Krankenschwester gelesen hatte, die ihre Patienten auf diese Weise ins Jenseits befördert hatte, warum auch immer. Ein Heilmittel, das überdosiert zum Gift wurde.

Jetzt, in diesem Augenblick, hatte seine Mutter die Tabletten bereits genommen, in Gegenwart seiner Frau. Ihre Stunden auf dieser Welt waren gezählt. Die Stunden seiner Frau in Freiheit ebenfalls.

8.45 Uhr: Vorwurfsvolle Blicke der Schüler zu ihm, ihrem Lehrer. Die Themen waren schwer, zumindest wollten sie ihm das suggerieren. Es war ihm egal. In seiner Fantasie sah er Frau und Mutter frühstücken, sie plauderten miteinander. Seine Mutter würde sich vielleicht schon etwas unwohl fühlen, das aber überspielen, da war er sicher. Eine kleine Herzschwäche, nichts Beunruhigendes. Sterben würde sie allein, nachdem seine Frau weggefahren war. Ihr Unterricht begann heute erst mit der dritten Stunde. Wenn Mutters beste Freundin am Nachmittag zum Plaudern erschien, würde diese nicht mehr öffnen. Die Freundin würde ihn anrufen, er müsste aufsperren und den verzweifelten Sohn spielen, der es nicht fassen kann, dass seine Mutter tot ist. Auf eine Obduktion sollte er bestehen, das war wichtig. Sie mussten den Stoff finden, der seine Mutter das Leben gekostet hatte. Er hatte sich versichert, dass sie diese Medikamente eigentlich nicht einnahm. Es musste verdächtig sein, dass sie es ausgerechnet an diesem Morgen getan hatte, in dieser Menge und in Gegenwart seiner Frau, die am Albrecht-Altdorfer-Gymnasium Biologie und Chemie unterrichtete, sich also mit Giften deutlich besser auskannte als er, der Deutschlehrer.

Noch einmal musste er sich dann auf seine mäßige Begabung als Schauspieler verlassen: die Mutter tot, die Frau eine Mörderin – das Schicksal strafte ihn hart und das sollte man ihm auch ansehen. Er hatte beschlossen, in diesem Moment der scheinbaren Wahrheit die Hände vors Gesicht zu schlagen.

Sein Plan war klug; gerade deshalb, weil er nicht auf Minute und Sekunde setzte. Weil er größere Zeiträume eingeplant hatte. Weil er sich nicht auf das Glück des Moments verließ, wenn etwas »in letzter Sekunde« funktionieren musste. Er hatte sich Zeit gegeben, diesen Plan zu entwickeln, er ließ seiner Mutter Zeit zum Sterben. Er sah auf die Uhr: Noch war sie am Leben. Noch freute sie sich vielleicht auf den geplanten Ausflug am Sonntag, wenn sie nach Falkenstein wollten, weil sie dort ein paar Jahre ihrer Jugend verlebt hatte und so lange nicht mehr in dem Ort gewesen war. Ein langer Spaziergang, ja seine Mutter war noch gut zu Fuß. Noch. Bald gewesen.

Es klopfte an der Tür. Irritiert schreckte er hoch, als der Direktor den Raum betrat und ihn hinaus in den Flur bat. Schon an dessen Blick konnte er ermessen, dass etwas Ernstes vorgefallen war.

»Ihre Frau hat angerufen. Ich muss Ihnen leider die bedauerliche Mitteilung machen, dass Ihre Mutter verstorben ist«, sagte er leise.

»Das kann nicht sein.« Seine Antwort kam laut, fast schreiend.
Angeblich wird diese Antwort in solchen Situationen am häufigsten gegeben. Auch er hatte sie sich zurechtgelegt. Doch sie kam nicht einstudiert, sondern aus vollem Herzen. Es konnte nicht sein, es war zu früh.

Der Direktor ging offenbar davon aus, dass er die ganze Tragweite der Nachricht nicht verstanden hatte.

»Gehen Sie bitte ins Sekretariat, Ihre Frau ist noch am Telefon und möchte Sie sprechen. Ich löse Sie hier ab.«

Nach der ersten Überraschung kehrte eine leise Heiterkeit bei ihm ein. Es lief noch besser, als er gedacht hatte. Wenn seine Mutter in Gegenwart seiner Frau zusammengebrochen war, dann war diese noch mehr verdächtig. Er blieb bei den nächsten, von ihm geplanten Schritten: Der verzweifelte Sohn will nicht glauben, dass seine Mutter eines natürlichen Todes gestorben ist. Er fordert eine Obduktion, sie war doch kerngesund, hier stimmt etwas nicht!

Doch die nächste Überraschung wartete schon.

»Sie ist in der Nacht gestorben. In ihrem Bett«, sagte seine Frau am Telefon.

»Das glaube ich nicht.«

»Komm bitte. Es ist besser, wenn du da bist.«

Er stieg in sein Auto, überlegte fieberhaft. Warum war seine Mutter bereits tot, als seine Frau zu ihr kam? War sie in der Nacht eines natürlichen Todes gestorben? Dann sollte er die mit Gift präparierten Kapseln aus ihrer Medikamentenbox verschwinden lassen.

Seine Frau empfing ihn an der Haustür, ernst, schweigend, traurig, aber gefasst. Sie nahm ihn wie ein Kind an der Hand und führte ihn ins Schlafzimmer. Seine Mutter lag im Bett, sie sah aus, als ob sie schliefe. Der Hausarzt füllte gerade den Totenschein aus.

Er machte sich von seiner Frau los und lief ins Bad. Hier war die Medikamentenbox nicht. Sie stand in der Küche auf dem Tisch.

»Was ist mit dir?«, fragte seine Frau, die ihm gefolgt war.

»Wenn sie nachts gestorben ist, warum sind dann die Tabletten von heute Morgen weg?«

Seine Frau warf einen Blick auf die Box.

»Sieh nur, die vom Abend sind noch da. Sie hat sie verwechselt.«

Sie nahm die Box, mit der anderen Hand nahm sie ihn am Arm; er wagte es nicht sie abzuschütteln. Gemeinsam gingen sie zurück ins Schlafzimmer, wo der Hausarzt gerade seine Sachen zusammenpackte.

»Ich haben den Eindruck, dass etwas nicht stimmt. Vielleicht sollten wir sie obduzieren lassen«, sagte seine Frau.

Er zuckte zusammen. Eine Obduktion zu fordern, das wäre seine Rolle gewesen, wenn alles wie geplant gelaufen wäre. Jetzt aber durfte sie auf keinen Fall stattfinden.

»Das hätte sie nicht gewollt!«, protestierte er.

»Das kannst du doch gar nicht wissen«, wunderte sich seine Frau.

»Sie ist still und friedlich eingeschlafen, das sieht man doch«, regte er sich auf und wandte sich an den Hausarzt. »Was sagen Sie?«

»Herzversagen. Überraschend, aber denkbar.«

»War denn an den Abend-Tabletten etwas anders als an den Morgen-Tabletten?«, fragte seine Frau den Arzt.

»Nur wenn sie selbst falsch dosiert hat.«

»Sie war sehr genau und gar nicht verwirrt«, überlegte seine Frau. »Ich werde das Gefühl nicht los, dass hier etwas nicht stimmt.«

Wie konnte sie es nur wagen! Musste sie denn ausgerechnet jetzt ihre Bauernschläue auspacken, die sie von ihrem Vater geerbt hatte? Wie sie ihm auf die Nerven ging mit ihrem Dialekt, mit ihrer Hartnäckigkeit, mit ihrem instinktiven Scharfsinn.

»Ich will, dass meine Mutter ein normales Begräbnis erhält und nicht noch vorher aufgeschnitten wird!«, schrie er.

Seine Frau und der Hausarzt wechselten einen Blick.

»Wenn sie etwas zur Beruhigung wollen …«

Er wollte nicht.

Zumal seine Frau auf das Thema Obduktion nicht mehr zu sprechen kam. Ihm war allerdings klar, dass er mit seiner Mutter gleich seine Träume von der großen Freiheit begraben musste. Keine Weltreise, keine Karibik, keine junge Geliebte. Seine Frau blieb ihm, allerdings waren sie jetzt wohlhabend.

Er ließ sein Auto stehen und stieg in den Kleinwagen seiner Frau. Gemeinsam fuhren sie von Großprüfening aus der Stadt hinaus nach Barbing. Sein Plan war gescheitert. Zumindest ein Teil davon. Das neue Leben, es musste warten. Vielleicht würde sich sein Traum nie erfüllen.

Zu Hause zog er seinen dunklen Anzug an. Gleich hatten sie einen Termin beim Bestatter. Am liebsten hätte er alles seiner Frau überlassen. Er konnte seiner Mutter nicht verzeihen, dass sie, die ihr ganzes Leben lang genau und sorgfältig gewesen war, mit diesem einen unachtsamen Moment seinen Plan zerstört hatte und einige Stunden zu früh gestorben war. Aus Widerstand gegen diese penible Mutter war er ein unordentlicher Mensch geworden. Doch dieses Mal hatte er sich selbst übertroffen an Genauigkeit. Sie wäre stolz auf ihn gewesen, wenn er mit dieser Präzision nicht ausgerechnet ihr Ableben geplant hätte.

Er besah sich im Flurspiegel, dann bemerkte er, dass er seine Taschenuhr nicht bei sich hatte. Sie musste noch in der Hose stecken, die er zuvor getragen hatte. Er ging die Treppe hoch, ins Schlafzimmer, wo er sie vermutete. Doch die Hose war weg.

»Ich habe sie in die Wäsche getan«, erklärte seine Frau, die seinen suchend-fragenden Blick bemerkte. »Deine Taschenuhr habe ich dir ins Büro gelegt.«

Der Schreibtisch quoll über mit Papier, wie immer. Doch seine Frau hatte eine kleine Stelle vollkommen leergeräumt. Hier lagen seine Taschenuhr und sein Taschentuch. Nicht ordentlich gefaltet, sondern geknotet, mit dem Rest des blutdrucksenkenden Pulvers darin. So, wie er es in seiner Hose seit gestern mit sich herumgetragen hatte. Er spürte, dass seine Frau hinter ihm in der Tür stand und ihn beobachtete.

# Roland Krause

## Du sollst nicht begehren

Langsam biegt der alte Opel in die Auffahrt zum Haus ein. Sein Fahrer schlägt in einem jähen Ausbruch von Zorn mit der Faust aufs Lenkrad. Das einstöckige schlichte Gebäude, auf das er zusteuert, hat er eigenhändig hochgezogen, Stein für Stein, Balken um Balken. Sein Schweiß und sein Blut stecken darin, gemeinsam mit längst verrotteten Träumen.

Was jetzt direkt vor der Haustür parkt, lässt dem Mann das Blut in den Kopf schießen. Das protzige Vehikel von Bernd Weisbach. Was hatte der Plumpsack hier zu suchen? Noch dazu, wenn er nicht zu Hause war – oder gerade deshalb. Konnte er seine Frau nicht einfach in Ruhe lassen?

Du sollst nicht begehren deines Nächsten Weib.

Nein – das Weib lässt es sich gefallen, gern gefallen. Seine Marianne genießt es. Wie der Weisbach um sie herumscharwenzelt, sich zum Affen macht und ihr schöntut. Das ganze Kaff zerreißt sich schon das Maul darüber.

Einen Moment lang ist der Mann versucht, sich anzuschleichen wie ein Dieb in der Nacht, dann schlägt er die Autotür hinter sich zu. Verdammt noch mal! Er ist hier der Herr. Soll der Hund nur wissen, dass er kommt, und jaulend den Schwanz einziehen. Er muss das Zittern seiner Hand kontrollieren, als er den Schlüssel ins Schloss treibt.

Das traute Paar findet sich im Wohnzimmer. Weisbach steht vor der eichenen Anrichte der Urgroßmutter, Verlegenheit steht ihm in das Vollmondgesicht geschrieben.

Und Marianne? Seine Frau fährt aus dem Sessel. Fleischgewordene Panik. Große Augen macht sie, wie ein angeschossenes Reh. Was glaubt sie denn, wen sie vor sich hat? Einen Geist? Jemanden, dem man Hörner aufsetzen kann? Ausgerechnet mit Weisbach?

»Servus, Rudi«, plappert der jovial los, verzieht das Maul, als gäbe es tatsächlich etwas zu grinsen – was feixt du da dumm herum? – und streckt ihm die Hand entgegen. Einfach so. Als wär da nichts zwischen ihnen. Als würde da nicht die Verlogenheit durch den Raum schwappen, dick wie Haferbrei. Zugreifen soll er wohl, dessen Pfote schütteln. Zerquetschen will er die. Den Kerl könnte er schütteln, bis kein Knochen ihn ihm mehr seinen rechten Platz finden kann. Als hätte das feiste Ferkel nicht von jeher versucht, ihm das Wasser abzugraben. Ja, wenn du Leiter einer Bankfiliale bist, kannst du dahertrampeln, wie es dir gefällt, mit Nagelschuhen die armen Schlucker in den Boden stampfen, bis sie Dreck fressen müssen. Und du kannst die Leute strangulieren, bis ihnen die Zunge blau aus dem Schlund kommt. Aber er, er würde nie klein beigeben.

Aber mit dem Weisbach hatte es schon damals in der Mittelschule angefangen, all die Missgunst und der Neid – und dass er, und nicht Weisbach, die Marianne bekommen hatte, heimgeführt in den verschlammten Ehehafen, diese Niederlage hat sein ewiger Rivale nie verkraftet.

»Raus aus meinem Haus!«, schreit er ihn nun an, und die Marianne sollte er gleich hinterherjagen. Froh kann die sein, dass er nichts herschenkt, was ihm gehört. Nichts. Kaum ist die Katze aus dem Haus, lässt sie es sich mit diesem Schmalspur-Casanova gut gehen.

Sektgläser thronen auf dem Tisch.

Wann hätten sie beide je zusammen die perlende Pisse getrunken?

»Rudi, hör zu, die Marianne hat mich heute hergebeten, weil …«, beginnt der andere zu schwatzen, aber er schneidet ihm das Wort ab. Hergebeten? Ja, beten wirst du lernen, auf Knien rutschend, wenn du dich nicht gleich aus dem Staub machst. Und die Knute gibt's gratis. Am liebsten hätte er ihm die falsche Zunge abgeschnitten und fressen lassen.

»Raus, sag ich!« Er weiß nicht, woher die Beherrschung kommt. Er hat sie nicht gerufen. Sie quetscht ihm die Brust zusammen und hängt zentnerschwer an seinen Armen. Abschütteln will er die und einfach dreinschlagen.

Der Weisbach richtet sich die Krawatte gerade und schüttelt den Kopf. Sein Sakko bekommt er nachgeschmissen, dann ist er draußen und die Luft wieder zu atmen.

Marianne sagt nichts. Ihr Anblick drückt ihm den Schlund zu. »Was habt ihr hier getrieben?«, knurrt er schließlich, ein Zwingerhund von der Kette befreit. Er geht auf sie zu. Nahe, bis sie sich fast berühren.

Er schaut ihr in die Augen. Sie senkt ihren Blick gen Boden. Er nimmt sie am Kinn.

»Gib mir eine Antwort, du Luder.« Sein Griff wird fester. Er krallt seine Finger in ihre geröteten Backen, drückt sie zusammen, bis sie schnappt wie ein verendender Karpfen. Seine feuchten Lippen nähern sich ihrem geöffneten Mund. Die Zähne hat sie zusammengebissen.

Sie reißt sich unvermittelt los – ein Kraftakt – und rennt aus der Stube.

Er nimmt die Sektflasche und schleudert sie, gerade wie die Tür ins Schloss fällt. Die Scherben prasseln auf die Holzdielen. Sie wird sich wieder oben einsperren.

»Du undankbares Weibstück, du!« Er lässt sich in den Sessel fallen. »Vergnügt sich mit dem Weisbach, die Hur.«

Am Morgen sitzt er immer noch so da, die Hände stützen den Kopf, die Augen blutunterlaufen. Ein unruhiger Schlaf ist es gewesen, den Kopf auf der Tischplatte, mehr ein Dahindämmern, als hätte ihm wer ein Kantholz über den Schädel gezogen. Eine Flasche Mariacron wartet in Griffweite. Nur noch ihr Boden ist von einem kümmerlichen Rest benetzt. Er fährt sich durchs strähnige Haar, hustet trocken, glotzt vor sich hin.

Die Marianne kommt. Kaffee bringt sie ihm. Sie stellt die Tasse wortlos vor ihm ab. Er schaut nicht auf. Das schwarze Gebräu rührt er nicht an. Die Standuhr schlägt acht, wie er das Haus verlässt.

Draußen atmet er tief durch, spuckt dann den Schleim aus und greift nach der Zigarettenpackung in seiner Brusttasche. Mechanisch geht er auf seinen Opel zu, streckt bereits die Hand nach dem Türgriff aus, da erstarrt er. Er kneift die Augen zusammen, klammert sich vergeblich an den Gedanken einer optische Täuschung. Aber es ist real. Die Reifen, sie sind platt. Zumindest die beiden, die er von seinem Blickwinkel aus sehen kann. Die hat er erst vor vier Wochen aufgezogen. Runderneuerte. Die Erkenntnis krallt sich in sein Hirn, ein Schrei muss heraus, bis ihm die Kehle brennt. Dieser Sauhund! Er schmeißt die Kippe in eine Pfütze und geht in die Hocke. Angestochen, deutlich zu sehen. Der Weisbach ist das gewesen. Hinterlistiger Mistkerl, kann sich nie aufstellen wie ein Mann. Dem wird er es einschenken, dass er sich verschluckt. Es brodelt in ihm. Heiße, unbeherrschte Wut.

Er stapft zurück ins Haus, Hände und Gedanken zu Fäusten geballt.

Marianne harrt an der Treppe zum ersten Stock und glotzt ihn an. In ihren Augen scheint sich die Furcht mit Verachtung zu paaren. Ihr steter Blick, der seinen Bewegungen folgt, lässt den Mann explodieren. Er baut sich vor ihr auf.

»Dein Verehrer hat mir die Reifen aufgeschlitzt, die feige Sau«, poltert er los. »Das hat er nicht umsonst getan.«

»Du weißt doch gar nicht …«, will seine Frau einwenden. »Du solltest die Polizei …«

»Was, die Polizei? Das regel ich!«, schreit er, dreht ab und fischt sich aus dem Hängekästchen den Zündschlüssel der alten Yamaha. Doch seine Frau hat schon den Hörer in der Hand, während er vergeblich nach dem Helm sucht.

»Ja, hör zu, Max, jemand hat heut Nacht die Reifen vom Auto aufgeschlitzt und der Rudi denkt, es war der Bernd Weisbach und will …« Sein Griff kommt unvermittelt. Er packt ihren Arm und reißt ihr das Telefon aus der Hand.

»Vergiss es, Eder!«, brüllt er in die Muschel. »Das ist nicht Sache der Polizei. Ich erstatte keine Anzeige, verstehst du, also halt dich da raus!« Er lässt den Hörer sinken und wendet sich seiner Frau zu. Sein Arm holt aus. Sie duckt sich weg.

»Dummes Stück, sag mir lieber, wo du den Helm hingeräumt hast.«

Sie zuckt mit den Schultern, dreht sich um und hastet nach oben. Er hört, wie sich der Zimmerschlüssel im Schloss dreht. Irgendwann wird er ihr die mistige Tür zusammentreten.

Fluchend poltert er nach draußen und schiebt das Motorrad aus dem Schuppen. Schweiß läuft ihm über die Schläfen. Pfeif auf den Helm. Er schwingt sich auf den Sitz und lässt den Motor an. Fünf Kilometer sind es bis zu Weisbachs Haus. Auf der alten Landstraße reißt er die Maschine auf bis zum Kragen, lässt sie bocken und brüllen. Der Fahrtwind pustet ihn durch und zerrt heftig an seinem Pullover. Ja, er wird dafür sorgen, dass Schluss ist, ein für alle Mal Schluss. Ohne Gas wegzunehmen, schießt er in die Kurve. Er kennt jeden Zentimeter der Straße. Die macht ihm nichts vor.

Dem Weisbach gilt es, das Maul zu stopfen.

Seine Augen werden schmal.

Die Maschine legt sich schräg.

Was ist das vor ihm? Öl? Herrgott nein!

Hauptwachtmeister Max Eder ist in Uniform. Hochoffiziell. Sein Kollege wartet Kaugummi kauend im Auto. Wie der Polizist bei Weisbach läutet, dauert es eine Weile, bis der Hausherr die Tür öffnet. Er trägt einen verblichenen Jogginganzug.

»Ja da schau her, der Eder. Was verschafft mir die Ehre? Bin ich wieder zu schnell …?«

»Du nicht.«

»Magst du nicht reinkommen? Kaffee?«

Weisbachs Frau erscheint aus der Küche und mustert den Besucher stirnrunzelnd. Wie immer, stumm und bleich, denkt sich Eder. Als wäre sie längst verstorben. Das ganze Haus geht als Friedhof durch.

»Der Pechler Rudi ist tot«, sagt er trocken.

Weisbach greift sich in den spärlichen Schopf und holt geräuschvoll Luft.

»Der Rudi. Den hab ich gestern noch gesehen. Was ist denn passiert? Und wie geht's der Marianne?«

»Gesehen? Bestimmt habt ihr wieder Streit gehabt, oder? Um die Marianne brauchst du dir keine Sorgen machen. Ein Motorradunfall war es. Eine Ölspur auf der Straße und weg, frontal einen Baum hat der Rudi genommen, sofortiger Exitus. Und wahrscheinlich kam das Öl nicht unabsichtlich dort in die Kurve.«

Weisbach bekommt große Augen. »Was sagst du da? Wieso fährt der mit dem Motorrad? Ich wusste gar nicht, dass er mit der alten Schrottmühle noch vom Fleck kommt.«

»Der wollte zu dir. Jemand hat seine Autoreifen aufgeschlitzt. Mit dem Auto konnte er also nicht fahren. Er hat es wohl eilig gehabt, weil er geglaubt hat, du warst das. Und – warst du das?«

»Ich? Bist du verrückt!« Der Mann schüttelt vehement das Haupt. »Komm erst einmal rein, Max.«

Der Einladung folgt der junge Polizist nicht. Er bleibt im Hausflur stehen. Interessiert beäugt er den Schuhständer und zieht schließlich ein paar Trekkingstiefel hervor. »Ist das ein frischer Ölfleck?«, fragt er und mustert die Schuhe kritisch. »Ja, schaut so aus und auch an der Sohle ist was.« Er reibt mit dem Finger darüber und betrachtet ihn. Er ist schwarz.

Weisbach schaut jetzt auch genau hin. »Die hab ich doch schon lang nicht mehr …«

Max Eder schießt einen durchdringenden Blick auf ihn ab. Seine

Haltung straft sich. Die Autorität hat er sich wie eine Jacke überge-streift, der Hauptwachtmeister.

»Also für mich sieht das aber frisch aus«, bescheidet er seinem Ge-genüber. »Ich glaube, du kommst erst einmal mit. Dafür brauch ich keine Kripo. Das kann ich dir prophezeien, das wird eng für dich.«

Der Angesprochene blickt sich nach seiner Frau um. Die hat die Ar-me verschränkt und starrt an ihm vorbei ins Nirgendwo. Ihre Brust hebt und senkt sich in schnellem Rhythmus. Sie schweigt.

»Bist du völlig verrückt geworden, Max«, ruft Weisbach und ballt in hilfloser Geste die Fäuste. »Das traust du mir doch nicht zu! Ich bring doch niemanden um!«

»Nein, bis vor ein paar Minuten hätte ich dir so eine Sauerei wirk-lich nicht zugetraut«, sagt Eder und hält ihm die Schuhe dicht vors Gesicht. »Obwohl ihr euch ständig an den Kragen gegangen seit, du und der Rudi. Da hätten wir ein Motiv. Also gehst du freiwillig mit, oder ...« Er greift an seinen Gürtel mit der Handschellentasche. Eine steile Falte erscheint über der Nasenwurzel.

Weisbachs Frau steht im Türrahmen und beobachtet, wie der Strei-fenwagen abfährt. In den Nachbarhäusern bewegen sich die Gardinen an den Fenstern. Glotzt nur! Ja, es würde eng um ihren Mann werden. Den Ölkanister würden sie in der Garage finden, nebst einem seiner Hemden, schmutzig und ölfleckig, das sie vor Tagesanbruch benutzt hatte. Es war für alles gesorgt. Alibi würde sie ihm keines geben. Er hatte auf der Couch geschlafen und sie schlummernd im Schlafzim-mer gewähnt.

Genug mit all den Erniedrigungen. Jedes Wort, jede Geste, jeden Blick würde sie ihm zurückzahlen, auf Heller und Pfennig. Keine Scheidung, das wäre zu billig. Im Knast soll er verrecken. Immer hat-te er ihr das Gefühl vermittelt, nur zweite Wahl zu sein. Achtlos vom Ramschständer gerissen, weil die begehrten Stücke unerschwinglich waren. Nie hatte sie es ihm recht machen können. Sie hatte ihn einst-mals geliebt, ja, sie konnte den Zeitpunkt gar nicht benennen, als die-se Liebe erst in Verzweiflung und endlich in Hass umgeschlagen ist. Und dieser eingepflanzte Hass, der frisst dich von innen auf, höhlt dich aus, bis du nur noch eine leblose Hülle bist. Sie hatte sich be-müht, wieder und wieder, bis jede Hoffnung in ihr ausgemerzt war. All die verlorenen Jahre, die nutzlose Zeit – und jetzt hatte er sie ab-legen wollen, gleich einem abgenützten Mantel. Nein. Frei sein wollte er, hatte er ihr verkündet. Frei sein, wofür? Lachhaft! Marianne hatte sich einen Dreck um ihn geschert. Er hatte keine Chance bekommen, für sie war er ein Neutrum gewesen. Eher ginge sie ins Kloster, hatte Marianne ihr glaubhaft versichert. Es war einzig allein seine Besessenheit, seine faulig-gärende Sehnsucht gewesen, die jeden Gedanken verpestet hatte.

Ihr Handy klingelt.

»Danke«, hört sie Marianne flüstern. Beinahe unhörbar. Mit einem Wort ist alles ausgesprochen. Die Frau erwidert nichts. Sie ist befriedigt, als sie in sich hineinhört, ob sich da eine Regung, ein Skrupel aufrappeln kann, um sie als Mörderin zu beschuldigen. Alles bleibt stumm. Notwendig ist es gewesen, wie das Jäten von giftigem Unkraut. Männer sind berechenbar. Sie und Marianne hatten gehandelt – den dunklen Umhang heruntergerissen, der das Morgen umhüllt hat, gleich einem Leichentuch.

Bei Marianne fährt ein Streifenwagen vor das Haus. Diesmal ist Hauptwachtmeister Max Eder allein. Er steigt aus und schlendert auf die Tür zu. In der Rechten hält er Handschellen, die er lässig hin und her schlenkert. Noch bevor er läuten kann, wird die Tür aufgerissen. Die Frau steht vor ihm. »Willst du mich jetzt verhaften?«, haucht sie. Heftig zieht sie die Luft ein, ihr Blick wandert zu den Handschellen.

»Ihr Weiber«, knurrt Max. Dann nimmt er die Frau in seine Arme und ihre Lippen verschmelzen

# Iris Leister

## Drei, zwei, eins – deins

Ich warte auf meinen neuen Liebhaber. Sekunde um Sekunde vergeht wie ein müder Lidschlag. Ich habe Lampenfieber. Ich kenne ihn noch nicht. Er wird mich finden. Heute Abend noch.

Ich wünsche mir so sehr, dass es diesmal für immer ist.

Ich bin nicht böse, wie Marisol, Rolfs spanische Putzfrau, schrie, als sie ihn und diese Gabi fand. Und ich verlange keine Liebe. Nicht mehr. Ich will nur Vertrauen und Beständigkeit. Ich finde, das ist nicht zu viel verlangt.

Rolf war mein erster Mann.

Viele hatten mich schon von Ferne bewundert. Ihre Blicke über meine kaffeebraune Haut und meine üppigen Formen gleiten lassen. Überlegt, was sie mit mir anstellen würden. Aber Rolf hat mich mit zu sich nach Hause genommen.

Rolf roch nach Sandelholz, der Zitronennote seines Aftershaves und dem metallischen Geruch seines Körpers. Ich liebte diesen Geruch, der mich überzog wie eine zweite Haut. Ich liebte Rolf.

Rolf aß gerne, trank gerne und liebte gerne. Ständig hatte er neue Frauen. Mir machte das nichts aus. Denn nur bei mir schlief Rolf den Schlaf der Erschöpften; Gesicht und Körper so entspannt, wie sie nur bei denen sein können, die ganz vertrauen.

Um ihn zu verwöhnen, machte ich mich noch weicher. Schmiegte mich an ihn wie ein Satinbezug an ein feines Daunenkopfkissen. Er sollte mich lieben. Und wenn er nicht schlafen wollte – dafür bin ich gemacht.

Alles war wunderbar, bis Gabi kam.

Gabi trug zu viel Make-up und ein viel zu süßes Parfüm. Aber unter dieser Kruste aus falschen Farben und Zuckerwasser war etwas, das man am besten mit dem Mädchen-zum-Pferdestehlen-Geruch beschreiben konnte. Gabi war lustig. Und sie war lieb.

Ich habe sie von Anfang an gehasst.

Gabi war die Erste, die mehr als zweimal zu uns kam. Sie kam zum dritten Mal. Und dann zum vierten. Und immer wieder. Rolf veränderte sich. Er begann lange Gespräche mit ihr. Sie lachten beim Sex. Ich kochte vor Wut. Aber Rolf merkte es nicht.

In einer Nacht, in der die Hitze des Tages wie eine Wand in der Wohnung stand und von draußen ein Geruch wie von ungewaschener Bettwäsche hereinwehte, kam es zur Katastrophe: Wie inzwischen üblich, war Gabi bei uns. Rolf und sie hatten gekocht und waren dann schlafen gegangen. Mitten in der Nacht weckte sie ihn. Sie flüsterte. Durch die Kissen hörte ich nur »schwanger«. Mir wurde schlecht. Ich wollte, dass Rolf sie hinauswarf. Aber er umarmte sie und fragte, wann sie einziehen würde. Es war vorbei zwischen uns.

Der Polizist mit den langen Kotletten zerrte an den Resten meiner Bettdecke. »Die hat sich im Motor vom Lattenrost verfangen und die beiden stranguliert. Tragischer Unfall, würde ich sagen.«

Der andere Polizist, der, der so verklemmt aussah, versuchte, Marisol zu beruhigen, die in ihrem spanisch-deutschen Kauderwelsch irgendetwas von »böse« keifte, sich bekreuzigte und auf mich zeigte.

Glücklicherweise schenkte niemand ihren wilden Behauptungen Glauben. Im Gegenteil: Der Polizist mit den Kotletten sah mich äußerst interessiert an. Aber er war nicht mein Typ. Der Verklemmte fand mich ordinär. Das konnte man ihm ansehen.

Ich weiß nicht, was ich machte, bis ich zu Jakob Trinks kam. Vielleicht wartete ich einfach. Ich weiß nur, dass seine Kollegen mich zu ihm brachten. Mir war damals so, als läge ein Hauch von Bösartigkeit in der Luft.

Ich war entsetzt, als ich in seine Wohnung kam. Sie war kühl und eckig und steril. Ich mit meiner kurvenreichen Schönheit fand das alles furchtbar unpassend. Aber Jakob behandelte mich wie einen Star. Die Enttäuschung seiner Kollegen war fast greifbar. Ich weiß nicht, was sie sich gedacht hatten. Ich dachte auf jeden Fall, ich hätte meinen Meister gefunden. Den, der zu mir steht. Beständig. Mich zu schätzen weiß. Meinen Liebhaber.

Auf dem Nachttisch stand ein Bild von ihm vor seinem roten Porsche und ständig kamen neue Frauen. Aber Jakob war nicht Rolf. Die Frauen mussten duschen, bevor er mit ihnen schlief, und er selbst konnte gar nicht schnell genug unter die Dusche kommen, wenn er mit ihnen fertig war. Er kokste. Er war überheblich.

Jakob wurde mir mehr und mehr zuwider: Sein leintuchweißer

Körper, fettlos, aber viel zu weich, seine Umarmungen, gierig, nur Machtspiel, kein Genuss, und sein Geruch aus Einsamkeit und Angst, der jeden Morgen an mir klebte, nachdem die ganze Überheblichkeit verflogen war.

Dann erzählte er einer Frau, einer mausigen Brünetten mit kreischendem Lachen, die ihn nach mir fragte, völlig ungeniert, dass er mich seinen Kollegen »zu verdanken habe«.

»Blamieren wollten sie mich. Kein Wunder, wer kriegt auch gerne Hörner aufgesetzt.« Sein Tonfall war näselnd wie immer, wenn er sich überlegen fühlte. »Aber mich darüber zu ärgern, den Gefallen habe ich ihnen nicht getan. Im Gegenteil.« Dann schaute er sie an: »Trotzdem, mal ganz ehrlich, ich suche etwas Passenderes.« Er drückte ihr Gesicht in seinen Schoß. »Und jetzt könntest du mal auf die Suche gehen.«

Die Frau lachte auf. Dann verklärte sich sein Blick.

Das einzig Passende war sein Tod.

Zuerst wollte ich ihn im Bettkasten ersticken. Aber mir fiel kein Weg ein, ihn dorthin zu locken. Und er hatte gerade seiner Putzfrau gekündigt. Dem einzigen Menschen, der ihn nach seinem Tod schnell gefunden hätte. Ich wollte nicht so lange alleine mit einem Toten sein. Mein Ruf wäre ruiniert gewesen. Und nicht nur der.

Es hat mich einige Nächte gekostet, bis ich auf den Plan kam. Dafür war er umso besser.

Sobald Jakob Trinks schlief, bewegte ich mich. Ruckte ein wenig. Jede Nacht. Nur Millimeter zwar, aber genug, um seinen Schlaf zu stören. Ich stellte das Radio an und ließ es rauschen. Ließ die endlosen Zahlenreihen, die schlaflose Agenten anderen schlaflosen Agenten sandten, seine Träume zerschneiden. Und stellte das Radio ab, sobald er die Augen aufschlug.

Er ist nie darauf gekommen, dass ich ihm das Leben wegzog wie eine Bettdecke. Er glaubte an Überarbeitung, gab den Frauen die Schuld, rannte von Arzt zu Arzt. Egal, was er tat, er schlief schlechter und schlechter. Wurde fahriger. Kokste mehr. Die Frauen verließen ihn enttäuscht. Eine lachte ihn sogar aus.

Schlafes Bruder holte Jakob Trinks, als sein roter, roter Porsche einen Brückenpfeiler küsste. Ich weiß das von den Männern, die die Wohnung ausräumten.

Danach war wieder alles Warten.

Bis harte Musik mich aus meinen schwarzen Träumen riss. Musik, wie ich sie nie zuvor gehört hatte. Jemand hatte das Radio angemacht. In voller Lautstärke. Ich war in einer neuen Wohnung. Ein Dicker in sackartigen Hosen, die ihm in den Knien hingen, und einer Schirmmütze auf dem Kopf, brüllte: »Voll phett, Alter! Voll phett!« Goldketten klimperten um seinen Hals. Andere Männer in ähnlicher Aufmachung starrten mich an, grinsten, machten mit dem Dicken merkwürdige Handzeichen. Sollte das mein neuer Liebhaber sein? Es war ein Albtraum.

In den folgenden Nächten stellte sich heraus, dass der Dicke Phat-Pack hieß.

Keine Verführung. Kein Charme. Keinerlei Lebensart. Ich hielt es keine drei Wochen aus. Der Mann war fett und hässlich. Die Einzigen, die kamen, waren seine Freunde. Typen, die tranken, rauchten und Computerspiele spielten. Sie zogen nicht einmal ihre Schuhe aus. Sie behandelten mich wie ein Ding. Ich dachte liebevoll an Rolf. Ich begann, sogar Jakob Trinks ein wenig zu vermissen. Und Marisol, die immerhin die Königin des Bettwäschebügelns gewesen war.

Ich versuchte, Phat-Pack in Albträumen zu wiegen, so wie damals Jakob. Doch er war zu betrunken, um überhaupt zu träumen.

Dann machte er unter sich. Das brachte das Fass zum Überlaufen. Er musste sterben. Die Gelegenheit kam, als er alleine war. Er war eingeschlafen. Er schnarchte. Seine Hand, mit der er seine letzte halbvolle Flasche Bier umklammerte, lag genau auf dem Radio. Ich schaltete es an. Ich schüttelte mich. Das Bier lief in das Radio.

Der Strom fiel im ganzen Haus aus. Deshalb fanden sie ihn schnell.

Jetzt bin ich bei jemandem, der es gut mit mir meint. Dass ich nicht bei ihm bleiben würde, war von Anfang an klar. Aber er mag mich. Und behandelt mich mit Respekt.

Ich bin sicher, dass Marisol unrecht hatte. Ich bin nicht böse. Mir blieb nichts anderes übrig. Meine Männer hätten mich einfach nicht enttäuschen sollen. Und trotz aller Enttäuschung bin ich bereit, es noch einmal zu versuchen. Heute Abend.

Heute Abend werde ich einen neuen Liebhaber finden.

Im Internet.

Bei eBay.

Die Anzeige, die der Mann, bei dem ich bin, aufgegeben hat, lautet:

*Kult! Original 70er-Jahre Polsterbett, Baujahr 75, entworfen von Colani. Ein echter Traum für jeden Sammler: üppige, organische Form. Bezug: Wildlederimitat (Skai), kaffeebraun. Sechs Quadratmeter sexy Lotterbett, frisch gereinigt, eingebautes Radio mit Kassettendeck, kürzlich repariert. Das Bett hat acht Elektromotoren, die es drehen. Ein Motor müsste ersetzt werden. Bis auf ein paar Gebrauchsspuren sehr gut erhalten.*

Ich finde, er hat mich gut getroffen. Ein bisschen zu sachlich, aber ich bin voller Hoffnung.

Sekunde um Sekunde vergeht. Das Gebot liegt bei 1816 Euro.

Ich freue mich schon auf meinen neuen Liebhaber. Auf unsere erste Nacht. Drei. Zwei. Eins. Ich bin deins.

# Christian Limmer

## Killer AG

Da lieg ich nun, in meinem maßgeschneiderten Zweireiher und den handgefertigten Lederschuhen in der besten Gegend Münchens, in Altbogenhausen. Alles gut, bis auf die C&A-Tüte überm Kopf. Wenn mich schon jemand umbringt, dann wenigstens stilgerecht. Mit einem Kopfschuss, hinrichtungsmäßig, oder irgendner anderen Waffe, aber eine billige Plastiktüte, nee, das hab ich nicht verdient. Das ärgert mich.

Richtig wütend bin ich aber, weil ich wusste, ich würd bald ins Gras beißen. Ich hab gegen meine Prinzipien verstoßen. Und wer gegen seine Prinzipien verstößt, der hat es verdient zu sterben. Ich bin nicht an Atemnot gestorben, sondern wegen meiner gottverfluchten Sentimentalität. Dabei bin ich gar nicht der Typ dafür. War ich noch nie. Wenn mich ein Gefühl angetrieben und beherrscht hat, dann war es Wut. Gleißend heiße weiße Wut.

Schon im Mutterbauch war ich wütend. Ich hasste die Enge, ich hasste den bitteren Geschmack der Zigaretten im Fruchtwasser, und ich hasste die Schläge, die ich abbekam, wenn mein Alter seine Frau verprügelte. Als ich zur Welt kam, versetzte mir die Kälte einen solchen Schock, dass ich schrie und schrie, bis ich Blut spuckte. Von Anfang an war die Wut mein ständiger Begleiter und wurde bald zu meinem besten Freund. Wenn ich schrie, bekam ich zu essen und zu trinken. Oder Schläge. Je öfter mein Alter mich verprügelte, desto weißer wurde meine Wut, und alles in meinem Blickfeld löste sich in Schneegestöber auf. Irgendwann spürte ich die Schläge gar nicht mehr, mein Freund Wut schützte mich wie ein Kokon.

Ich wuchs zu einem properen Kerlchen heran, genährt von Toastbrot und Trockenmilch. Erste Tests beim Kinderarzt ergaben, dass die Schläge auf meinen Kopf nicht das Beste für meine Intelligenz waren. Mein Alter prügelte mich dumm. Von da an versuchte meine Mutter, sich zwischen mich und meinen Alten zu stellen. Mit dem Ergebnis, dass sie genauso viele Schläge abbekam wie ich. Nachts, wenn mein Alter Schicht schob, kuschelte ich mich zu ihr uns Bett und tröstete sie.

Ich war fünf, als ich meinen Alten anbrüllte, meine Mutter in Ruhe zu lassen. Ich schrie und brüllte ihn an, er schrie und brüllte und schlug zurück. Meine Mutter rief die Bullen, und die nahmen ihn dann mit. Ich hatte einen Kieferbruch, meine Mutter einen Heulkrampf. Noch nie hab ich jemanden so heulen gesehen. Nicht mal ich hatte eine Chance, sie zum Aufhören zu bringen. Sie bekam dann Tabletten verschrieben, die sie ruhig machten. So ruhig, dass ich manchmal dachte, sie ist gar nicht da.

Mein Alter war nach zwei Tagen wieder daheim. Die Bullen rieten meiner Mutter zwar, ihn anzuzeigen, aber dafür war sie zu feige. Und ehrlich gesagt hab ich noch nie gehört, dass es was hilft, einen Schläger anzuzeigen. Das löst man anders. Im Kindergarten war das so, in der Schule und auf der Lehre. Wenn dich jemand prügelt, dann schlägst du zurück, und zwar härter als er.

Als ich vierzehn war, hab ich ihn dann erstochen. Ich wusste, totprügeln würd ich ihn nicht können, dafür war er zu groß und kräftig. Er hat jeden Sonntag immer gebadet. Stundenlang. Manchmal ist er sogar dabei eingeschlafen. Darauf hatt ich gewartet und ihm das größte Messer, das wir hatten, ins Herz gestoßen. Beim ersten Mal hat er die Augen weit aufgerissen, beim zweiten Mal meinen Namen gestottert, beim dritten Mal ist er mit einem Husten abgenippelt. Der ganze Boden war nass, ich war nass, das Messer und meine Hand blutig, und in mir drin alles schneegrieselig. Und dann wurde es mir warm ums Herz. Ich hatte etwas gefunden, was mir Spaß macht.

Ich hab ihn dann entsorgt. Wie in der Dokumentation über so einen mexikanischen Killer. Der hat seine Opfer immer in Kalk aufgelöst. Niemand hat mir gesagt, dass am Schluss ein Haufen Knochen übrig bleibt. Hab ich sie halt im Wald verbuddelt. Ich denk, da liegen die heute noch. Danach hab ich alles gelesen und geguckt, was es zum Thema Mörder gab. Meine Mutter interessierte das nicht, sie war froh, dass ihr Alter weg war. Sie dachte, er wär abgehauen. Alle waren glücklich und zufrieden.

Je mehr ich mich in die Materie einarbeitete, desto klarer wurde mir, dass ich meinen Beruf gefunden hatte. Ich wollte Auftragskiller werden. Nicht irgendeiner, sondern der beste. Ich war zwar nicht der Hellste, aber ich kapierte schnell, dass ein erfolgreicher Killer emotionslos sein muss. Und das war ich ganz und gar nicht. Meine Wut hatte mich im Griff, nicht umgekehrt. Wenn man beruflich cool sein muss, braucht man ein privates Umfeld, in dem man die Sau rauslassen kann. Ich legte mir eine Freundin zu. Sie war neunzehn, zwei Jahre älter als ich, und noch Jungfrau. So wie sie aussah, wunderte mich das nicht. Sie war pummelig, hatte krause Haare und schiefe Zähne. Aber mir waren ihre inneren Werte wichtiger. Sie war unterwürfig und ließ sich alles gefallen. An ihr konnte ich mich abreagieren, wenn wieder mal die Pferde mit mir durchgingen.

Ich zog von zu Hause aus, was meiner Mutter herzlich egal war. Sie schluckte ihre Antidepressiva inzwischen wie Tic Tacs und war die meiste Zeit nicht ansprechbar. Meine Freundin arbeitete bei Burger King, damit wir uns die Miete eines kleinen Apartments im Münchner Norden leisten konnten. Möbel holten wir vom Wertstoffhof, das meiste war mit wenigen Handgriffen und Geschick zu reparieren. Man muss sich schon wundern, was die Leute so alles wegwerfen.

Ich bekam eine Anstellung bei einer Schädlingsbekämpfungsfirma. Ich hatte mit Kakerlaken, Mäusen, Ratten und Tauben zu tun. Nach einer Probezeit von drei Monaten arbeitete ich vorwiegend alleine. War ja nicht schwierig, die Fallen aufzustellen und in Abständen zu kontrollieren. Ich nutzte die Zeit, um meine Fertigkeiten im Töten zu vervollkommnen. In den drei Jahren bei der Firma wurde ich Meister in der Handhabung von Messern, Drahtschlingen, Giften und inszenierten Unfällen. Drei Hausmeister, vier ältere Tanten, acht rumänische Penner und neun alleinstehende Rentner mussten dabei dran glauben. Und die Bullen hatten nicht die leiseste Ahnung, wem sie die ganze Arbeit zu verdanken hatten. Und zu alledem wurde ich auch noch als Mitarbeiter des Monats ausgezeichnet. Kurz darauf kündigte ich. In der Firma sah ich keine großen Aufstiegsmöglichkeiten mehr für mich. Ich wollte mich selbstständig machen, ich hatte den Traum von einer eigenen Firma, von Geld wie Heu und Reisen in alle Ecken der Erde. Ich wollte meine eigene AG werden, die Killer AG.

Meistens, wenn man große Träume hat, bekommt man erst mal eine vor den Latz. Bei mir war das nicht anders. Meine Freundin wurde schwanger. Ich war noch nicht mal einundzwanzig und hatte schon ein schreiendes Balg und eine griesgrämige Mettwurst am Bein. Keine guten Voraussetzungen für eine Weltkarriere als Auftragskiller. Mann, ich hätte die Wände hochgehen können. Ich war kurz davor, sie und ihr Kind vom Balkon zu schmeißen, als mir klar wurde, dass ich wie mein Alter war. Und das war das Letzte, was ich sein wollte.

Ich musste mich entscheiden: Familie oder Karriere. Die himmelblauen Augen des Hosenscheißers machten es mir schwer, aber ich musste einen klaren Schlussstrich ziehen, wenn ich meinen Traum leben wollte. Die Mettwurst zeigte zum ersten Mal so etwas wie einen eigenen Willen. Sie klammerte sich an mein Bein und heulte und meinte, wie sehr sie mich lieben würde und dass ich nicht gehen sollte und all den Quark, den man so sagt, wenn man Angst hat, allein und einsam zu bleiben. Mein Herz verkrampfte sich bei dieser jämmerlichen Vorstellung immer mehr, bis es am Ende zu schlagen aufhörte und sich in Stein verwandelte. Ich hatte nichts als Abscheu und Verachtung für sie übrig. Sie war wie alle anderen auch, kleingeistig, ängstlich und gefühlsduselig. Kein Wunder, dass Deutschland mittelmäßig wie das Fernsehprogramm war.

Zuallererst ließ ich mir die Samenstränge durchschneiden. Absolute Freiheit, dachte ich, bis sich herausstellte, dass ich keinerlei Gefühl mehr im gesamten Unterleib hatte und ich nichts tun konnte, um einen Ständer zu bekommen. Alles hat eben seinen Preis. Das Gute daran war, dass ich mich voll meinem Job widmen konnte. Und es war wahrlich nicht einfach, einen ersten Auftrag zu bekommen. Ich war ein Niemand, ich hatte keinen Migrationshintergrund, keine Vorstrafen und ich war immer gut angezogen. So jemand traute man in der Szene nicht. Ich trieb mich in Automatencasinos herum, in den Cafés des Bahnhofsviertels, bei den Türken, den Arabern, am Schluss sogar bei den Italienern. Nichts. Niente. Nada. Auch wenn ich noch so offensichtliche Andeutungen machte, niemand hielt mich für einen potenziellen Killer. Am liebsten hätt ich jedem Einzelnen die Fresse poliert, aber Gefühlsausbrüche im Job waren tabu und daran hielt ich mich eisern.

Über Facebook hab ich dann spaßeshalber meine Dienste angeboten, samt Preisliste. Es kamen auch nur blöde Kommentare, bis auf einen, der hatte echtes Interesse. Wollte meine Telefonnummer, damit wir von Mann zu Mann reden können. War mir schon klar, dass das ein Bulle ist, aber ich bin nicht doof. Jedenfalls nicht so doof, um mich über meine eigene Leitung bei Facebook einzuloggen. Doch dann schrieb mir diese Maus eine private Nachricht, in der sie rumlaberte, wie ihr ihr Mann auf den Senkel geht, wie mies er sie behandelt und dass er eine Geliebte hat. Kein Wort von Mord, aber zwischen den Zeilen konnte ich rauslesen, dass sie ihn loswerden wollte. Ganz sicher war ich mir, als sie einwilligte, sich mit mir auf einen Kaffee zu treffen. Niemand verabredet sich im Internet sofort auf einen Kaffee, wenn man keine ernsten Absichten hat.

Das Schöne an meinem Job ist, dass man die unterschiedlichsten Leute trifft. Ich war eine halbe Stunde früher bei Starbucks, ich brauch das, um mich in einer neuen Umgebung einzugewöhnen. Und Punkt drei kommt diese Rothaarige im Pelz und mit fetter Sonnenbrille rein, guckt sich um, sieht meine rote Baseballmütze auf dem Tisch und setzt sich zu mir. Überall an ihr klimpert's und scheppert's, die hatte bestimmt alleine am rechten Arm für dreißig Kilo Schmuck. Und alles echt. Nach ein paar Minuten Rumgequatsche war klar, dass ich ihren Alten für zwei Kilo um die Ecke bringen sollte. Alles musste wie ein Unfall aussehen, denn sie wollte neben seiner Asche auch noch die Lebensversicherung abkassieren. Dafür waren mir dann aber zwei zuwenig. Wir einigten uns auf vier, zwei sofort. Damit ging ich gleich Schuhe kaufen. Ich wollte schon immer handgefertigte Schuhe mit meinen Initialen. Zwei Wochen dauerte es, bis sie fertig waren. Ich bekam sie einen Tag, nachdem ich den Alten der Klimperliese mit seinem Benz über eine Uferböschung geschickt hatte. Um sicherzugehen, dass er auch schön unter Wasser im Auto blieb, hatte ich die Zentralverriegelung so eingestellt, dass weder Tür noch Fenster zu öffnen waren. Das ganze Wasser drang durch die Heizung ins Innere und ich blieb noch eine ganze Stunde vor Ort, um sicherzugehen, dass der Typ auch wirklich tot war. War er.

Mein erster richtiger bezahlter Auftrag; was für ein geiles Gefühl. Aber das Beste kam erst noch. Die Klimperliese war gar nicht die Frau des Typen, sie wollte mich nur auf die Probe stellen. Ihr Name war Natascha und sie leitete eine Firma, die Profikiller für jeden Anlass vermietete. Zusammen mit ihrem Mann, einem ehemaligen FSB-Agenten, gehörte die Firma zu den Top drei in der Welt. Bei unserem Treffen hatte sie mich erst abgecheckt, und erst, als sie sicher war, dass ich das Zeug hatte, kam sie mit dem Auftrag rüber. Hätte ich ihren Anforderungen nicht entsprochen, wär sie nach einer Tasse Kaffee und unverbindlichem Small Talk wieder gegangen. Aber so hatte sie mir die Chance gegeben, meine Qualitäten zu beweisen, und ich hatte die Chance voll genutzt. Ich verzichtete vorerst auf meine Selbstständigkeit und wurde Mitarbeiter in Nataschas Firma, offiziell ein international agierendes Bauunternehmen.

In der Zeit kam ich viel rum. Zuerst in Begleitung von Nataschas Mann, dem kein Mittel unbekannt war, um jemanden um die Ecke zu bringen. Ganz in der Tradition des russischen Geheimdienstes arbeitete er vor allem mit Gift, das keine Rückstände hinterließ. Trotzdem kamen andere Techniken nicht zu kurz. Ich lernte die sieben Körperstellen kennen, an denen ein schneller harter Schlag ausreicht, um das Opfer zu töten. Ich lernte technische Geräte so zu manipulieren, dass sie im richtigen Moment eine Fehlfunktion hatten und eine Katastrophe auslösten. Und ich lernte die hohe Kunst des Red Herring, das Legen falscher Spuren, damit Unschuldige für die Morde verantwortlich gemacht werden konnten. Es waren wunderbare sieben Jahre. Sie wurden am Ende nur durch die Mettwurst getrübt, die mich ausfindig gemacht hatte und meine Haustür belagerte. Im Gepäck den Hosenscheißer, der inzwischen acht war. Seine Augen strahlten immer noch himmelblau. Wenn er nicht gewesen wäre, hätte ich sie höflich gebeten, mein Grundstück zu verlassen. Ansonsten müsste ich die Polizei rufen. In der Firma hatte ich auch einen Kurs in Umgangsformen belegt, das war Natascha unheimlich wichtig. Die Mettwurst beteuerte noch einmal, dass ich der einzige Mann in ihrem Leben war. Wieder blökte sie mich zu mit ihrem Liebesgedöns, aber ich wusste genau, um was es ging. Sie wollte Kohle. Es ging immer um Kohle, das zieht sich durch alle Gesellschaftsschichten. Wer was anderes sagt, lügt. Wir leben nicht umsonst im Kapitalismus. Wir einigten uns darauf, dass sie aufhören würde, mich vollzusülzen, dafür könnte der Hosenscheißer jeden Monatsersten herkommen und einen Briefumschlag mit Geld abholen. Der Vorschlag kam von mir, denn es war die einzige Gelegenheit, den Kleinen in regelmäßigen Abständen zu sehen. Ich hätte damals merken müssen, dass mein Herz aus Stein einen Riss hatte, aber ich hab es ignoriert. Ich hatte gegen meine Prinzipien verstoßen.

Korrupte Aufsichtsratsvorsitzende in Dubai, gierige Hedgefondsmanager in New York, renitente Fußballspieler in Italien, ich wurde überall eingesetzt, wo die Sicherheitsmaßnahmen der gegnerischen Partei hoch und die Erfolgsaussichten gering waren. Ich musste mein Opfer manchmal wochenlang beobachten und hatte dabei die Gelegenheit, eine Gesellschaftsschicht kennenzulernen, über die man sonst nur in der *Bunten* oder der *Gala* liest. Alles war so, wie ich es mir immer vorgestellt hatte. Glitzer, Glitzer, Bussi, Bussi, Äußerlichkeiten bestimmten diese Welt, die Authentizität kam erst dann zum Vorschein, wenn diese Menschen glaubten, allein zu sein. Dann versanken sie in Selbstmitleid, hatten Angst um ihr Vermögen oder ihr Aussehen oder wurden depressiv, weil sie wegen all der Paparazzi kein Privatleben mehr hatten. Aber wenn keine Gazette über sie berichtete, wurden sie richtig selbstmordgefährdet. Natürlich waren sie zu feige, sich umzubringen. Das habe ich dann für den ein oder anderen erledigt. Nicht aus Menschenliebe, sondern weil ich in Übung bleiben musste, und es waren dankbare Opfer.

An meinem dreißigsten Geburtstag wurde ich offiziell zum Partner der Firma ernannt. Nataschas Mann war bei einem Autounfall ums Leben gekommen, und so war meine große Chance gekommen, in den Olymp der Auftragskiller aufzusteigen. Ich gab mein Wissen an die nachfolgende Generation weiter, begleitete den ein oder anderen bei seinen ersten Gehversuchen in der Branche und koordinierte die weltweiten Einsätze unserer Leute. Es war im Großen und Ganzen eine verwaltende Tätigkeit, und nach ein paar Jahren ödete es mich an. Ich wollte nicht mehr in meinem verglasten Eckbüro hocken und Dispos erstellen oder mit unseren Waffenlieferanten um ein paar Prozentpunkte beim Einkauf feilschen. Es reichte mir nicht, in dem Indoorpool meiner Penthousewohnung in Altbogenhausen meine Bahnen zu ziehen und im Fitnessraum Gewichte zu stemmen. Ich wollte noch einmal raus und selbst Hand anlegen. Es gab deswegen heftige Diskussionen mit Natascha, die es nicht guthieß, dass ich mich aus dem Tagesgeschäft zurückzog und mein Leben in Gefahr brachte. Jahrelang war nichts passiert, wieso sollte es ausgerechnet jetzt gefährlich sein?

Bevor ich nach Seoul aufbrach, um mich eines Modedesigners anzunehmen, musste ich mich noch einmal zwangsweise mit der Mettwurst treffen. Sie hatte mir über den Hosenscheißer ausrichten lassen, dass ein Gespräch lebenswichtig wäre. Wir trafen uns kurz vor Ladenschluss in einem Café in der Nähe meiner Wohnung. Die Mettwurst war kaum wiederzuerkennen, sie glich inzwischen einem Wal. Die billigen Leggings betonten ihre Fettwülste, Busen und Bauch bildeten eine gewölbte Linie und die Augen verschwanden im teigigen Gesicht wie Rosinen. Sie hätte mein Geld besser in eine Schönheitsoperation gesteckt als in einen Fastfoodladen. Aber es juckte mich nicht, es war ihr verpfuschtes Leben, nicht meins. Zum Glück kam der Junge nach mir und er schien meine regelmäßigen Tipps befolgt zu haben. Er war gerade gewachsen, machte Muskeltraining und pflegte seine Zähne gründlich. Sie blitzten mit seinen himmelblauen Augen um die Wette. Ich war stolz auf ihn.

Stolz grenzt andere Gefühle aus. Man ist so sehr mit der Freude über sich selbst beschäftigt, dass das Misstrauen darunter leidet. Misstrauen ist in meinem Job das A und O. Und ich hätte misstrauisch werden sollen, als der Wal schnaubte, sie glaube nicht mehr an die Liebe. Außer, ich würde hier und jetzt erklären, warum ich mit ihr zusammen gewesen war und einen Sohn gezeugt hatte. Pustekuchen! Niemand, absolut niemand durfte von mir Rechenschaft verlangen. Ich tue, was ich tue, ich bin, was ich bin. Wer das nicht hinnimmt und tiefer zu buddeln versucht, der kann zur Hölle gehen. Genauso sagte ich es dem Wal. Und sie jammerte und heulte nicht, sondern starrte mich aus ihren Rosinenaugen nur stumm an. Für mich war damit das ach so lebenswichtige Gespräch beendet. Im Hinausgehen sah ich noch eine C&A-Tüte neben ihren dicken Beinen stehen. Billig, wie alles an ihr.

Ich war kaum im Hausflur, als ich spürte, dass jemand hinter mir hereinkam. Ich drehte mich um. Es war der Hosenscheißer. Seine Augen hatten die Farbe von Gewitterwolken. Er umklammerte mich mit seinen kräftigen Armen. Im nächsten Moment tauchte der Wal hinter ihm auf, die leere C&A-Tüte in den Händen. Ihre Lippen waren zusammengekniffen, als sie mir die Tüte über den Kopf stülpte und zuzog. Natürlich wehrte ich mich und versuchte, dem Klammergriff meines Sohnes zu entkommen, doch er war echt kräftig und gab keinen Millimeter nach. Wäre die Situation nicht lebensbedrohlich gewesen, hätte ich ihm anerkennend auf die Schulter geklopft. Aber so –

Es dauerte ganze fünf Minuten, bis meine Lungen wegen des fehlenden Sauerstoffs zu schmerzen anfingen. Jedes hektische Einatmen sog die Plastiktüte in meine Nasenlöcher. Panik hatte ich keine, Angst auch nicht. Nur Wut, weil ich das Opfer einer ungeliebten dicken Frau wurde. Aber die Wut war nicht mehr die Wut aus jüngeren Tagen. Sie richtete sich nicht nach außen, sondern gegen mich selbst. Ich spürte, wie meine Wut mich innerlich auffraß. Sie höhlte mich richtiggehend aus, mit meinen ganzen Innereien verschwand auch die Wut. Jedes Gefühl verschwand. Im Tod war ich nicht mehr als ein ausgeblasenes Ei. Und so fühlte ich mich auch. Federleicht und zerbrechlich. Allein in einer perfekten Dunkelheit.

Ich bezweifle, dass die Bullen jemals rauskriegen, was genau passiert ist. Und selbst wenn, was hilft es mir? Ich bin tot und bleib es auch. Nicht schlimm, denn ich hab mein Leben so gelebt, wie ich es mir vorgestellt habe. Ich war wunschlos glücklich gewesen.

Nur einen letzten Wunsch hätte ich noch: Könnte mir bitte jemand diese Tüte vom Kopf nehmen. Ich hab es nicht verdient, so gefunden zu werden. Danke.

# Harry Luck

## Kreuther Gschnetzeltes

M aleen tut mir leid«, sagte Tessa und nahm ein Haribo-Colafläsch-chen aus der pinkfarbenen Ikea-Schüssel, die auf einem violetten Ikea-Couchtisch stand.

»Ich an ihrer Stelle würde einfach fliehen«, meinte Lena und blät-terte gelangweilt in einem Gratis-Anzeigenblatt, das jeden Montag stapelweise im Treppenhaus ihrer Mietskaserne im Studentenviertel lag. Noch über eine halbe Stunde dauerte ihre Lieblingssendung, zu der sie sich einmal die Woche mit ihrer Freundin verabredete. »Bauer Beppo ist ein Dummkopf. Sie sollte ihn zum Teufel jagen.«

»Haha, zum Teufel – ja. Das würde ihn mit seinem frommen Getue richtig treffen.« Tessa griff zu ihrem Glas Coke Zero und nahm einen tiefen Schluck.

\*\*\*

»Jetzt woll ma betn«, sagte Beppo, den die Moderatorin immer als den »frommen Schweinebauern aus dem Tegernseer Tal« ankündigte. Beppo saß neben Maleen auf einer geschnitzten Holzbank, vor ihnen der gedeckte Tisch. Hinter ihm hing ein Ölgemälde mit Alpenpano-rama an der Wand.

»Ja, beten«, sagte die zierliche Thailänderin demütig und hilflos zu-gleich, wobei sie für einen Moment die Augen schloss.

»Is ned schwa, mei Marlene. A bayerische Bauersfrau muss des Tisch-gebet kinna«, sagte der bullige Landwirt und griff sanft mit seiner kräf-tigen Hand um das zarte Handgelenk der schüchternen Frau an seiner Seite, die er stets Marlene nannte. Vermutlich dachte er wirklich, dass sie so hieß. »Im Namen des Vaters und des Sohnes …« Er führte ihre Hand an die Stirn, die Brust. »… und des Heiligen Geistes.« Er zog ihre zitternde Hand von links nach rechts über ihren in ein Dirndl ge-schnürten Oberkörper. »A … sog's aa amoi! Aaaamen…«

»Ahhhhm«, sagte Maleen und bewegte die Lippen lautlos, während Beppo das Tischgebet sprach: »Komm, Herr Jesus, sei unser Gast und segne, was du uns bescheret hast. An Guadn.«

»Gunattit«, war Maleen leise zu hören, während die Kamera auf die dampfende Schüssel mit Breznknödeln zoomte. Daneben stand ein stählerner Topf mit Krautgeschnetzeltem von der Schweinelende mit Salzkartoffeln und Paprikawürfeln.

Beppo hob einen Bierkrug vor Maleens Gesicht und rief »Prost, Marlene.«

»Poohst, Beppo.«

»Schau ma mal, ob dei Gschnetzeltes heit guat woan is.« Er lachte gönnerhaft. »Wennst an Tegernseer Bauern heiraten wuist, muasst a guads Bauerngulasch kocha kinna. Aber des kriang ma scho hi. Du wiast imma bessa, mei liaba, schlitzäugiga Engl!«

»Danke, Beppo«, wisperte Maleen und wartete, bis er zu essen begann. Dann griff auch sie zu Messer und Gabel. Stäbchen gab es auf dem idyllischen Bauernhof in Brunnbichl nicht.

Die piepsende Stimme der Moderatorin war nun zu hören, die zu einem rothaarigen, schlaksigen Landwirt aus Schleswig-Holstein namens Arndt überleitete, der sich nicht zwischen den potenziellen Traumfrauen Amber und Gaby entscheiden konnte.

*\*\*\**

»Wie groß muss die Torschlusspanik sein, dass man sich als Kandidatin für *Bauer sucht Frau* bewirbt?«, fragte Tessa und füllte eine weitere Haribo-Tüte in die leer genaschte Schüssel.

»Wieso?«, entgegnete Lena. »Ich glaub nicht, dass Bauer Beppo schlimmer ist als achtzig Prozent der Typen, die draußen frei herumlaufen und auf Brautschau sind.«

»Da könntest du recht haben«, stimmte Tessa zu. »Und wenn man sich schon einen verrückten Kerl an den Hals bindet, dann doch lieber einen mit großem Hof und Geld wie Heu. Immerhin kann er sein Abendessen mit seiner Frau zusammen genießen.«

*\*\*\**

Auch in der Wohnstube des Bauernhauses in Brunnbichl lief der Fernseher, während dunkle Wolken über der kleinen Ortschaft im Tegernseer Tal aufzogen. Auf dem Bildschirm war die Abmoderation von *Bauer sucht Frau* zu sehen.

»Mach ma den Kastn besser aus, bevor da Blitz eischlogt«, brummte Bauer Beppo, der in einem verschlissenen Jogginganzug mit einer Flasche Tegernseer Bier aus dem Herzoglichen Bayerischen Brauhaus auf einem alten Sofa saß. Zwar war sein Gehöft in der unberührten Landschaft von Kreuth schon lange ans Kabelnetz angeschlossen, aber er hatte seit Jahrzehnten verinnerlicht, dass bei Gewitter der Fernseher auszuschalten war. Maleen nippte an einer Apfelschorle. Jetzt lief der Abspann von *Bauer sucht Frau*. Schon vor Monaten waren die Aufnahmen für diese Staffel abgedreht worden. Beppo schaute Maleen auffordernd an.

Er hob die Stimme: »I hob gsogt: den Kastn aus! Host mi?«

Maleen schrak auf und warf beinahe ihr Glas um.

»Ja, sofott. Fähnsähnaus.«

Sie stand auf, um die Fernbedienung zu holen, die einen halben Meter vor Beppo auf dem Tisch lag.

»Und an Stecka aa. Und 's Kabel von da Antenne.« Er trank den letzten Schluck aus seinem Bierglas. »Geht's aa a bissi schnella? A Watschn is schnella gschmiat als a Buttabrot!«

Maleen stand vor dem modernen Flachbildfernseher, der in der rustikalen Bauernstube wie ein Fremdkörper wirkte. Etwas unbeholfen suchte sie an der Rückseite des Gerätes nach dem richtigen Stecker. Sie zog sanft an einem Kabel, konnte es aber nicht aus der Buchse lösen. Hilfesuchend schaute sie zu Bauer Beppo hinüber.

»Zefix!«, schimpfte er. Ein Blitz erhellte draußen den Himmel. »Muss ma denn ois seiba macha? Und mei Bierglas is aa scho wieda laa!«

Wütend schleuderte er die Bierflasche gegen die Wand neben dem Fernseher. Draußen donnerte es, und die Flasche zerbarst in tausend Splitter, die sich auf dem fast hundert Jahre alten Holzfußboden verteilten.

Maleen zuckte vor Schreck zusammen. Dann sagt sie leise: »Ich hole dir neue Bier.«

»Aber hurtig«, rief er. »Und hoi an Besn, damit du die Scherm wegrama kannst.«

\*\*\*

Am nächsten Morgen läutete um halb fünf der Wecker. Wie jeden Tag versorgte Maleen zunächst die Schweine im Stall. Das war keine schwere Aufgabe, das hatte sie schnell gelernt. Routiniert erledigte sie ihre Arbeit, um danach Beppo das Frühstück zu bereiten. Wie gerne hätte sie sich jetzt noch einmal hingelegt, wie sie es in den vergangenen Jahren in ihrer Heimat, wo sie in einer Nachtbar bedient hatte, stets getan hatte. Doch sie hatte hier eine Aufgabe. Die musste sie erfüllen, um im reichen Deutschland glücklich zu werden und nicht länger europäischen Urlaubern auf der Ferieninsel Phuket mit Thai-Massagen die Wohlstandsbäuche zu kneten, wie sie es viele Jahre in ihrer Heimat getan hatte.

Inzwischen war Beppo aufgestanden.

»Wo is mei Zeitung?«, rief er aus der Küche.

»Zeitung is nit da«, antwortete sie unterwürfig, nachdem sie sich noch einmal vergewissert hatte, dass die *Tegernseer Zeitung* nicht im Briefkasten steckte.

»Zefix, warum is de Zeitung no ned do? Wofür zoi i des deiere Abo, wenn's in da Fria ned da is? Zefix no amoi!«

Maleen setzte sich pflichtbewusst neben Beppo, jedoch weit weg genug, um keine spontane Watschn einzufangen.

Beppo widmete sich seinem Frühstücksei.

\*\*\*

Fertig, dachte Maleen und schaltete den Herd aus. Sie hatte ihrem Beppo ein außergewöhnliches Mittagsmahl gekocht. Sie stellte den heißen Topf auf ein Tablett, daneben einen Laib Bauernbrot und das Brotmesser.

»Zefix, wos isn des fia a Fraß?«, grantelte Beppo, als er sah, was ihm serviert wurde. Wütend stocherte er in seinem Teller herum. »Warum host du ned wia immer mei Gschnetzeltes kocht?«

»Gunattit«, sagte sie. »Lecka Thai-Curry mit Kokosmilch und Sojasoße. Mein bestes Gericht. Vorsicht, sehr schaaf.«

Maleen stand in gebührendem Abstand neben dem Esstisch und wartete gespannt ab, was weiter geschah.

»Des Fidschi-Futta hier kannst seiba fressn!« Beppo stand auf und hob drohend seine rechte Hand. Er machte zwei große Schritte auf Maleen zu. »Glaubsd wirklich, i ess diesen Schmarrn? Den kannst dia seiba ...« Bedrohlich drohte er mit seiner Hand, die er zur Faust geballt hatte.

»Hör auf, Beppo!«, unterbrach sie ihn.

»Wia, hör auf? Wos buidst du dir ei?«

»Wenn du mein Thai-Curry nicht essen willst, dann gehen wir eben die Schweine füttern.«

»Wia? Die Sau fuaddan? Glaubst du, die meng die ...«

Weiter kam Beppo nicht.

\*\*\*

Tessa zappte durch die Fernsehkanäle. Wegen eines wichtigen Fußballspiels gab es heute keine Sendung von *Bauer sucht Frau*. Im Ersten war ein alter James-Bond-Film zu sehen, im Zweiten eine Reportage über Mietnomaden.

Ich will niemals Vermieter sein, dachte Tessa, nachdem sie zwei Minuten der Doku fassungslos zugeschaut hatte, und schaltete auf den nächsten Sender. Regionalnachrichten.

»... der schwere Verkehrsunfall ereignete sich bei Leeberg«, hörte sie eine männliche Off-Stimme zu Bildern eines umgestürzten Lastwagens. »Die B307 in Richtung Rottach wurde für mehrere Stunden gesperrt. Der Fahrer blieb wie durch ein Wunder unverletzt.« Dann war der Nachrichtensprecher im Bild zu sehen, neben ihm war ein Schwarzweißfoto eingeblendet, das Tessa bekannt vorkam. »Und jetzt kommen wir zu einer Vermisstenmeldung der Polizei Miesbach. Gesucht wird der einundfünfzigjährige Landwirt Joseph, genannt Beppo, Bachmair aus Kreuth-Brunnbichl. Bachmair ist bekannt aus der Fernsehreihe *Bauer sucht Frau*, in der er als kauziger Schweinebauer das Herz der schüchternen Thailänderin Maleen eroberte, die er kurz nach Abschluss der Dreharbeiten heiratete. Bachmair wurde nach Angaben der Polizei vor drei Tagen zuletzt gesehen. Vermisst gemeldet wurde er von seiner neuen Ehefrau, die keine Erklärung für das plötzliche Verschwinden ihres Gatten hat. Die noch nicht gezeigten Folgen von *Bauer sucht Frau* sollen jedoch wie geplant ausgestrahlt werden.«

Es folgte eine genaue Personenbeschreibung von Bauer Beppo und die Aufforderung, sachdienliche Hinweise jeder Polizeidienststelle zu melden. Dann kam der Wetterbericht, der nichts Gutes prophezeite.

\*\*\*

Maleen schritt über den Hof. Seitdem sie hier allein wohnte, kam ihr alles noch viel größer vor. Die Suche der Polizei war immer noch ergebnislos geblieben. Bauer Beppo hatte sich scheinbar in Luft aufgelöst. Es gab keinen Abschiedsbrief, und auch ein Unfall konnte ausgeschlossen werden. Sein bordeauxroter Porsche Cayenne stand wie immer auf dem Hof. Hier musste das Leben weitergehen. Gut, dass Maleen gelernt hatte, was wo und wie und wann zu erledigen war. Sie näherte sich dem Stall, wo zweiunddreißig Schweine auf ihre Fütterung warteten.

Ihr Blick blieb an den Blumenkästen mit den Geranien hängen, die unter jedem der zahllosen Fenster des großen Bauernhauses montiert waren. Sie würde jemanden einstellen müssen, der zum Blumengießen kommt. Und nicht nur dafür. Einen Knecht würde sie gebrauchen, der ihr beim Ausmisten des Stalls hilft und beim Schweinefüttern und beim Schlachten. Obwohl Beppo ihr alles schon oft gezeigt und sie sehr gut aufgepasst hatte, konnte sie es unmöglich allein schaffen, sich um das dreißig Hektar große landwirtschaftliche Anwesen zu kümmern. Vielleicht würde sie die zehn Hektar Forstfläche verkaufen.

Dass Beppo Bachmair als Alleinerbe vor einigen Jahren einen zweiten verpachteten Bauernhof in der Ortschaft Holz und eine vermietete hundertfünfzig Quadratmeter große Eigentumswohnung in Gmund sein Eigen nennen durfte, war dem Fernsehpublikum gar nicht bekannt. Auch nicht, dass er im Kleiderschrank seiner verstorbenen Tante einen Schuhkarton mit ihren Ersparnissen fand, von denen niemand gewusst hatte: zweihundertfünfzigtausend Euro in großen Scheinen. Bauer Beppo war ein reicher Mann. Mit seinem Geld würde Maleen vielleicht ein thailändisches Restaurant eröffnen. Kein Fastfood mit Running Sushi, sondern Edelküche mit besten Meeresfrüchten. Schade, dass sie Beppo nie von ihren Kochkünsten begeistern konnte.

Heute hatte sie für die Schweine gekocht.

Maleen stellte die beiden blauen Müllsäcke ab, die sie in ihren Händen hielt, und öffnete die Tür zum Stall.

»Mahlzeit«, rief sie laut, um das Quieken der rosafarbenen Tiere zu übertönen. »Heute gibt es Gessnesseltes.« Sie kippte den Inhalt der beiden Müllbeutel in die Futtertröge und rief den Schweinen »Gunattit!« zu. Dann verließ sie den Stall wieder und schloss das schwere Holzgatter. Sie ging an die Rückseite der Scheune, zur Odelgrube, und warf das blutige Brotmesser hinein. Noch eine Minute lang beobachtete sie das Blubbern der Schweinegülle. Hier würde niemand nach einer Mordwaffe suchen.

\*\*\*

Tessa und Lena hatten sich verabredet, um ein Rezept aus dem Bauer-sucht-Frau-Kochbuch nachzumachen. Tessa hatte das Buch zur Sendung von ihren Freundinnen zum Geburtstag bekommen. Dabei schauten sie eine Dokumentation, die zeigte, was aus den Kandidaten der Kuppelshow geworden war.

Der rothaarige Milchbauer Arndt hatte sich für Amber entschieden, die ihn aber schon sechs Wochen später für einen Motorrad fahrenden Millionär verlassen hatte. Danach hatte Arndt Gaby wieder getroffen und mit ihr einen zweiten Versuch gestartet, der jedoch scheiterte, weil Gaby sich unterdessen von ihrem Reitlehrer hatte schwängern lassen.

»Die besten Dramen schreibt das Leben«, sagte Lena.

»Was wollen wir trinken?«, fragte Tessa und griff nach einem Weingummi-Schnuller. Sie einigten sich auf ein gekühltes Radler.

»Ich bin gespannt«, sagte Lena, »welches Rezept du aus dem Kochbuch ausgesucht hast.«

»Lass dich überraschen!«

Jetzt lief ein Beitrag über den verschwundenen Beppo. Mehrere Wochen lang hatte die Polizei nach dem Bauern gesucht, ohne jedoch auch nur eine Spur zu finden. Irgendwann wurde die Suche eingestellt, da auch kein Hinweis auf ein Verbrechen vorlag. Die Ermittler vermuteten, dass ihm der öffentliche Rummel zu viel geworden war und er sich irgendwohin abgesetzt hatte. Vermutlich hatte der reiche Landwirt noch mehr Geldreserven, um sich ein sorgenfreies Leben in der Karibik oder sogar in Maleens Heimat unter der thailändischen Sonne zu ermöglichen.

Dann wurde ausführlich über Maleen berichtet, die kurze Zeit nach der Heirat mit ihrem Traumbauern allein zurückblieb und sich nun um den großen Hof kümmern musste.

»I bin so einsam«, sagte die schöne Asiatin traurig in die Kamera. »Hoffentlich finde ich wieder eine gute deutsche Mann.«

»Arme Maleen«, sagte Lena. »Da kommt sie erst nach Deutschland, um das große Glück zu finden. Und am Ende ist sie doch allein.«

»Stimmt. Sehr tragisch«, stimmte Tessa zu. »Und der reiche Bauer

Beppo vergnügt sich irgendwo in der Weltgeschichte. Eine Gemeinheit ist das.«

»Ja, eine echte Sauerei! Das Essen ist fertig.«

»Jetzt bin ich gespannt«, sagte Lena. »Es duftet köstlich.«

»Es ist sicher köstlich«, sagte Tessa und tischte auf. »Ich habe das erste Rezept aus dem Buch gewählt: Kreuther Geschnetzeltes à la Bauer Beppo.« Und nach einer kurzen Pause fügte sie hinzu: »Und damit es besonders stilecht ist, habe ich Fleisch von einem Tegernseer Biobauern gekauft.«

»Na denn: Gunattit«, sagte Tessa. Und beide lachten.

# Felicitas Mayall

## Winterkrimi

### Euer Wille geschehe

E s hatte nach einem milden Winter ausgesehen, einem dieser halb-
garen, feuchtkalten, ewig dauernden. Doch kurz vor Weihnachten war es plötzlich eisig geworden und die Stadt wirkte seitdem wie
schockgefroren. Trotzdem gab Pater Ignazius seine täglichen Wanderungen an der Isar nicht auf. Allerdings reduzierte er sie auf eine Stunde, von neun bis zehn. Pater Ignazius betrachtete diese Wanderungen
als eine Form der Meditation, Jahreszeitenmeditation, Wettermedita-
tion, Begegnungsmeditation. Seit Jahren schon machte er das; es be-
scherte ihm lange Zeit eine freundliche Nähe zum Leben außerhalb
seines Franziskanerordens.

Manche Begegnungen allerdings waren weniger freundlich, immer
dann etwa, wenn einer der vielen freilaufenden Hunde die lange braune Kutte des Paters verdächtig fand, ihn verbellte oder steifbeinig und
knurrend umkreiste. Pater Ignazius folgte dann seinem großen Vor-
bild und sprach mit den Tieren, was nicht immer von Erfolg gekrönt
war. Im Gegenteil, manche Hunde schien diese Art von Kontaktauf-
nahme noch mehr zu erbosen, obwohl Pater Ignazius keineswegs zu
ihnen predigte, wie es einst der heilige Franziskus getan hatte.

Die Geschichte von der Zähmung des Wolfs beschäftigte Pater Ignazius seit Jahren. Franziskus hatte in der Nähe von Assisi einen Wolf
geradezu in ein Lamm verwandelt. Mehrmals hatte Pater Ignazius die
kleine Kapelle besucht, die inmitten von Gemüsegärten und Obst-
bäumen etwas außerhalb von Assisi an dieses Wunder erinnerte. Die
Frommen kratzten dort den Putz von den Wänden, um ein Stück dieser Kraft mit sich zu nehmen, und auch der Pater hatte ein bisschen
abgeschabt, in der Hoffnung, dass es ihm bei der Besänftigung knur-
render Hunde helfen möge. Es half nicht. Deshalb war in Ignazius
allmählich die Überzeugung gewachsen, dass bestimmte Fähigkeiten
nicht zu erwerben waren, sondern nur außergewöhnlichen Menschen
verliehen wurden. Von Gott.

Diese Erkenntnis machte Pater Ignazius gelassener bei seinen Begegnungen mit schwierigen Hunden. Er sprach nicht mehr zu ihnen, sondern blieb einfach stehen und wartete, bis sie von ihren Besitzern zur Ordnung gerufen wurden. Zu den Vögeln allerdings sprach er weiterhin und zu Insekten, Eichkätzchen und zum Biber, der am Ufer der Isar einen kleinen Damm gebaut hatte.

In diesen eiskalten Tagen vor Weihnachten aber wirkte der Park wie ausgestorben, die Vögel waren verstummt, nur ein paar Krähen saßen auf Abfallbehältern und zerrten deren Inhalt auf die Wege, wie Obdachlose auf der Suche nach ein bisschen Nahrung.

Die Kälte, die Einsamkeit und Stille warfen den Pater ganz auf sich selbst zurück und auf seine innere Frage, welche besondere Fähigkeit Gott ihm wohl verliehen habe. Obwohl er seit Jahren in dieser Frage lebte, hatte er noch keine Antwort erhalten, was ihn allmählich mit einer drängenden Ungeduld erfüllte, die er als Sünde bezeichnete. Außerdem gestand er sich in gewissen Momenten, die nicht mehr als Sekundenblitze waren, ein, dass er sich langweilte.

Es war gänzlich unmöglich, dass ein Ordensbruder sich langweilte. Wahrscheinlich bedeutete es eine noch größere Sünde als die Ungeduld, doch es war so: Er langweilte sich. Selbst die Texte des heiligen Franziskus, die er seit Jahren mit Hingabe studiert hatte, langweilten ihn inzwischen. Etwas in seinem Innern hatte sich selbstständig gemacht und sandte diese ketzerische, schmerzende Langeweile aus, einem Störsender ähnlich, der im Verborgenen agiert. Pater Ignazius hatte keine Macht über diesen Störsender in seinem Inneren.

Er begann zu wünschen. Wünschen bedeutete Begehren, bedeutete Gier, in seinen Augen beinahe eine Todsünde. Dabei waren es keineswegs materielle Wünsche, die er in sich aufsteigen fühlte, es war die Sehnsucht nach einem erschütternden Ereignis, nach einem Unfall, einer Katastrophe, einem Verbrechen. Ja, Verbrechen! Etwas sollte ihn aufrütteln, erregen, ängstigen.

Er wünschte sich in ein mittelalterliches Kloster voller Geheimgänge und tödlicher Intrigen, las Umberto Ecos Roman *Der Name der Rose*, heimlich. Und diese Heimlichkeit bereitete ihm Vergnügen. Dreimal las er diesen Roman über einen unheimlichen Kriminalfall in einem italienischen Kloster und beobachtete gleichzeitig seine Ordensbrüder – gerade mal fünf an der Zahl, denn es stand schlecht um Nachwuchs in diesen Zeiten. Jeder von ihnen war älter als fünfzig, alle hatten diesen milden, resignierten Zug, diese sanfte Abwesenheit, als wüssten sie, dass sie die Letzten sein würden.

Pater Ignazius wusste, dass auch er selbst mild und resigniert war, auch er beinahe fünfzig und einer der Letzten. Manchmal betrachtete er sein mildes Gesicht im Spiegel und fand es unerträglich, so unerträglich wie die müde Freundlichkeit seiner Brüder. Nichts war gegen sie einzuwenden und vielleicht war auch das unerträglich und dieser Gedanke Sünde.

Er begann zu beten. Anders als sonst. Nicht die ritualisierten Gebete, die für ihn keinen Inhalt mehr hatten und einfach so dahinflossen, murmelnd wie ein Bächlein. Pater Ignazius betet um seine Seele, um die Offenbarung seiner besonderen Fähigkeit. Er betete gegen den Teufel an, der in ihm und an ihm zu arbeiten schien, gegen diese unheilvolle Sehnsucht nach Veränderung, nach einem Zeichen.

Doch es schien, als wollte Gott ihn nicht hören, als zöge er sogar alle Menschen und selbst die Hunde aus seinem Leben ab, denn in der Kälte des plötzlichen Wintereinbruchs wurden seine Spaziergänge immer einsamer, seine Verzweiflung überwältigender. Halbe Nächte verbrachte er in der kleinen Kapelle seines Ordens, betend, horchend, flehend. In all diesem inneren Drängen und Wogen kam ihm irgendwann die Vorstellung, dass er vielleicht zum Mörder bestimmt sein könnte. Eine ungeheuerliche und ganz besonders sündige Vorstellung.

Sie kam nicht von ungefähr, denn ein- oder zweimal hatte er sich überlegt, wie es wäre, wenn er Bruder Odilo den schweren Wasserkrug über den Schädel hauen würde, der beim gemeinsamen Mahl immer auf dem Tisch stand. Ganz plastisch hatte er das vor sich gesehen: den Krug, seine Hand, die danach griff, den kahlen Schädel von Bruder Odilo und den dumpfen Schlag. Dann Scherben, Blut, Schreie.

Hatte er sich nicht gewünscht, dass ihn etwas aufrütteln sollte, ängstigen? Zumindest dieser Wunsch war in Erfüllung gegangen. Angst hatte Pater Ignazius inzwischen: vor sich selbst und seinen Wünschen! Und er zweifelte auf ungeheuerliche Weise. Zum Beispiel war er plötzlich davon überzeugt, dass der heilige Franziskus den Wolf nicht zähmte, sondern umbrachte. Wölfe sind keine Vögel, dachte Ignazius. Die Vögel hören uns zu, weil sie vielleicht den Engeln verwandt sind. Die Wölfe gehören zur Finsternis, zu den Höllenhunden.

So kam er nicht weiter. Er schämte sich, betete um Vergebung, suchte die Krümel des abgekratzten Verputzes aus der Wolfskapelle bei

Assisi und hielt sie beim Beten in der Hand. Warum schwiegen alle, wenn er sie einmal in seinem Leben brauchte? Warum schwieg Gott, warum der heilige Franziskus? In dieser Nacht schleuderte Pater Ignazius eine Vase auf den Boden der Kapelle. Ihr Zersplittern kam ihm vor wie seine Fantasie vom Wasserkrug und vom Kopf von Bruder Odilo. Deshalb erschrak er zutiefst, als Bruder Odilo in die Kapelle stürzte und besorgt fragte, ob Bruder Ignazius etwas zugestoßen sei. Nein, nichts. Er würde das hier allein wieder aufräumen. Die Vase sei umgefallen. Eine Ungeschicklichkeit. Geh zu Bett, Bruder Odilo! Geh, geh schnell! Sei nicht freundlich, nicht hilfsbereit, nicht milde, nicht Bruder. Geh ins Bett! Gott segne dich und der heilige Franziskus auch. Brauchst du meine Hilfe wirklich nicht, Bruder? Nein! Nein, Bruder! Dann geh ich zu Bett. Ja, geh, geh in Frieden, Bruder! Aber geh!

Er ging. Pater Ignazius dankte Gott auf Knien, dankte für das Leben Bruder Odilos. Während er später die Scherben zusammenkehrte, fiel ihm plötzlich ein, dass er sich an diesem Abend nicht gelangweilt hatte. Es war ein guter, ereignisreicher Abend gewesen und er hatte das Leben von Bruder Odilo gerettet, gemeinsam mit Gott und dem heiligen Franziskus. Vielleicht war er doch nicht zum Mörder bestimmt, sondern zum Retter? Was immer es war, er würde sich fügen, seine Bestimmung annehmen. Jetzt, da Bruder Odilo vorerst gerettet war, schien alles wieder offen zu sein.

Am nächsten Morgen brach Pater Ignazius wieder zu seiner Meditationswanderung an der Isar auf. Ein bisschen später als sonst. Er hatte länger geschlafen und die Morgengebete versäumt. Natürlich hatte einer der Brüder nachgesehen, ob alles mit ihm in Ordnung sei. Zum Glück nicht Bruder Odilo. Kopfschmerzen. Die ganze Nacht gebetet und meditiert. Der Bruder war gegangen.

Dabei war Pater Ignazius eingefallen, dass er noch nie das Morgengebet ausgelassen oder länger geschlafen hatte. Einfach weil er wusste, dass es nicht möglich war. Dass es genau dieses Stückchen Freiheit niemals geben würde, weil immer jemand nachsehen würde. Weil es eigentlich nicht möglich war, die Morgengebete zu versäumen, außer man war todkrank oder schon gestorben!

Er hasste es, so früh aufzustehen. Immer um fünf. Gab es einen wirklichen Grund dafür? Konnte man Gott nicht auch um acht oder um neun anbeten? Und dann bis spät nachts? Wer hatte diese Regeln gemacht? Der heilige Franziskus? Gott selbst? Oder einfach ein paar Frühaufsteher, die meinten, dass ihre Art zu leben für alle anderen gelten musste? Er wusste es nicht. Wusste gar nichts an diesem eiskalten Morgen. Er ging nur. Den Weg, den er immer ging.

Ein Hubschrauber flog knapp über den Bäumen des Parks, kehrte um, ging tiefer, zog wieder hoch. Der Lärm war ungeheuer. Die Stille und Einsamkeit am Fluss dahin. Einsatzwagen der Polizei parkten an den breiten Wegen. Das Herz von Pater Ignazius schlug schneller, als zwei Polizisten auf ihn zutraten. Vielleicht kam es jetzt, das Ereignis, um das er gebetet hatte.

»Entschuldigen Sie, Pater. Wir wollen Sie nicht aufhalten, aber wir müssen Sie darauf aufmerksam machen, dass in dieser Gegend vermutlich ein Bankräuber auf der Flucht ist. Falls Ihnen irgendetwas auffällt, dann wenden Sie sich bitte an einen unserer Kollegen. Die sind überall im Park unterwegs.«

»Bankräuber?« Pater Ignazius lächelte milde. »Wie viel hat er denn gestohlen?«

»Ach, gar nicht so viel. Fünftausend Euro. Hat sich nicht besonders geschickt angestellt.«

»Gott sei ihm gnädig.«

Die Polizisten nickten ein bisschen verlegen und wussten nichts so recht, was sie mit diesem Segen anfangen sollten. Pater Ignazius dagegen kam sich vor wie ein Betrüger und hatte das Gefühl, dass sie ihn laufen ließen, obwohl er verdächtig sein konnte. Die braune Kutte eines Franziskanermönchs erschien ihm als perfekte Tarnung für einen flüchtenden Bankräuber. Wieso hatten die Polizisten ihn nicht überprüft? Seinen Ausweis verlangt? Er trug gar keinen bei sich. Mönche besaßen natürlich einen Ausweis, aber sie führten ihn nur selten bei sich. Nur wenn sie reisten, sonst nie. Ihr Status war Ausweis genug. Überall respektiert, konnte sich alles unter den Kutten verbergen. Wieder einer dieser sündigen Gedanken. Pater Ignazius bekreuzigte sich schnell, vergaß dann aber die Sünden, denn der Polizeihubschrauber donnerte so knapp über ihn hinweg, dass er sich instinktiv duckte, beinahe auf den Boden geworfen hätte. Wie Sturmböen fegten die Luftwirbel der Rotorblätter über ihn, ließen seine Kutte flattern und seinen Körper vor Kälte erzittern.

Endlich ging dieser Sturm vorüber und Ignazius konnte seinen Spaziergang fortsetzen. Während er unter den kahlen Buchen zum Flussufer hinabwanderte, begann sich sein Kopf zu klären. Man hatte ihn erhört! Wilde Freude erfüllte ihn, flüsternd dankte er Gott und dem heiligen Franziskus. Aber würden sie ihm jetzt auch seine besondere Bestimmung offenbaren?

Pater Ignazius' Herz schlug sehr schnell und alle seine Sinne waren wach. Konnte es seine Aufgabe sein, den unglücklichen Räuber zu finden? Die Polizisten hatten ihn, den Pater, um Unterstützung gebeten. Vielleicht war das seine Aufgabe? Vielleicht hatte er die Fähigkeit, Verbrecher zu finden, zu überführen. Es gab ja geistliche Brüder, die wie Detektive arbeiteten. Zumindest im Fernsehen. Obwohl er davon nur gehört hatte, denn im Ordenshaus gab es keinen Fernseher. Das hatten sie alle gemeinsam entschieden.

Pater Ignazius nahm jede Bewegung wahr, jeden Schatten, jeden Baumstamm. Er würde ihn finden und wenn er den ganzen Tag dazu brauchte. Langsam ging er am steilen Ufer der Isar entlang, schaute unter dem hölzernen Fußgängersteg nach, von dem lange Eiszapfen bis zum Wasser hingen. Zwei joggende Männer unterbrachen ihren Lauf, als sie ihm begegneten, wiesen sich als Polizisten aus. Gab es denn außer ihm nur Polizisten im Park? Polizisten und einen Räuber, der wie ein Hase gejagt wurde?

Ja, er würde den Polizisten Bescheid sagen, wenn er etwas Auffälliges entdeckte. Sie liefen weiter. Zwei große bullige Männer mit Schnauzbärten.

Plötzlich dachte Pater Ignazius, dass es vielleicht doch nicht seine Bestimmung sein musste, Verbrecher zu fangen. Überhaupt stellte sich die Frage, ob dieser Bankräuber ein Verbrecher war. Genauso gut konnte er ein Verzweifelter sein, der seine Familie nicht ernähren konnte. Einer, der von den anderen Menschen vergessen worden war, einer, dem der heilige Franziskus die Hand gereicht hätte. Ein Bruder.

Pater Ignazius stieg wieder zum Hochufer hinauf, beobachtete, wie die joggenden Polizisten den Deckel einer großen Kiste mit Streusand hoben.

»Voll!«, sagte einer von ihnen laut.

»Klar!«, sagte der andere. »Hat ja noch nicht geschneit!«

Sie liefen weiter vor Ignazius her, vorbei an einer zweiten Kiste, schauten nicht hinein und dachten wohl, dass sie ebenfalls voll Sand wäre. Pater Ignazius dachte das nicht. Er kannte diese Kisten von seinen Wanderungen her. Hin und wieder schaute er hinein. Einfach so. In der unklaren Erwartung, etwas Ungewöhnliches zu finden. Dass die erste Kiste voll Sand war, wusste er. Falls nicht über Nacht ein Wunder geschehen war, musste die zweite Kiste halbleer sein.

Die beiden Jogger liefen bis zum Ende des Weges an der großen Kreuzung und kehrten dann um. Ich muss verhindern, dass sie in die Kiste schauen, dachte Pater Ignazius und sein Herz schlug noch schneller. Jetzt hatten die beiden Polizisten ihn erreicht, liefen nicht vorüber, wie er gehofft hatte, sondern blieben stehen, keuchend, die Fäuste in die Hüften gestützt, weiße Nebelfahnen ausstoßend.

»Wie sieht er denn aus, der Räuber?«, fragte Pater Ignazius. Sie standen alle drei genau vor der zweiten Kiste.

»Klein«, schaufte einer der Schnauzbärtigen. »Dünn. Wahrscheinlich graue Jacke.«

»Ist er bewaffnet?« Pater Ignazius brachte nur ein heiseres Flüstern zustande.

»Eher nicht. Könnte sein, dass er eine Spielzeugpistole hat.«

»Einen kleinen dünnen Mann habe ich Richtung Maximilianeum gehen sehen«, murmelte Pater Ignazius. »Er sah aber nicht aus wie ein Bankräuber.«

»Die sehen selten aus wie Bankräuber!«, grinste der zweite Schnauzbärtige. »Wir laufen dann mal weiter, vielleicht erwischen wir ihn noch. Aber wahrscheinlich haben die Kollegen ihn schon überprüft. Danke Pater!« Sie rannten davon.

Erschöpft von seiner Lüge setzte sich Pater Ignazius auf die Streusandkiste und wartete, bis die Polizisten verschwunden waren. Plötzlich fand er es nicht ganz fair, dass Gott und der heilige Franziskus ihn vor die Wahl seiner Bestimmung stellten, ihn wieder allein ließen. Vielleicht, wenn er die Dinge jetzt einfach geschehen ließ, dann vielleicht würden sie es lenken und dann wüsste er. Vielleicht.

»Ich weiß, dass du da drin bist«, sagte Pater Ignazius laut. Keine Antwort.

»Du brauchst keine Angst zu haben. Ich bin nicht von der Polizei. Ich bin ein Pater und will dir helfen!« Keine Antwort.

Langsam stand Ignazius auf, trat hinter die Kiste, schaute sich vorsichtig nach allen Seiten um und hob dann den Deckel an. Nur einen Spalt breit, doch als er nichts erkennen konnte und auch nichts hörte, ein bisschen weiter. Aufgerissene Augen. Er war tatsächlich dünn, klein und trug eine graue Jacke. Ganz leise schrie Pater Ignazius auf und ließ den Deckel fallen.

Geschehen lassen. Die Dinge geschehen lassen, dann würde er seinen Weg finden, dann mussten sie ihn lenken, die da oben. Vorsichtig hob er den Kistendeckel wieder an.

»Du kannst hier nicht bleiben. Die werden dich finden. Die andere Kiste haben sie schon aufgemacht.«

Der kleine Mann antwortete noch immer nicht. Da griff Pater Ignazius behutsam nach der schmalen Schulter und rüttelte. Jetzt schnellte der Räuber hoch, stöhnte dabei. Die Pistole fiel aus seiner Hand, zurück in die Kiste.

»Meine Hände«, flüsterte er. »Ich spür sie nicht.«

»Das ist die Kälte.« Pater Ignazius schaute sich unruhig um. »Wir müssen hier weg. Komm schnell. Geh neben mir und tu so, als würdest du dich mit mir unterhalten. Wir sind Spaziergänger.«

Der kleine Mann starrte auf die Kiste.

»Die Pistole lassen wir besser in der Kiste«, sagte Ignazius.

»Die mein ich nicht. Ist eh nur eine falsche. Das Geld. Es ist da drin.«

»Wo denn?«

»Vergraben.«

Wieder hob der Pater den Deckel an und begann mit der rechten Hand zu graben, fand eine Plastiktüte und zog sie heraus.

»Gib her!«

»Ich trag sie für dich.«

»Nein.«

»Unter meiner Kutte ist sie sicherer. Komm jetzt!«

Er widersprach nicht mehr, lief steifbeinig, wie eingefroren neben Pater Ignazius her, und als hielte der heilige Franziskus seine Hand über die beiden, erreichten sie unbehelligt die kleine Kirche St. Nikolaus. Dort schenkte Pater Ignazius dem Bankräuber die beiden dicken Pullover, die er unter seiner Kutte trug, und stopfte die graue Jacke unter eine Bank neben der Orgel.

»Warum hast du die Bank überfallen?«, fragte Pater Ignazius, als der kleine Mann die Hand nach der Plastiktüte mit dem Geld ausstreckte.

»Weil's Spaß macht.«

»Ach.« Geschehen lassen, die Dinge geschehen lassen.

»Ja. Was denn sonst?«

»Dann viel Glück beim nächsten Mal.«

»Was?«

»Ich sagte: Viel Glück beim nächsten Mal.«

»Gib mir die Tüte.«

»Nein.«

»Mach keine Witze!«

»Das ist mein Lohn für deine Rettung!«

»Was?«

»Du hast es gehört!«

Der kleine Mann trat drohend auf Pater Ignazius zu. Doch der hatte bereits die Kirchentür geöffnet und trat hinaus ins Helle, winkte den Polizisten zu, die gerade mit einem Einsatzwagen in den Park fahren wollten.

»Ich glaube, ich kann Ihnen helfen!«, rief er und erzählte den Beamten, dass er in einer Streusandkiste, nur hundertfünfzig Meter von hier, eine Pistole entdeckt hätte. Als die Polizisten losbrausten, nahm Pater Ignazius aus den Augenwinkeln wahr, dass der Räuber in Richtung Gasteig schlenderte. Er selbst schlug die andere Richtung ein, ging schnell, denn ohne seine Pullover drang die eisige Kälte bis in seine Knochen. Die Plastiktüte hatte er in seine Hose gestopft.

Geschehen lassen, dachte er. Sie hatten ihn zum Räuber eines Räubers gemacht. Und es hatte Spaß gemacht. Vielleicht würde er Gutes mit dem Inhalt der Plastiktüte tun. Vielleicht. Auch das würde er geschehen lassen.

# Stefanie Mohr

## O Tannenbaum

Guten Morgen, Schatz.« Sven Maurer stellte das fürsorglich ange-
richtete Frühstückstablett in seine leere Betthälfte.

»Du bist schon wach?« Sabrina räkelte sich und gähnte. Auf einmal
roch sie das Aroma des frisch gekochten Kaffees und setzte sich auf.
»Wow! Das ist ja wundervoll!« Stürmisch küsste sie ihren Mann, dann
griff sie nach dem Kaffeebecher und nippte an dem heißen Lebenselixier.

»Ich habe eine Überraschung für dich.«

»Noch eine?« Sabrina strahlte.

»Du musst raten.«

Sven Maurer beobachtete sie, sah, wie sich zuerst ihre Stirn furchte
und sie konzentriert nachdachte. Nach einer Weile bildeten sich die
zwei ihm so vertrauten Grübchen neben ihren Mundwinkeln.

»Gehen wir heute Vormittag unseren Christbaum im Wald holen?«
Sabrinas Augen leuchteten.

Sven Maurer nickte. »Dieses Wochenende habe ich ganz für uns re-
serviert. Keine Geschäftstermine, keine Anrufe, nur wir beide. Das
haben wir uns verdient. Erst holen wir den Baum, danach gehen wir
gemütlich ein Schäufele essen und heute Nachmittag, nachdem wir
die Tanne geschmückt haben …«, er hielt inne, lächelte sie an, »habe ich noch eine ganz besondere Überraschung für dich.« Er zog das
Etui eines Goldschmieds aus seiner Hosentasche und hielt es ihr hin.
Als sie danach greifen wollte, zog er die Hand schnell zurück. »Erst
heute Abend, wenn der Christbaum fertig ist.«

»Du bist der beste Göttergatte der Welt.« Sie küsste ihn erneut.
»Lass mich nur schnell meine Schwester anrufen und unsere Shop-
pingtour in Nürnberg absagen, denn eigentlich wollte ich mich heute
mit ihr treffen.«

Sven Maurer wandte sich ab, im Hinausgehen hörte er seine Frau
telefonieren. Mit einem Lächeln lief er ins Wohnzimmer. Er begann
den Karton mit dem Christbaumschmuck auszupacken und die vielen
kleinen Ornamente auf dem Tisch zu verteilen.

*

»Schnell! Kommen Sie schnell! Ein Baum ist auf meine Frau gestürzt. Sie bewegt sich nicht mehr!« Sven Maurer schrie in sein Handy, fast ein Kreischen, nackte Angst in der Stimme.

»Wo genau befinden Sie sich?«, fragte der ruhige Bariton des Mannes in der Rettungsleitstelle.

»Im Wald, bei Gersberg.«

»Sind Sie auf einem Wanderweg?«

»Nein, wir sind mitten im Wald. Wir wollten unseren Weihnachtsbaum schlagen.«

»Wie genau kommt man da hin?«

»Ich weiß es nicht … Sie müssen den Feldweg nehmen … links … nach Gersberg … da ist ein Feldweg … nicht die Straße Richtung Henfenfeld. Oh Gott, das finden Sie nie. Der Feldweg, am Ortsausgang von Gersberg, links. Sie müssen am Wald entlangfahren. Wir haben dort geparkt und sind in den Wald gelaufen. Sie müssen sich beeilen. Hier ist alles voller Blut.« Sven Maurer wurde von Minute zu Minute panischer.

»Ich brauche eine genaue Ortsangabe.«

»Können Sie nicht mein Handy orten?«

»Ja, das ist möglich, wenn Sie einverstanden sind. Wie geht es Ihrer Frau?«

»Sie bewegt sich nicht.«

»Atmet sie?«

»Ich … weiß nicht.«

»Haben Sie ihren Pulsschlag überprüft?«

»N… nein.«

»Tun Sie das, aber legen Sie nicht auf.«

Es entstand eine Pause.

»Ihr Herz schlägt, aber sie ist so kalt. So eiskalt.« Er schluchzte laut auf, dann schrie er: »Warum unternehmen Sie denn nichts?«

»Beruhigen Sie sich. Wir tun, was wir können. Der Notarzt ist bereits unterwegs. Versuchen Sie, sich bemerkbar zu machen.«

»Aber ich kann doch nicht von meiner Frau weg!«

»Wir haben die Polizei informiert. Jemand wird Sie finden. Rufen Sie, wenn Sie eine Person in Ihrer Nähe bemerken. Und jetzt kümmern Sie sich um Ihre Frau: Wenn ihre Atmung aussetzt, müssen Sie sie beatmen, bis die Kollegen vor Ort sind.«

*

»Belzl, Kriminalpolizei Schwabach, und das ist mein Kollege Lehmeier. Grüß Gott, Herr Maurer. Dürfen wir hereinkommen?«

Während die mütterlich aussehende Kriminalhauptkommissarin sich und ihren Kollegen vorstellte, musterte sie den jungen Witwer. Seine Augen waren rotgeweint, das Gesicht verquollen. Von den Streifenbeamten vor Ort hatte sie erfahren, dass er im Wald zusammengebrochen war, als der Notarzt ihm mitteilte, dass seine Frau tot sei und er nichts mehr für sie tun könne.

»Herr Maurer, ich möchte Ihnen unser Mitgefühl aussprechen.« Sie machte eine kleine Pause, um ihre Beileidsbekundung von dem abzusetzen, weshalb sie gekommen waren. »Wir müssen Ihnen leider ein paar Fragen stellen. Das ist bei Unfällen vorgeschrieben, bei denen ein Mensch zu Tode kommt.«

»Ich habe doch schon alles den Polizisten im Wald erzählt.« Maurers Stimme war kaum lauter als ein Flüstern. Belzl musste sich vorbeugen, um ihn zu verstehen.

»Ich verspreche Ihnen, es wird nicht lange dauern.«

Mit hängenden Schultern trat Sven Maurer von der Tür zurück. Die beiden Beamten folgten ihm in eine große Bauernstube, in der Kartons mit Christbaumschmuck auf Tisch und Sofa ausgebreitet lagen.

»Sie müssen entschuldigen«, murmelte Maurer. »Meine Frau … sie …« Er schluchzte laut auf und schlug sich die Hände vors Gesicht. »Sie hat sich so sehr darauf gefreut, dass wir heute den Christbaum aufstellen. Sie konnte es gar nicht mehr erwarten.«

»Vielleicht ist es besser, wenn wir uns in die Küche setzen«, schlug Belzl vor.

Maurer schniefte und nickte. Sie gingen zurück in die Diele und weiter in eine große, gemütlich eingerichtete Wohnküche: mit einem altmodischen Herd, einer Sitzbank, auf der eine Großfamilie Platz fand, und einer separaten Speisekammer. Belzl fühlte sich in die Zeit ihrer Kindheit zurückversetzt, als sich vier Generationen um den großen Tisch im Haus ihrer Großeltern geschart hatten.

»Herr Maurer, erzählen Sie uns bitte noch einmal ganz genau, was sich im Wald zugetragen hat.«

»Ich hatte Sabrina versprochen, dass wir heute unseren Christbaum holen. Sie hat sich so gefreut, weil es unser erstes gemeinsames Weihnachtsfest in dem Haus hier hätte sein sollen. Deshalb haben wir uns vor ein paar Wochen bei einem Spaziergang eine kleine Tanne ausgesucht.«

»Der Wald gehört zu diesem Gehöft, habe ich das richtig verstanden?«, fragte Belzl.

Maurer nickte.

»Bitte, fahren Sie fort.«

»Auf dem Weg zu unserem Christbaum hat Sabrina eine große Tanne entdeckt. Plötzlich hatte sie die Idee, dass wir sie vor unserem Haus aufstellen und mit Lichterketten schmücken könnten – so wie auf den Weihnachtsmärkten. Ich wollte nicht und habe ihr gesagt, dass wir uns das erst noch einmal durch den Kopf gehen lassen sollten. Aber Sabrina war wie ein kleines Kind, völlig verzückt. Also habe ich nachgegeben, ich konnte es ihr einfach nicht abschlagen. Wir haben erst die kleine Tanne geholt und anschließend sind wir zurück zu der großen gegangen. Ich habe meine Frau gebeten, den kleinen Weihnachtsbaum zum Auto am Waldrand zu bringen. Ich wollte sie aus dem Weg haben, wenn ich den großen fälle. Leider bin ich nicht gut vorangekommen. Ich hatte nur die Axt dabei und keine Kettensäge, weil wir ursprünglich ja bloß das Tännchen holen wollten. Ich habe ewig gebraucht. Als der Baum endlich umgefallen ist, habe ich Sabrina schreien hören. Und dann…« Wieder wurde Sven Maurer von lauten Schluchzern geschüttelt. »Ich habe sie zuerst gar nicht gesehen, aber dann hat ihr roter Anorak unter den Ästen durchgeschimmert. Ich habe versucht, den Stamm hochzuheben, damit Sabrina darunter hervorkrabbeln konnte, doch als ich ihn endlich ein Stück angehoben hatte, hat Sabrina nicht reagiert. Und die Tanne war zu schwer, ich konnte sie nicht halten und gleichzeitig meine Frau befreien.« Sichtlich aufgewühlt rang der Mann die Hände miteinander. »Ich musste den Baum wieder loslassen und vom Sturm abgebrochene Äste sammeln, die ich aufgeschichtet habe, bis der Stamm Sabrina nicht mehr eingeklemmt hat. Ich habe sie herausgezogen, sie hat gestöhnt, aber die Augen nicht geöffnet. Da habe ich gesehen, dass sie sich den Kopf an einem Stein im Boden angeschlagen hatte. Es hat furchtbar geblutet. Also habe ich den Notarzt gerufen. Ich hatte schreckliche Angst um sie. Der Mann, mit dem ich telefoniert habe, hat so lange gebraucht, bis er etwas unternommen hat. Dabei habe ich ihn angefleht, schnell einen Arzt zu schicken. Ich habe gedacht, ich werde wahnsinnig. Nach einer Ewigkeit habe ich ein Martinshorn gehört und gerufen. Zwei Polizisten kamen und dann der Arzt. Aber da war es zu spät. Er hat nur noch gesagt, dass er nichts mehr für Sabrina tun kann.« Sven

Maurer vergrub sein Gesicht in beiden Händen und schluchzte laut. »Es war meine Schuld. Ich habe sie nicht gesehen, als der Baum umgestürzt ist. Ich habe sie umgebracht.«

»Na, na«, Belzl tätschelte dem völlig aufgelösten jungen Mann die Schulter. »Bedauerliche Unfälle passieren leider immer wieder.«

*

Dr. Stilla Hösch heftete die Röntgenaufnahmen an das Negatoskop und schaltete die Lampe ein, um die Aufnahme von hinten durch die Glasscheibe zu beleuchten. »Sehen Sie sich das mal an, Frau Belzl.« Sie deutete mit dem Kugelschreiber auf eine Stelle des Schädels.

Mit einem Schauder musterte die Hauptkommissarin die Fraktur. »Die Tote stand mit dem Rücken zur Tanne, als der Stamm auf sie gestürzt ist«, erklärte sie der Rechtsmedizinerin. »Die Wucht des Aufpralls hat sie zu Boden geschleudert, wo sie mit dem Kopf auf einen Felsbrocken geschlagen ist. Laut Ehemann war sie nicht mehr bei Bewusstsein, als er sie unter dem Baum hervorgezogen hat.«

»Das habe ich in Ihrem Bericht gelesen. Und ich habe auch Fotos vom Tatort gesehen.«

Belzl runzelte die Stirn, verkniff sich jedoch, die Ärztin darauf hinzuweisen, dass es ein Unfallort und kein Tatort war.

»Die Axt und die Tanne lagen ja noch dekorativ neben der Leiche.«

»Wieso dekorativ?«, konnte sich Belzl nun doch nicht mehr zurückhalten.

»Sehen Sie es denn nicht?«

Belzl kam sich vor wie bei einem Suchbild, auf dem man den Fehler entdecken musste. Immer wieder schweiften ihre Augen über die Röntgenbilder. Schließlich schüttelte sie den Kopf.

»Dann schauen wir uns das hier mal live an.« Stilla Hösch wandte sich dem Seziertisch zu. Ihr Assistent hatte die Leiche bereits vorbereitet. Mit knappen Bewegungen entfernte die Rechtsmedizinerin die Kopfhaut und legte die Wunde an der Stirn frei. Dann beugten sie und der Landgerichtsarzt sich über den Kopf.

»Ganz so, wie es das Röntgenbild vermuten ließ«, brummte Letzterer.

»Ja, was denn?«, fragte Belzl leidlich ungehalten.

»Ein Stein hätte die Schädeldecke großflächig zertrümmert. Die Fraktur hier ist aber lokal begrenzt. Und hat rechteckige Bruchkanten. Ich bin mir sicher, dass wir in der Wunde keine Gesteins- oder Erdpartikel finden werden.«

\*

»Sie haben Ihre Frau umgebracht, nicht wahr, Herr Maurer?« Lisbet Belzl saß hinter ihrem Schreibtisch in der Schwabacher Dienststelle.

»Ja«, flüsterte Sven Maurer. »Ich habe keine Warnung gerufen, bevor der Baum gefallen ist. Es ist allein meine Schuld. Sabrina konnte nicht wissen, dass ich den Stamm der Tanne just in dem Moment mit der Axt durchgehackt hatte. Ich mache mir solche Vorwürfe.«

»Das meine ich nicht.« Belzls Blick bohrte sich in die Augen des Mannes. Die Sympathie, die sie einmal für den gut aussehenden jungen Witwer gehegt hatte, war mit Abschluss der Obduktion verflogen.

»Was …«, Maurer schluckte, sein hervorstehender Adamsapfel bewegte sich ruckartig auf und ab, »was meinen Sie dann?«

»Ihre Frau, Sabrina … Sie sagten, der Baum sei auf sie gestürzt, habe sie zu Boden geschleudert und eingeklemmt, nicht wahr?«

»Ja.« Erneut schluchzte der Mann auf.

Belzl wartete, bis er ihr wieder seine ganze Aufmerksamkeit schenkte. »Wissen Sie, was wir bei der Obduktion festgestellt haben?«

Maurer schüttelte den Kopf und wischte sich mit der flachen Hand die Tränen und den Rotz ab.

»Die Tanne hat Ihre Frau nicht sonderlich schwer verletzt: ein paar Prellungen und Quetschungen.«

»Es war ja auch der verdammte Stein, auf den sie gefallen ist!« Maurer faltete seine Hände im Schoß – so fest, dass seine Fingerknöchel weiß hervortraten. »Das viele Blut. Überall.«

»Sind Sie ganz sicher, dass Ihre Frau auf einen Stein gestürzt ist?«

»Worauf denn sonst?«

Schweiß trat dem jungen Mann auf die Stirn.

»Auf Ihre Axt.«

»Nein, natürlich nicht!« Er fuhr hoch. »Was erlauben Sie sich?«

In aller Ruhe zog Belzl das Corpus Delicti zu sich heran. Dann schlüpfte sie in Handschuhe und nahm die Axt aus dem Asservatenbeutel.

»Josef?«, bat sie ihren Kollegen.

Lehmeier griff zu einem Zerstäuber und sprühte eine Luminol-Lösung auf das Tatwerkzeug. Anschließend schaltete er das Licht aus. Sofort sah man einen bläulichen Schimmer.

»Das, was hier so schön leuchtet, ist das Blut Ihrer Frau, Herr Maurer. Wir haben es mittels DNA-Analyse überprüft.«

»Es muss sich um alte Flecken handeln. Sie hat sich einmal beim Holzhacken verletzt.«

»Herr Maurer, in jeder Ermittlung gibt es einen Zeitpunkt, an dem wir so viele Indizien zusammengetragen haben, dass wir uns ein klares Bild von der Situation machen können.« Belzl sah ihn lange an. »Erstens: An dieser Axt klebt das Blut Ihrer Frau. Zweitens: Die Kopfverletzung Ihrer Frau stammt nicht von dem Felsen, auf den sie laut Ihrer Angaben gestürzt sein soll. Die Rechtsmedizinerin hat vielmehr ein Bruchschema des Knochens freigelegt, das exakt zu den Kanten dieser Axt passt. Drittens: Die Tanne, die angeblich auf Ihre Frau gefallen sein soll, war laut Förster schon drei Tage zuvor gefällt worden. Viertens: Ihre Frau hat den Hof erst vor wenigen Monaten geerbt. Fünftens: Sie haben enorme Spielschulden, die Sie nicht bedienen können und von denen Ihre Frau nichts wusste. Sie mussten etwas unternehmen, um an Geld zu kommen. Was lag da näher, als Ihre Frau zu beerben?«

# Oliver Pötzsch

## Der Fall Ludwig

Berg am Starnberger See, den 13. Juni 1911, kurz vor Mitternacht

Das Untier näherte sich brüllend und mit einem seltsam hohen, klagenden Ton, der Siegfried Loibl beinahe vom Fahrrad fallen ließ. Als der Dorfgendarm sich entsetzt umblickte, sah er in der Dunkelheit ein gelbes, kinderkopfgroßes Auge auf sich zukommen, darunter ein mit silbernen Zähnen gespicktes Maul. Im letzten Moment steuerte Loibl sein Rad zwischen die Tannen, stürzte über eine Wurzel und konnte aus dem Augenwinkel noch erkennen, wie ein rotes, fauchendes Ungeheuer an ihm vorbeiraste, das nicht aus seinem Rachen, sondern merkwürdigerweise aus seinem Hinterteil zu rauchen schien.

Siegfried Loibl richtete sich keuchend auf, klopfte Schmutz und Laub von seiner froschgrünen Uniform und setzte die fleckige Dienstmütze auf. Er hatte bereits einige Automobile aus nächster Nähe gesehen, aber noch nie war eines so dicht an ihm vorbeigebraust, schneller als jeder Hirsch oder Fuchs, schneller sogar als diese verfluchten Eisenbahnen, die seit ein paar Jahrzehnten stinkend und tutend durch ganz Bayern brausten. Loibl war über fünfzig, in seiner Jugend war man entweder zu Fuß gegangen oder mit der Droschke gefahren. Dieses ganze neue Jahrhundert war ihm eindeutig zu laut, zu grell und vor allem zu schnell. Außerdem war Siegfried Loibl Franke und allein deshalb schon von eher langsamerem Gemüt.

Kopfschüttelnd hob der Dorfgendarm sein Fahrrad vom Waldboden auf, stieg auf und trat quietschend in die Pedale. Vor sich konnte er zwischen den Bäumen bereits das Seeufer am Ende des Schlossparks erkennen. Die von der Königinmutter gestiftete, mannshohe Totenleuchte spendete ein trübes Licht. Daneben ragte schwarz und düster wie eine Raubritterburg die Votivkapelle auf, kleine, flackernde Punkte rannten wild hin und her. Als Loibl näher kam, entpuppten sich die Punkte als Fackeln; Menschen hielten sie in den Händen, sie gingen damit auf und ab oder diskutierten in kleinen Gruppen miteinander. Loibl bremste, wobei er fast erneut vom Rad fiel, legte die Hand an die Dienstmütze und richtete das Wort an die Versammlung überwiegend älterer, mürrisch dreinschauender Männer.

»Wachtmeister Siegfried Loibl von der Starnberger Polizei«, begann er stockend. »Es heißt, Sie hätten einen Toten zu beklagen. Ist das korrekt?«

»Allmächtiger!«, brummte einer der Männer und spuckte lautstark aus. »Sie haben uns einen Franken geschickt.«

»Wo doch jeder weiß, dass die Franken dem König sein Grab geschaufelt haben!«, schimpfte ein zweiter.

Loibl zuckte unwillkürlich zusammen. Ihm war nicht bewusst gewesen, dass man seinen Dialekt immer noch heraushörte. Schon vor über zwanzig Jahren hatten sie ihn an den Starnberger See strafversetzt, weil er mit den Nürnberger Sozialdemokraten sympathisierte. Der Gendarm wusste aus Erfahrung, dass vor allem die Oberbayern gerne einen Franken zum Frühstück aßen, vor allem dann, wenn er mit den Sozis paktierte.

Die Männer, deren Gesichter im Fackelschein glutrot leuchteten, fingen an zu tuscheln und zu murren. Endlich löste sich einer von ihnen aus der Menge und baute sich vor dem kleingewachsenen Loibl auf. Der Mann trug einen Trachtenjanker und einen dieser grünen Filzhüte, die sonst eher bei niederbayerischen Bauern zu finden waren. An dem hageren Mann mit seiner runden Honoratiorenbrille, den schütteren Haaren und dem akkurat geschnittenen Wilhelmsbart sah der Hut eher wie eine Verkleidung aus.

»Dr. Victor von Grabnitz«, stellte der Herr sich schneidig vor, ohne Loibl die Hand zu reichen. »Arzt und Privatgelehrter. Sie müssen entschuldigen, aber die Männer sind unruhig. Schließlich ist hier ganz offensichtlich ein Verbrechen geschehen, und jetzt kommen Sie allein, und mit dem Fahrrad …« Er musterte argwöhnisch den gedrungenen Dorfgendarm, an dessen schlecht sitzender Uniform noch immer Laub und kleine Zweige hingen. »Ich war es, der von Berg aus nach Starnberg telegrafiert hat«, fuhr von Grabnitz fort. »Allerdings in der Annahme, man würde uns einen Ihrer Vorgesetzten schicken. Gibt es denn nicht, nun … geeignetere Polizisten?«

Siegfried Loibl starrte auf seine schmutzigen Fingernägel. »Bitte um Entschuldigung«, murmelte er. »Aber es ist fast Mitternacht, und ich bin der diensthabende Wachmann. Den Polizeioberhauptmeister können Sie frühestens in ein paar Stunden sprechen. Vielleicht sind Sie so freundlich, mir zunächst …«

»Himmelsakrament!«, meldete sich ein weiterer der Männer und betrat den inneren Lichterschein. Im Gegensatz zu dem hageren Arzt wirkte alles an ihm wie aus Granit gehauen, er schien förmlich aus seinem Trachtenjanker zu platzen. »Ist dem Herrn Dorfgendarm eigentlich klar, wo er ist?«, polterte er. »Nehmen Sie gefälligst die Mütze ab und zeigen Sie Anstand! Das hier ist der Ort, an dem unser hochverehrter König Ludwig II. vor nunmehr fünfundzwanzig Jahren zu Tode kam. Wie jedes Jahr begehen wir genau zum Todeszeitpunkt gemeinsam mit anderen Königstreuen dieses traurige Jubiläum. Dieser Boden ist heilig! Und just auf diesem heiligen Boden wird einer von uns ermordet!« Seine Stimme begann zu zittern. »Genauso wie der König. Tot im Wasser aufgefunden, feige gemeuchelt …«

Mit Tränen in den Augen wandte der Mann sich ab. Dr. Victor von Grabnitz nahm den verdutzten Loibl kurz zur Seite. »Sie sollten vorsichtig sein, wie Sie hier auftreten«, flüsterte der Arzt. »Auch bezüglich Ihrer Karriere. Der Herr vor Ihnen ist kein anderer als Maximilian Scheidegger, *der* Scheidegger.« Er zog die Augenbrauen vielsagend nach oben. »Betuchter Brauereibesitzer und Vorsitzender der Königstreuen, Sie wissen schon. Und auch die anderen Mitglieder unserer illustren Gesellschaft haben Einfluss in die *höchsten* Kreise.« Von Grabnitz piekste mit seinem dünnen Zeigefinger in Loibls Brust. »Ich mache Ihnen also einen Vorschlag zur Güte. Sie schwingen sich auf Ihren Drahtesel, radeln zurück nach Starnberg und schicken uns einen studierten Kommissar vorbei, der das hier übernimmt.«

»Sicher, sicher. Ganz wie der Herr wünschen.« Loibl nahm die Mütze ab und knetete sie zwischen den Händen. »Aber wenn's erlaubt ist, gnädiger Herr, kann ich die Leiche trotzdem kurz sehen? Wo ich doch schon mal hier bin.«

Von Grabnitz stutzte, dann lächelte er schmal. »Bitteschön. Das hab ich zwar als Arzt schon längst getan. Aber vielleicht findet ein braver Dorfpolizist ja etwas, was ich borniertere Akademiker übersehen habe.«

Ohne ein weiteres Wort stolzierte von Grabnitz davon und steuerte die Votivkapelle an, deren hohe Tür weit offen stand. Aus dem Inneren drang ein schwacher, betörender Geruch von Weihrauch. Siegfried Loibl glaubte, Nebelschwaden aus der Kapelle ziehen zu sehen, bis hinunter zum See, der nur einen Steinwurf weit entfernt lag. Aus dem flachen Uferwasser ragte ein großes Holzkreuz, genau an der Stelle, an der König Ludwig II. angeblich in nur achtzig Zentimetern Tiefe ertrunken war.

Loibl folgte dem Arzt bis vor die Kapelle. Als er nach unten blickte, bemerkte der Polizist, dass der Boden nass wie von Regen war. Auf der steinernen Plattform vor dem Portal lag ein Mann von etwa sechzig Jahren. Er trug einen schwarzen, klitschnassen Gehrock, einen Vatermörder und darunter ein weißes, dreckverschmiertes Hemd, das an seinem dürren Leib klebte; neben dem Kopf lehnte ein zerbeulter Zylinder. Der Mann war ganz offensichtlich tot.

Der kleine Gendarm kniete sich neben die Leiche und tastete nach den blassen, kalten Händen. Die Leichenstarre war noch nicht eingetreten. Gesicht, Arme und Beine wiesen dunkle Flecken, Kratzer und Schmutzspuren auf; die Glieder wirkten seltsam verbogen, so als wäre das dünne Männchen von höllischen Kräften umhergeschleudert worden.

»Wer ist ...«, begann Loibl, doch Maximilian Scheidegger fiel ihm ins Wort.

»Alois Berlinger, Oberlehrer im Ruhestand«, brummte er. Offensichtlich hatte sich der Vorsitzende der Königstreuen wieder ein wenig beruhigt. »Berlinger war einer unserer führenden Experten, was den Mord am Kini angeht. Heute Mittag am Stammtisch noch hat er gemunkelt, er hätte eindeutige Beweise für seine Theorie. Und jetzt ist er tot! Das war ganz eindeutig der preußische Geheimdienst!«

Die anderen gut zwanzig Männer nickten und flüsterten verschwörerisch miteinander. Sie hatten um den Toten und Siegfried Loibl einen Kreis gebildet, Fackeln erhellten ihre zornigen, vom Alter zerfurchten Gesichter. In ihren schwarzen Sonntagsröcken und steifen Krägen erinnerten sie Loibl an einen Geheimbund, der sich zu einem blutigen Ritual versammelt hatte.

»Der preußische Geheimdienst?«, fragte der Dorfpolizist. »Ich fürchte, ich versteh nicht ganz ...«

»Wie auch?«, blaffte Scheidegger. »Sie waren doch damals mitbeteiligt an dem Komplott!«

»Ich ...?«

»Nicht Sie, Idiot!«, zischte von Grabnitz und rollte mit den Augen. »Die Gendarmen natürlich! Bismarck wollte den bayerischen König aus dem Weg schaffen, weil der mit dem Gedanken spielte, sich vom preußisch regierten Deutschen Reich zu trennen. Zuerst haben sie ihn für verrückt erklären lassen. Als Ludwig dann hier von Berg aus zu seiner Cousine Sisi auf die Roseninsel fliehen wollte, wurde kurzer Prozess gemacht.«

Siegfried Loibl nickte verständnisvoll, während er die Leiche abtastete und nach weiteren Wunden suchte. Spekulationen über den Tod König Ludwigs II. gab es zuhauf. Zwar lautete die offizielle Version, der König habe Selbstmord begangen, aber hinter vorgehaltener Hand munkelten die Leute noch immer von Mord und Intrige. Als bekennender Franke und heimlicher Sozialdemokrat war Loibl der König zwar herzlich egal, doch er wusste, dass man das in Oberbayern niemals laut sagen durfte, wenn man nicht mindestens eine Wirtshausschlägerei riskieren wollte.

»Eine tragische Geschichte«, murmelte Loibl. »Trotzdem wär ich den gnädigen Herrschaften zu Dank verbunden, wenn …«

»Der preußische Geheimdienst hat einen *Polizisten* gedungen, unseren heiß geliebten König und den Dr. Gudden hinterrücks zu erschießen!«, knurrte einer der älteren Männer und ging bedrohlich einen Schritt auf den knienden Loibl zu. »Und die anderen Gendarmen haben den Hund auch noch gedeckt!«

»Der Berlinger meinte eher, dass das damals ein Versehen war«, meldete sich ein jüngerer Königstreuer mit leiser Stimme. Mit seinen schwarzen vollen Haaren, dem blassen Teint und dem geölten Schnauzer sah er beinahe aus wie der wiederauferstandene Märchenkönig. »Kein politisches Komplott. Nur ein dummer Polizist, der den flüchtenden König aufhalten wollte und dann geschossen hat. Am Stammtisch heute hat der Berlinger erzählt, dass …«

»Ich glaube kaum, dass wir im Beisein der Leiche Alois Berlingers seine eigene, zugegebenermaßen etwas abstruse Theorie diskutieren sollten«, schnarrte Dr. von Grabnitz. »Und? Fertig?«

Die letzten Worte waren an Siegfried Loibl gerichtet, der in der Zwischenzeit im Licht der Totenleuchte den Leichnam weiter untersucht hatte. In der Hand des Dorfgendarmen baumelte an einer goldenen Kette eine fast handtellergroße Taschenuhr, deren Glas zerbrochen war.

»Die Uhr ist um neunzehn Uhr stehen geblieben«, sagte Loibl nachdenklich. »Ich vermute, dass das …«

»… der Todeszeitpunkt war. Ich weiß«, unterbrach ihn Dr. Victor von

Grabnitz. »Ich habe die Uhr bereits in Augenschein genommen. Das war übrigens genau die Zeit, als wir uns alle in der Kapelle aufhielten.«

»Vielleicht ist es besser, wenn mir einer der hohen Herrschaften erklärt, was hier in den letzten Stunden passiert ist. Nur damit mein Weg nicht ganz umsonst war …« Abwartend sah Siegfried Loibl in die Runde; er blickte in verschlossene, misstrauisch funkelnde Gesichter, keiner schien reden zu wollen.

Endlich räusperte sich der Vorsitzende Maximilian Scheidegger. »Wir haben uns wie jedes Jahr am Todestag unseres so jung verstorbenen Königs in Berg getroffen, zum Stammtisch«, murmelte er und deutete zur Kapelle. »Nächsten Sonntag ist hier große Messe, aber schon heute Abend hatten wir im kleinen Kreis der Treuesten seiner Exzellenz gedacht. Um Punkt 18.54 Uhr, also genau zum Todeszeitpunkt, fangen wir immer an. Aber Alois Berlinger war nicht da. Und das, wo er doch immer so pünktlich ist.«

»Er war die Pünktlichkeit in Person«, sagte der junge Mann, der Loibl so sehr an den König erinnerte. »Ich hab ihn als Lehrer in der Schule gehabt. Keine Minute durfte man da zu spät kommen. Pünktlichkeit war sein oberstes Prinzip. Und dann verpasst er die Gedenkfeier für unseren König! Da hab ich mir gleich gedacht, dass was nicht stimmt.«

»Und weiter?«, fragte Siegfried Loibl.

»Etwa um 20 Uhr sind wir aus der Kapelle gekommen«, fuhr von Grabnitz ungeduldig fort. »Wir standen noch ein wenig hier zusammen. Assessor Müller hat die Leiche dann gefunden.« Er deutete auf den jungen, blassen Mann. »Berlinger schwamm unten beim Gedächtniskreuz. Wir haben ihn rausgezogen, und ich hab ihn mir genauer angesehen. Berlingers Uhr war stehen geblieben, sie stand auf 19 Uhr.«

»Tja, dann hat ja Gott sei Dank keiner von den Herrschaften hier etwas mit dem Mord zu tun«, murmelte Siegfried Loibl, während er weiter die große goldene Taschenuhr in seiner Hand hielt. Mit einem leisen Schnappen ließ er sie zuklappen. »Schließlich waren Sie zu diesem Zeitpunkt alle gemeinsam in der Kapelle.«

Von Grabnitz lächelte schief. »Ihre Vermutung ist ziemlich dreist für einen kleinen Dorfgendarmen, finden Sie nicht? Aber tatsächlich, von uns kann es keiner gewesen sein.«

»Hm, also ein Raubmord?« Loibl kratzte sich an der Nase. »Ich hab keine Briefbörse bei der Leiche gefunden. Vielleicht hat man sie ihm gestohlen.«

»Daran hab ich auch schon gedacht«, erwiderte der Arzt. »Berlinger war nicht unvermögend. Er hatte immer eine größere Summe bei sich, auch an diesem Tag.«

»Ach wo!«, zischte Scheidegger. »Der preußische Geheimdienst war's! Wo doch der Berlinger schon in den nächsten Tagen zur Zeitung gehen wollte! Die haben ihn zum Schweigen gebracht, so war's und nicht anders!«

»Wenn es den Herren nichts ausmacht, würde ich mir gerne den Tatort ansehen«, sagte Siegfried Loibl. »Wo ich doch schon mal …«

»… da bin, ich weiß«, seufzte von Grabnitz. »Na, dann kommen Sie. Nicht, dass Ihr Vorgesetzter noch meint, Sie wären faul gewesen.«

»Eben, eben«, erwiderte Loibl. »Ich sehe, Sie verstehen mich.«

Gemeinsam mit dem Arzt, dem jungen Assessor Müller und Max Scheidegger stapfte Loibl die paar Meter hinunter zum Ufer, wo das Kreuz im Wasser stand.

»Hier haben Sie ihn also gefunden?«, wandte sich der Dorfgendarm an Ludwig Müller.

Der Assessor nickte betreten. »Er lag da im Wasser, gleich neben dem Kreuz. Mit dem Rücken nach oben, die Arme weit ausgestreckt. Sah ziemlich schaurig aus.«

»Hmhm. Darf ich einmal Ihre Fackel nehmen?«

Der Assessor reichte Loibl seine Fackel, woraufhin der Gendarm langsam das Ufer abschritt. Schließlich schien er fündig geworden zu sein. Loibl bückte sich und leuchtete vor sich den Boden ab.

»Darf man erfahren, was zum Teufel Sie da treiben?«, knurrte Scheidegger. »Verflucht, uns wird langsam kalt!«

»Sie dürfen erfahren, Sie dürfen«, sagte Siegfried Loibl. »Sehen Sie, das ist interessant.«

»Was?«, fragte von Grabnitz.

Loibl schob seine Dienstmütze in den Nacken und wischte sich über die Stirn. »Nun, als ich die Leiche gesehen habe, da hab ich mir gedacht, der Mann kann nicht einfach ertrunken sein. Mit all den Schmutzflecken und Kratzern, sogar ein paar Blätter hab ich in der Manteltasche gefunden. Das sah eher aus, als hätte ihn jemand durch die Luft geschleudert und dann hierher gebracht.«

Von Grabnitz lachte. »Durch die Luft geschleudert? Reden Sie keinen Unsinn, Mann!«

Loibl fasste sich an die fleischige, von roten Äderchen durchzogene Nase. »Hm, klingt wirklich ein bisserl merkwürdig. Ich frag mich nur, was die Spuren hier sonst zu bedeuten haben.«

»Was?«, rief Max Scheidegger. Er eilte auf den Gendarmen zu und bückte sich. Das kiesige Ufer war aufgewühlt, eine breite Schleifspur führte vom See durch das Schilf und weiter in ein kleines Birkenwäldchen. »Tatsächlich«, murmelte der Brauereibesitzer. »Da sind Spuren, und sie führen hoch in den Schlosspark.«

»Finden Sie nicht auch, dass wir mal nachschauen sollten?«, fragte Loibl.

»Warum nicht?« Scheidegger winkte den anderen, ihnen zu folgen. »Vielleicht ist ja wirklich was dran.«

Zu viert bahnten sie sich einen Weg durch die Büsche und Sträucher des Parks. Zweige schlugen ihnen ins Gesicht, während Loibl unbeirrt mit der Fackel vor ihnen herlief.

»Verdammt, was soll das hier?«, fluchte von Grabnitz. »Es hat einen Kampf im Wasser gegeben! Sehen Sie das doch ein, Loibl! Diese Spuren hier können genauso gut von einem Reh stammen.«

»Wissen Sie, ich war mal Jäger, oben bei Fürth«, sagte Siegfried Loibl und stapfte unbeirrt weiter. »Da haben wir auch öfter so Spuren gehabt.«

»Sehen Sie.«

»Ja, und zwar immer dann, wenn wir die toten Viecher durch die Büsche geschleift haben. Dann sah das auch aus … ah, wir sind da.«

Der Dorfgendarm blieb abrupt stehen, als sich vor ihm die Büsche und Bäume lichteten. Sie standen wieder auf der schmalen Allee, über die Loibl vor einer halben Stunde zur Kapelle gefahren war. Auf dem kiesigen Weg waren seltsam geriffelte Spuren zu erkennen, ganz so, als wäre eine riesige Schlange über die Straße gekrochen.

»Ich … ich hab etwas gefunden!«, rief plötzlich der junge Assessor und hielt eine Art Bündel in die Höhe. »Hier im Gebüsch! Ich glaube, es ist die Brieftasche von Alois Berlinger.« Er öffnete das Portemonnaie und hielt verdutzt inne. »Merkwürdig, sie ist noch voll. Da sind noch jede Menge Scheine drin.«

»Wird der Räuber es halt mit der Angst zu tun bekommen haben«, schnarrte von Grabnitz. »Also für mich ist es nun klar. Der Mörder lauert dem Berlinger hier auf, schlägt ihn nieder, nimmt sich das Portemonnaie und wird von irgendwas gestört. Also wirft er die Brieftasche weg und sucht das Weite. Gute Arbeit, Loibl.«

Der Dorfgendarm nickte ergeben. »So könnte es tatsächlich gewesen sein. Was mich nur verwirrt, sind diese merkwürdigen Spuren hier. Ob das ...« Ganz plötzlich beugte er sich hinüber zu Victor von Grabnitz und schnupperte an dessen Schulter.

»Verdammt, Sie Tölpel! Was tun Sie da?«, rief der Arzt und sprang einen Schritt nach hinten. »Fassen Sie mich bloß nicht an, Sie ... Sie Bauer!«

»Bitte sehr um Entschuldigung. Aber Sie riechen nach ... wie sagt man ... Benzin«, erwiderte Loibl und runzelte die Stirn, als müsse er schwer nachdenken. »Ach, dann war das Ihr Wagen, der vorher so schnell an mir vorbeigefahren ist?«

Von Grabnitz zögerte kurz, dann nickte er. »Ein roter Mercedes Simplex, Baujahr 1910. Eines der schnellsten Automobile weltweit.« Er lächelte verlegen. »Ich gebe zu, dass ich Sie erst im letzten Augenblick gesehen habe. Bitte vielmals um Verzeihung. Tja, dann sind das hier wohl auch meine Wagenspuren.«

»Ein Rennwagen, sagten Sie?« Loibls kleine Augen begannen zu leuchten. »So ein Mercedes fährt bestimmt schneller, als ein Pferd galoppieren kann.«

Victor von Grabnitz lachte. »Das können Sie laut sagen! Achtzig Kilometer in der Stunde. Wüsste keinen Gaul, der das auf längere Zeit durchhält.«

»Darf ich mir den Wagen mal anschauen?«, fragte der Dorfgendarm. »Jetzt gleich?«

»Bitte, wenn Sie meinen.« Von Grabnitz zuckte mit den Schultern und spazierte auf der dunklen Parkallee in Richtung Kapelle. »Damit ist diese Untersuchung ja wohl abgeschlossen.«

»Noch nicht ganz, nur noch ein paar Fragen«, sagte Loibl. »Aber das können wir auch an diesem, wie heißt er ... Mercedes machen. Wenn mir die anderen Herrschaften bitte folgen möchten.«

Murrend begleiteten die drei Königstreuen den kleinen Gendarmen, bis sie an der Rückseite der Votivkapelle auf den rot schimmernden Wagen stießen. Im Licht der Fackeln funkelte das polierte Blech wie ein magischer Spiegel. Die hochgeklappte Haube und die zwei erhöhten Sitze gaben dem Fahrzeug etwas Erhabenes, aber auch Bedrohliches, ganz so, als könne man mit ihm sowohl in den Himmel wie auch in die Hölle fahren.

Siegfried Loibl umrundete andächtig das Automobil, er strich über das glatte Sitzleder und den silbernen Kühlergrill und blieb schließlich vor den zwei großen Scheinwerfern stehen. »Wirklich grandios«, sagte er. »Grandios. Ich wüsste gerne, was …«

»Können wir endlich gehen?«, brummte Max Scheidegger. »Ich habe wirklich Wichtigeres zu tun, als mir nach Mitternacht ein Automobil anzusehen. Die Herren können ja gerne noch zu zweit eine Spritztour machen.«

»Einen winzigen Augenblick noch«, sagte Loibl. »Lassen Sie mich nur noch diesen Satz zu Ende sprechen. Ich wollte gerade sagen, ich wüsste gerne, was so ein neuer Scheinwerfer kostet. Denn der hier ist ja kaputt.«

»Was?« Victor von Grabnitz beugte sich hinunter und nahm die vordere Karosserie näher in Augenschein. »Tatsächlich, zersplittert. Muss ein Stein gewesen sein oder ein Tier.«

»Oder Alois Berlinger.«

Die Stimme des Dorfgendarmen war fast nur ein Flüstern gewesen, trotzdem zuckten die drei Königstreuen zusammen. Einen kurzen Moment herrschte absolute Stille.

»Wie … wie können Sie es wagen, hier solche Verdächtigungen auszusprechen!«, fauchte Max Scheidegger schließlich. Der Kopf des Brauereibesitzers war wieder genauso zornesrot wie am Anfang ihres Treffens. »Ich werde das unverzüglich Ihrem Vorgesetzten melden!«

»Das können Sie gerne tun«, sagte Siegfried Loibl. »Ich möchte dem Polizeioberhauptmeister ohnehin etwas zeigen.« Er zog ein schmutziges, verknotetes Taschentuch aus der Rocktasche und begann es vorsichtig aufzuknüpfen, während er leise weitersprach. »Während die Herren sich vorher über den Mord an unserem hochverehrten König unterhielten, hab ich die Leiche nämlich ein wenig untersucht. Und dabei sind mir ein paar Glassplitter an der Kleidung aufgefallen. Ich hab sie eingesammelt, sehen Sie. Sie passen genau zu diesem Scheinwerfer.« Loibl hielt ein paar winzige Splitter ins Licht, die am Rand rot von Lack waren.

Max Scheidegger zückte sein Monokel und sah sich die Scherben genauer an. »Tatsächlich!«, murmelte er. »Die könnten wirklich von Ihrem Auto stammen, Grabnitz.«

Der Starnberger Arzt lachte verlegen. »Unsinn! Es war ein Raubmord, das haben die Untersuchungen ergeben. Die Brieftasche …«

»Das wollt ich Sie untertänigst noch fragen, Herr Doktor«, unterbrach ihn Loibl. »Woher wussten Sie eigentlich, dass in der Brieftasche viel Geld ist. Haben Sie reingeschaut, bevor Sie sie weggeworfen haben?«

»Was fällt Ihnen ein?«, brauste von Grabnitz auf, doch der junge Assessor Müller fiel ihm ins Wort. »Das stimmt!«, rief er. »Grabnitz hat vorher gesagt, dass in Alois Berlingers Portemonnaie viel Geld war. Woher wussten Sie das eigentlich?«

»Ich ... ich werd ihn wohl vorher gefragt haben«, erwiderte der Arzt. »Was ist das hier? Ein Verhör?«

»Nun, ich glaube, man könnte das so nennen«, sagte Siegfried Loibl, der mittlerweile vor dem Kühlergrill kniete. »Sehen Sie, hier sind getrocknete Blutflecken. Aber die können Sie sicher auch erklären.«

»Ein Reh, das ich gestern Abend umgefahren habe«, blaffte von Grabnitz. »Nichts weiter.«

»Ah, ich verstehe.« Loibl nickte bedächtig. »Aber vielleicht sollten wir trotzdem eine Probe nach München schicken, nur zur Sicherheit. Wussten Sie eigentlich, dass man mittlerweile unter diesen neumodischen Mikroskopen Tierblut von Menschenblut unterscheiden kann?« Er seufzte und steckte das zusammengeknotete Taschentuch wieder zurück in seine Uniform. »Jaja, die Technik, sie schreitet voran.«

Mit einem Mal war es sehr still geworden, keiner der Männer sprach etwas. Nach einer Weile erst meldete sich Max Scheidegger zu Wort.

»Eine interessante Theorie, die Sie da haben«, knurrte er. »Vor allem für einen dummen Dorfgendarm. Ich bin fast geneigt, Ihnen zu glauben. Wenn da nicht der Todeszeitpunkt wäre ...« Er rieb sich die rote, erhitzte Stirn. »Berlingers Taschenuhr blieb erwiesenermaßen um 19 Uhr stehen. Zu diesem Zeitpunkt waren wir aber alle in der Kapelle. Es gibt also über zwanzig Zeugen, dass es von Grabnitz nicht gewesen sein kann.«

Der Arzt lächelte. »Endlich ist mal einer vernünftig hier. Ich hatte schon gedacht, auch Sie, Scheidegger, wären von allen guten Geistern verlassen. Ich glaube, wir sollten jetzt wirklich ...«

Ganz plötzlich stockte er, als sein Blick auf eine kleine silberne Uhr fiel, die der Dorfgendarm in der Hand hielt. Loibl sah beinahe gleichgültig auf das Zifferblatt, endlich hob er den Kopf.

»Eine schöne Uhr, nicht wahr?«, begann er. »Ein Familienerbstück vermutlich. Hinten sind die Initialen A. B. eingraviert. Alois Berlinger.« Siegfried Loibl wandte sich an den jungen Assessor. »Es waren, glaube ich, Sie, der mir erzählt hat, dass Berlinger ein äußerst pünktlicher

Mensch war. Einer, dem Pünktlichkeit über alles ging. Da hab ich mir gedacht, dass solche Menschen bestimmt mehr als nur eine Uhr besitzen. Falls mal eine falsch geht, nicht wahr?« Er ließ die Uhr an ihrer dünnen silbernen Kette direkt vor der Nase des Arztes baumeln. »Und tatsächlich, diese hier habe ich in der rechten Hosentasche des Opfers gefunden. Sie müssen Sie wohl in der Eile übersehen haben, Herr Doktor.«

Von Grabnitz' Gesicht war mit einem Mal kreideweiß geworden, wie versteinert starrte er die kleine, silberne Uhr an.

»Wenn Sie gestatten, würde ich Ihnen jetzt gerne erzählen, wie ich glaube, dass sich alles zugetragen hat«, sagte Loibl. »Darf ich?«

Als alle drei Angesprochenen schwiegen, fuhr der Gendarm fort.

»Zu gütigst. Ich nehme an, dass der Herr von Grabnitz den Berlinger im Wald über den Haufen gefahren hat. Ob mit Absicht oder versehentlich, kann ich nicht sagen. Aber der Hergang lässt eher darauf schließen, dass die Tat geplant war. Nachdem Berlinger tot war, hat von Grabnitz die Brieftasche aus dem Rock genommen und ins Gebüsch geworfen, damit es wie ein Raubmord aussieht. Dann hat er die Leiche von der Straße weg hin zum See geschleppt. Warum er sie genau beim Kreuz hineingeworfen hat …?« Er zuckte mit den Schultern. »Vielleicht wollte er dem Kollegen so eine letzte Ehre erweisen.«

»Der Berlinger, der hat doch immer alles besser gewusst«, zischte Victor von Grabnitz plötzlich. »Hat gemeint, er allein könnte sagen, was damals mit dem König passiert ist. Lächerlich machen wollt er mich in der Zeitung! Beweise hätte er, dass meine glänzende Theorie vom Bismarck-Komplott falsch ist! Am Ende sollte er wenigstens spüren, was der König durchlitten hat.«

»Sie haben ihn wirklich umgebracht?«, flüsterte Max Scheidegger.

Von Grabnitz schüttelte eifrig den Kopf. »So … so war es nicht! Es war eher ein Unfall! Der Berlinger war unterwegs zur Kapelle, er ging mitten auf der Allee. Als ich ihn so gesehen hab, da … da ist der Teufel mit mir durchgegangen! Ich hab Gas gegeben, und der Berlinger ist durch die Luft geflogen wie eine Puppe.«

»Mein Gott, von Grabnitz«, murmelte Scheidegger. »Was haben Sie nur gemacht?«

Der Arzt hielt die Hände vors Gesicht. »Ein Unfall! Verstehen Sie doch!«

»Mein Kompliment, Wachtmeister Loibl«, sagte Assessor Müller mit leiser Stimme. »Wir haben Sie wirklich unterschätzt. Ich verstehe nur nicht, was es mit dieser zweiten Uhr auf sich hat.«

Siegfried Loibl zog die zweite, goldene Taschenuhr hervor; der Gendarm hielt nun jeweils eine Uhr in der rechten und linken Hand. »Sehen Sie«, sagte er. »Als der Herr von Grabnitz den Berlinger überfahren hatte, hat er ihn durchsucht und in der Westentasche diese große Taschenuhr gefunden. Vermutlich war sie durch den Aufprall bereits kaputt. Der Herr von Grabnitz hat sie auf 19 Uhr vorgestellt, weil er wusste, dass ihn dann keiner verdächtigen konnte. Schließlich war er zu diesem Zeitpunkt schon in der Messe.«

»Stimmt!«, rief der junge Assessor und deutete auf von Grabnitz. »Sie waren der letzte, der in der Kapelle eingetroffen ist! Und wenn ich mich recht erinnere, haben Sie einen ziemlich erschöpften Eindruck gemacht.«

»Weil er die Leiche noch von der Allee wegschaffen musste«, sagte Loibl. »Der Herr Doktor ist der einzige mit einem Automobil, man hätte ihn sonst sofort verdächtigt. Also hat er den Berlinger durch den Park geschleppt und ins Wasser geworfen. Nur diese kleine Uhr hier …« Der Gendarm schaute auf das Ziffernblatt der silbernen Taschenuhr. »… die hat er wohl übersehen. Sie ist beim Aufprall ebenso kaputt gegangen wie die große. Deshalb zeigt sie den richtigen Todeszeitpunkt. Exakt Viertel nach sechs.«

»Verflucht, er hat wirklich die große Taschenuhr vorgestellt«, murmelte Scheidegger. »Eine ganze Menge krimineller Energie für einen Unfall.«

Loibl nickte und musterte von Grabnitz, der mit verschlossenen Lippen vor seinem Mercedes stand und die Fäuste ballte.

»Haben sich die Herrschaften eigentlich schon mal überlegt, warum es der Herr Doktor war, der nach der Polizei telegrafiert hat?«, fragte er in die Runde. »Ich vermute, dass Victor von Grabnitz nach dem Telefonat noch Berlingers Haus durchforstet hat. Wahrscheinlich auf der Suche nach diesen Beweisen, mit denen Ihr Ludwigsexperte zur Zeitung gehen wollte.«

»Sparen Sie sich den Weg!«, krächzte von Grabnitz. »Ich war tatsächlich oben bei Berlinger. Und soll ich Ihnen sagen, was ich gefunden habe?« Er lachte verzweifelt auf. »Nichts! Gar nichts! Alois Berlinger hatte überhaupt keine Beweise für seine Theorie vom einsamen Gendarmen, und er hatte auch nichts, mit dem er mich hätte lächerlich machen können. Das ganze Gerede heute Mittag im Wirtshaus war nichts weiter als Prahlerei! Und dafür hab ich meinen Kopf riskiert!«

»Es könnte sein, dass Sie ihn deshalb sogar verlieren«, knurrte Scheidegger. »Auf Mord steht das Fallbeil.«

Von Grabnitz reckte herausfordernd das Kinn nach vorne. Er schüttelte die Fäuste, während sein schmächtiger Körper zitterte. »Und wenn Sie mich auch hinrichten«, keuchte er. »Meine Theorie ist die einzig richtige! Der König wurde von den Schergen Bismarcks mit einem Luftdruckgewehr erschossen. Sie können mich töten, die Wahrheit wird weiterleben!«

»Was für ein Spinner!«, flüsterte Assessor Müller. »Und so etwas ist bei den Königstreuen.«

»Ich vermute nur, dass er recht hat«, sagte Siegfried Loibl. »Mit dem Tod des Königs werden wir noch lange unsere Freud haben. Dagegen ist dieser Mordfall hier ein Kinderspiel.« Er schlenderte hinüber zu seinem Fahrrad, saß auf und führte die Hand zur Mütze. »Wachtmeister Loibl meldet sich ab, um Verstärkung anzufordern«, verkündete er im amtlichen Ton. »Vielleicht ist der Herr Polizeioberhauptmeister ja mittlerweile ansprechbar.«

Ächzend trat Loibl in die Pedale und fuhr die dunkle Allee entlang Richtung Starnberg, eine kleine, gedrungene Gestalt, die schon bald von der Schwärze verschluckt wurde.

*Anmerkung des Autors*
König Ludwig II. starb am 13. Juni 1886 im Starnberger See. Die genauen Umstände seines Todes sind bis heute ungeklärt. Noch immer treffen sich königstreue Bayern jeden Sonntag nach seinem Todestag in der Berger Votivkapelle, um seiner zu gedenken.

Fränkische Polizisten wurden in Altbayern zu Anfang des 20. Jahrhunderts tatsächlich verstärkt eingesetzt. Weil sie keine Verbindung zur Bevölkerung hatten, erhoffte man sich dadurch ein härteres Durchgreifen bei Wilderern und Kleinkriminellen, die oftmals die Sympathie der bayerischen Bauern genossen.

# Billie Rubin

## Tür an Tür mit Malice

W enn ich so zurückdenke an meine ersten Studienjahre, kann ich
mich einer leichten Gänsehaut immer noch nicht erwehren, obwohl die Zeit nun schon weit mehr als zwanzig Jahre zurückliegt. Ich
war damals von Niederbayern nach München gezogen, um an der Universität Anglistik und Amerikanistik zu studieren. Da sich meine Eltern eine Wohnung in München nicht leisten konnten und mir vor den
Streitereien in einer WG graute, suchte ich mir außerhalb von München
eine Bleibe. Fündig wurde ich im Osten, in einem Ort, der damals das
Flair eines verschlafenen Dorfes hatte und nicht vermuten ließ, dass er
einmal zur *Boomtown* der Hightech-Branche werden würde.

Die Wohnung war ein Schnäppchen: Der Freund eines Freundes
meiner Eltern kannte meinen Vormieter, einen älteren, allein stehenden Herrn, der nur ruhigen Hobbys wie Lesen und Briefmarkensammeln nachging, und ich vermute, nur die Tatsache, dass dieser Freund
des Freundes sich für mich verbürgte, gab mir überhaupt die Chance, mir die Wohnung anzuschauen. Ich verliebte mich sofort in sie:
Eine Dachgeschosswohnung in einem Zweifamilienhaus mit echten
Holzbalken, die quer durch ein großes Zimmer liefen und als eine Art
Raumteiler fungierten. Irgendwie muss ich einen guten Eindruck hinterlassen haben, denn eine Woche später erhielt ich die Nachricht, ich
hätte den Zuschlag erhalten und möge den beigefügten Mietvertrag
unterschreiben.

Glücklich, der niederbayrischen Engstirnigkeit entronnen zu sein,
fuhr ich mit meinen paar Möbeln gen München und richtete mich ein.
Meine Vermieter, ein Ehepaar in den Vierzigern, wohnten im Parterre; der erste Stock war an ältere Eheleute vermietet, die ich selten
zu Gesicht bekam. Das Haus verriet nach außen nicht, dass sich in
seinem Innern ein Schmuckkästchen verbarg: Der Hausherr war ein
wahrer Holzfanatiker und hatte nach und nach das Treppenhaus, die
Wohnungstüren, einfach alles, was irgendwie möglich war, in Holz
gestaltet. Das gab dem Haus einen Hauch von Gemütlichkeit, ohne
kitschig zu wirken.

Das erste Jahr verlief recht ereignislos. Ich fühlte mich wohl in meiner Wohnung, konzentrierte mich auf mein Studium, jobbte hie und da in einem Café als Bedienung und fuhr alle paar Wochen zu meiner Familie. Meine Vermieter mit dem nichts sagenden Namen Müller ließen mich weitgehend in Ruhe, und da ich die S-Bahn in der Nähe hatte und zur Uni gerade mal fünfundzwanzig Minuten brauchte, war für mich klar, dass ich mindestens die gesamte Studienzeit hier wohnen würde.

Zu dem Haus gehörte ein großes Grundstück, das an einen Bach grenzte, der gemächlich durch den Ort floss. Zwar war der große Garten den Besitzern vorbehalten, aber ich fuhr zum Baden sowieso immer an die Isar, daher störte mich das nicht sonderlich. Nur manchmal wäre ich gerne zum Lernen am Ufer des Baches gesessen, dessen leises Murmeln beruhigend wirkte, doch da Herr Müller regelmäßig Rattengift streute, hielt sich meine Lust danach durchaus in Grenzen.

Die ersten Schikanen begannen in meinem zweiten Studienjahr. Ich war in den Sommerferien für ein paar Wochen in England gewesen; meine Wohnung hatte so lange leer gestanden. Alles war mit Müllers abgesprochen gewesen, weshalb ich dann auch ziemlich überrascht war, als sie mir mitteilten, dass es nicht anginge, die Wohnung so verwahrlosen zu lassen. Außer einer feinen Staubschicht ließ nichts auf Verwahrlosung schließen, weshalb ich mir weiter keine Gedanken darüber machte. Da es im zweiten Jahr wesentlich mehr Gruppenarbeiten gab, kam es häufiger vor, dass ich mich mit meinen Kommilitonen traf, und da wir uns nicht jedes Mal ein Café leisten konnten, gingen wir abwechselnd in die jeweiligen Wohnungen. Jeder, der zum ersten Mal in meine Wohnung kam, stand mit großen Augen staunend da, und schnell wurde meine Unterkunft zum Lieblingstreffpunkt diverser Arbeitsgruppen. Zugegeben, sehr leise waren wir nicht, aber wilde Partys feierten wir auch nicht. Dennoch musste ich mir hinterher immer wieder Klagen von Müllers anhören, was teilweise so weit ging, dass sie genau sagen konnten, wie viele Personen anwesend gewesen waren und wie häufig die Klospülung benutzt worden war.

Wenn ich sage Müllers, meine ich eigentlich Herrn Müller. Natürlich kannte ich auch Frau Müller, doch wenn es um unangenehme Dinge den Mietern gegenüber ging, schickte sie immer ihn vor. Er war eigentlich kein so übler Kerl, wenn auch nicht unbedingt der Traum von einem Mann, aber mir tat er vor allem leid. Von den Mietern im ersten Stock hatte ich erfahren, dass Haus und Grundstück ihr gehörten, und dann gab es da noch einen Sohn aus erster Ehe, dem alles vererbt werden würde. Herr Müller kam mir manchmal nur wie ein preisgünstiger Handwerker und Hausmeister vor, obwohl ich nicht sagen kann, welche Art von Ehe die beiden führten. Nur manchmal konnte man ihre Stimme ziemlich deutlich hören, und es war nicht schwer sich vorzustellen, dass sie wie eine Furie durch ihre Wohnung rauschte.

Ich redete mit Herrn Müller. Erklärte ihm, dass mir an Streit nicht gelegen war, dass ich aber ab und zu mit anderen Studenten lernen müsste. Er hatte ein Einsehen, ich versprach, rücksichtsvoller zu sein. Eine Zeit lang ging alles gut, doch dann verliebte ich mich dummerweise und verbrachte einige Nächte nicht mehr allein in meinem Bett. Es dauerte einige Wochen, bis mein Freund die erste Begegnung der unheimlichen Art hatte, doch die war so beeindruckend, dass er sich wochenlang weigerte, bei mir zu übernachten. Wieder redete ich mit Herrn Müller, erklärte ihm die Situation, bat um Verständnis. Und wieder ging einige Wochen alles gut. Zwar bekam ich regelmäßig zu hören, dass wir das WC nächtens doch bitte etwas weniger häufig aufsuchen sollten, doch ansonsten herrschte Ruhe. Mein Freund prägte in Anlehnung an Howard Carpendale den Satz »Tür an Tür mit Malice«, aber so schlimm fand ich das alles gar nicht. Manche Kommilitonen waren permanent auf der Suche nach einer neuen Bleibe, weil es in der WG ständig Zoff gab; da war ich mit meiner Wohnung wirklich gut dran.

Im dritten Jahr wechselte der Freund, eine Katze lief mir zu und der Ärger ging so richtig los. Ganz brave Mieterin, fragte ich Herrn Müller, ob ich die Katze behalten dürfe. Er sagte erst ja, nur um seine Entscheidung – vermutlich auf Geheiß seiner Gattin – einige Wochen später zu widerrufen. Da hatten Katze und ich uns aber schon so aneinander gewöhnt, dass wir beschlossen, diesen Widerruf geflissentlich zu ignorieren. Mein aktueller Freund studierte Jura und gab mir eine kostenlose Rechtsberatung, die mir bestätigte, dass Katzen Kleintiere sind und durchaus auch gegen den Willen eines Vermieters gehalten werden dürfen. Aus Angst, die Katze könne aus Versehen Rattengift erwischen, durfte sie die Wohnung sowieso nicht verlassen, und einige Monate ging alles gut. Auf Herrn Müllers Nachfrage hin behauptete ich, die Katze sei längst bei einer Freundin untergebracht, was er mir auch glaubte.

Kennen Sie das? Sie kommen nach Hause und haben das untrügliche Gefühl, es war jemand in Ihrer Wohnung? Immer häufiger beschlich mich die unheimliche Ahnung, dass während meiner Abwesenheit jemand hinter mir her spionierte. Es konnten ja nur Müllers sein. Meine Eltern hatten zwar einen Schlüssel, aber für die wäre der Weg viel zu weit gewesen. Hinzu kam, dass Frau Müller, wann immer ich ihr begegnete – und leider begannen sich die Gelegenheiten zu häufen –, mir vorjammerte, sie habe bereits des Öfteren Katzenkot auf ihrem Fußabstreifer vorgefunden. Natürlich stellte ich mich immer dumm und fragte sie unschuldig, wie das geschehen könne, wo doch keine Katze im Haus sei. Sie wiederum konnte nicht behaupten, ich hätte meine Katze immer noch, ohne zuzugeben, dass sie in meiner Wohnung war.

Der Jurafreund war schnell passé und meine Gefühle gehörten kurzfristig einem etwas älteren Semester, bevor im mich einem Studienfreund zuwandte. Als meine Eltern eines Abends bei mir anriefen und recht harmlos fragten, was denn bei mir los sei, ahnte ich noch nichts. Natürlich sagte ich, nichts sei los. Sie berichteten von einem erbosten Anruf meiner Vermieter, in dem die Worte Sodom und Gomorrha häufiger vorgekommen waren, außerdem mein übermäßiger Zigaretten- und Alkoholkonsum erwähnt worden war, von ständig wechselnden Männerbesuchen ganz abgesehen. Ich war sprachlos. Okay, ich war damals beinahe Kettenraucherin, ich trank auch mal einen Schluck zu viel, aber das mit den Männern war dann doch die Höhe. Mit Mühe beruhigte ich meine Eltern, dann stellte ich Herrn Müller zur Rede. Er gab unumwunden zu, dass sie mich am liebsten loshaben wollten, ich sei nicht gerade die Mieterin, die man sich als Vermieter wünsche.

Meine erste Reaktion war, zu kündigen. Doch dann sagte ich mir: So leicht werden die mich nicht los. Ich begann Fallen zu stellen, um den Beweis zu bekommen, dass sie tatsächlich in meine Wohnung gingen. Meine Katze gab ich vorübergehend einer Freundin, nicht etwa aus Rücksicht auf Müllers, sondern aus Angst, sie könnten ihr eines Tages etwas antun. Ich lud mindestens einmal pro Woche meine Studienkollegen ein und ließ sie auch manche Nacht auf meinem Boden übernachten. Natürlich waren wir alles andere als rücksichtsvoll, und

*Tür an Tür mit Malice* wurde unser Lieblingshit. Nach dem Motto »Ist der Ruf erst ruiniert, lebt es sich ganz ungeniert« wurde ich zum personifizierten Albtraum meiner Vermieter. Die Kündigung ließ nicht lange auf sich warten. Ich ging zum Rechtsanwalt und erfuhr, dass Müllers seit Jahren mit sämtlichen Nachbarn im Clinch lagen. Wir legten Widerspruch ein.

Das Problem löste sich dann ganz anders als erwartet. Die Gelegenheit war einfach so günstig, dass ich nicht widerstehen konnte. Es hatte tagelang wie aus Kübeln geschüttet, aus dem sanften Bach am Rande des Grundstücks war ein reißender Fluss geworden. Ich brachte den Müll zur Abfalltonne und sah Herrn Müller mit dem Rücken zu mir am Ufer stehen. Vermutlich präparierte er neue Fallen für die Ratten. Es geschah alles aus einem Gefühl heraus, hätte ich auch nur eine Sekunde nachgedacht, wäre das alles nicht passiert. Ich schlich mich an, gab dem Mann einen kräftigen Schubs und stieß ihn in den Bach. Ich dachte nicht an die Konsequenzen, nur an sein dummes Gesicht, das er machen würde. Aber ich habe irgendwo in mir die Ahnung, dass ich wollte, was schließlich passierte: Herr Müller wurde von dem Wasser mitgerissen. Erst hinterher erfuhr ich, dass er nicht schwimmen konnte; seine Leiche wurde einen Tag später bachabwärts an einem Wehr gefunden. Ich war vollkommen versteinert und ziemlich sicher, die Polizei würde jeden Moment kommen, um mich festzunehmen.

Die Polizei kam auch, aber zu Frau Müller, die ihren Mann vermisst gemeldet hatte. Man fragte mich, ob ich ihn gesehen habe, und ich antwortete wahrheitsgemäß, ich hätte ihn am Ufer gesehen, als ich den Müll rausbrachte. Danach sei ich wie üblich in die Uni gefahren und erst am Abend wiedergekommen. Seltsamerweise widersprach Frau Müller nicht, obwohl sie wissen musste, dass ich den ganzen Tag zu Hause verbracht hatte. Überhaupt schien sie wie verwandelt: Aus der Furie war eine verzweifelte Frau geworden. War es möglich, dass sie so etwas wie Gefühle für ihren Mann gehegt hatte?

Ich nutzte das Chaos, das in den Tagen nach dem Leichenfund herrschte, und machte mich aus dem Staub. In einer Nacht- und Nebelaktion ließ ich meine Möbel abholen, nachdem ich mir ein Zimmer in einer WG gesucht hatte. Dort hielt ich es allerdings nur ein paar Wochen aus, nachdem sich mein direkter Zimmernachbar als notorischer Schnarcher entpuppte. Mit viel Glück und einer gesunden Portion Rücksichtslosigkeit, wie man sie in der Großstadt braucht, bekam ich ein Einzimmerapartment in einem dieser anonymen Wohnsilos. Genau das, was die Katze und ich brauchten. Das Zimmer war klein und dunkel, im Sommer zu heiß, im Winter zu kalt, aber es war mein Schloss, *my castle*. Nur auserwählte Freunde durften mich besuchen, und auch nur nach vorheriger Anmeldung. Meine Nachbarn zur Linken waren sehr nett, die zur Rechten machten vor allem mit regelmäßigen Schlägereien auf sich aufmerksam, wenn sie zu viel getrunken hatten. Aber ansonsten konnte ich ein recht ruhiges Leben führen.

Nach einigen Monaten begann mein linker Nachbar mich des Öfteren zu belästigen; seine Frau hatte ihn ausgesperrt, und er wollte über meinen Balkon in seine Wohnung klettern. Wir wohnten im vierten Stock, doch was sollte ich mich mit dem Mann rumstreiten? Ich ließ ihm seinen Willen, dann hatte ich wenigstens meine Ruhe. Sie wollen wissen, ob er drüben ankam? Sorry, aber das ist eine andere Geschichte.

# Frank Schmitter

## Der Mitternachtsläufer

V erdienstorden für Professor Wembler« lautete die Schlagzeile. Darunter ein Foto, das ihn mit dem stellvertretenden Ministerpräsidenten zeigte. (Der Minister selbst weilte zu dem Zeitpunkt mit einer Wirtschaftsdelegation in China.) Dann folgte der Artikel oder besser gesagt: die Hymne, die Eloge, die Heiligsprechung eines renommierten Hochschullehrers und Publizisten, der eine ererbte Immobilie als Heim für Asylbewerber zur Verfügung gestellt und damit die Stadt von einem drängenden Problem befreit hatte. Ein herausragendes Beispiel für menschliche Anteilnahme und selbstloses bürgerliches Engagement. Dass die öffentliche Hand die kompletten Renovierungskosten übernehmen und das Eigentum in fünf Jahren automatisch an ihn, Ludwig Wembler, zurückfallen würde, stand natürlich nicht in dem Text. Von diesem Bubenstück wussten nur wenige Eingeweihte.

Ich ließ die Zeitung sinken, ging in die Küche, stellte den Topf mit den Kartoffeln auf den Herd und holte eine Flasche Mineralwasser aus dem Kühlschrank. Er mochte es nicht, wenn es zu kalt war. Sein Magen konnte bisweilen empfindlich sein. Den Rotwein für mich hatte ich bereits vor zwei Stunden dekantiert. Er stand mit der Vorspeise, einem Feldsalat mit Krabben und Nüssen, auf dem gedeckten Tisch im Frühstücksraum.

Wenige Minuten später klingelte es. Wembler trug einen Hut, obwohl er nur wenige Hundert Meter entfernt wohnte. Aber die Temperaturen waren in den letzten Tagen um mindestens zehn Grad gesunken. Wenn meine Gäste nach dem Frühstück das Haus verließen, hörte ich das Kratzen der Schaber auf der Windschutzscheibe.

»Ich danke dir für die Einladung«, sagte er und drückte mir eine Flasche Sekt in die Hand. Dann holte er einen Kamm aus der Innentasche seines Jacketts und zog den Scheitel nach. Eine eher überflüssige Geste, wie ich fand, schließlich waren wir allein, aber ich kannte natürlich seine Eitelkeit. Mit über fünfzig Jahren verfügte er noch über sein dichtes, leicht gelocktes Haupthaar. Die kräftigen Augenbrauen unterstrichen sein markantes Profil. Das regelmäßige Joggen hielt seine Hüften rank und schlank. Er machte, das musste der Neid ihm lassen, eine ausnehmend gute Figur, sei es im Hörsaal oder im Fernsehen als gern gesehener Gast bei Talkshows.

»Es ist wohl überflüssig zu fragen, ob ich den Sekt kalt stellen soll.«

Er hob beide Hände vor die Brust. »Du kannst ihn gerne ganz alleine trinken. Ich bleibe abstinent, weil ich später noch meine Runde laufe.«

Es war genau das, was ich wissen wollte. Ich ging vor ihm in den Frühstücksraum und bat ihn, sich zu setzen, während ich mich kurz in die Küche zurückzog. Die Kartoffeln köchelten, das Fleisch simmerte unterhalb des Siedepunktes. Den mit Käse gratinierten Blattspinat schob ich in den Ofen.

Als ich den Essraum betrat, hatte er sich noch nicht gesetzt. Er ließ seinen Blick demonstrativ lange schweifen über die vier eingedeckten Tische, das Büfett mit den zur Pyramide gestapelten Kaffeetassen, den Plastikdosen mit Haferflocken, Müsli, Nüssen und Cornflakes, den Bastkörbchen mit Miniportionen Marmelade und Honig.

»Vermutlich bist du der einzige promovierte Inhaber einer Frühstückspension in ganz Deutschland, wenn nicht in ganz Europa«, sagte er – nicht zum ersten Mal.

»Und wenn schon. Es interessiert mich einfach nicht mehr. Meine Gäste übrigens auch nicht.«

»Welche Verschwendung von Geist, Wissen und Talent«, seufzte er und setzte sich endlich hin. Wembler trug ein hellblaues Jackett, ein blau-weiß gestreiftes Hemd und ein farblich perfekt abgestimmtes Halstuch. Ich beschloss, auf seine Äußerung nicht einzugehen. Es stimmte, es war ein Schock für mich gewesen, als der Lehrstuhl für Politikwissenschaft meinen Vertrag vor zwanzig Jahren nicht verlängert hatte und mir damit, im Gegensatz zu ihm, die akademische Laufbahn verbaute. Der Frust saß damals so tief, dass ich mit der Erbschaft meiner Eltern dieses Bed-and-Breakfast kaufte und mich damit aus der Forschung verabschiedete. Es war so endgültig, als ob man auf einen anderen Kontinent auswanderte. Aber meine glückliche Ehe mit Linda half mir über die schwierige erste Zeit hinweg. Unsere Beziehung wurde sogar noch intensiver, denn Linda war froh, wenn sie nach ihrem aufreibenden Dienst als Unfallärztin in der hiesigen Universitätsklinik einen ausgeruhten Mann zu Hause antraf, der stets ein offenes Ohr für sie hatte.

»Willst du mir nicht verraten, was du als Hauptgang servierst? Der Salat war jedenfalls köstlich. Man schmeckt das hervorragende Olivenöl, das ich euch aus der Toskana mitgebracht habe.«

»Lass dich überraschen.« Ich ging in die Küche, schüttete die Kartoffeln ab und streute frische Kräuter über das Fleisch.

»Wunderbar«, sagte er und rieb die Handflächen gegeneinander, als ich das Tablett auf dem Nebentisch absetzte. »Dein berühmtes Wildschweingulasch mit Spinat. Das ist ja …« Er führte den Satz nicht zu Ende.

»Richtig, mein Lieber. Lindas Lieblingsgericht.« Aus den Augenwinkeln sah ich, wie er für einen Moment die Kontrolle über seine Gesichtszüge verlor und seine Haut alt und grau wirkte. Seine Hand zitterte leicht, als er das Glas mit Mineralwasser zum Mund führte.

»Wie lange ist es jetzt her?«

»Auf den Tag genau drei Monate«, sagte ich und nahm einen kleinen Schluck Rotwein.

»Eine unfassbare Tragödie. Sie war eine hervorragende Ärztin und mir eine verständnisvolle Freundin. Nicht zu vergessen unsere gemeinsame Leidenschaft fürs Joggen. Wer weiß, vielleicht wäre sie heute Abend nach dem Essen noch zu einer kleinen Runde mit mir aufgebrochen.«

Was ich stark bezweifelte. Linda hatte lange gezögert, mir von seinen Avancen zu berichten. Seine Affären an der Universität mit seinen Doktorandinnen, die seine Ehe hatten scheitern lassen, reichten ihm offenbar nicht – er musste sich auch an meine Frau anpirschen. Der Pfau hatte sich wohl eingebildet, dass sie mit jemandem, der für seine Hotelgäste morgens Eier kochte, unmöglich glücklich sein konnte. Schließlich wurden Linda seine Annäherungsversuche bei den Dehnübungen, seine Wünsche nach Muskelmassagen so unangenehm, dass sie bevorzugt früh morgens lief, alleine.

»Das Gulasch schmeckt ausgezeichnet. Das hätte kein Sternekoch besser hinbekommen.«

»Und du willst den Rotwein nicht einmal probieren?«

»Niemals Alkohol vor dem Sport. Da bin ich rigoroser als ein Taliban. Aber sag – gibt es eigentlich neue Erkenntnisse, neue Spuren in ihrem Fall?«

Ich schüttelte den Kopf.

»Unfassbar«, sagte er und sein Blick wich mir aus. »Jemand fährt sie am frühen Morgen in den Straßengraben, lässt sie elendiglich sterben und begeht Fahrerflucht. Was für ein Mensch muss das sein? Wie kann man mit dieser Last auf dem Gewissen überhaupt weiterleben?«

»Das frage ich mich auch, Tag und Nacht.«

»Und die Polizei ist noch keinen Schritt weiter?«

»Sie werden den Fall wohl bald zu den Akten legen.«

Sie haben eben die Indizien nicht deuten wollen, dachte ich. Prof. Dr. Dr. h. c. Ludwig Wembler hatte mit seinem Wagen drei Stunden nach Lindas Tod einen Unfall gebaut. Er ist gegen eine Mauer gefahren, sodass Teile der Karosserie komplett ausgetauscht werden mussten. Für die Kriminalpolizei war es nichts weiter als ein zufälliges Zusammentreffen verschiedener Ereignisse, für mich das perfekte Verwischen möglicher Spuren.

Ich sah, wie nervös er war. Er griff nach dem leeren Rotweinglas vor sich und bemerkte den Irrtum erst, als er es an die Lippen gelegt hatte. Sein Blick kippte gleichsam nach innen.

»Habe ich dir schon erzählt, dass ich mich als Nachfolger für den Rektor unserer Universität bewerben will?«, wechselte er das Thema. »Es bedeutet natürlich tonnenweise Papierkram und eine Unzahl langweiliger Sitzungen, aber ich schaffe mir auf diesem Weg wichtige Verbindungen. In der Forschung und Lehre habe ich praktisch alles erreicht. Einen Wechsel in die Politik kann ich mir sehr wohl vorstellen. Eine Rektorentätigkeit wäre nicht das schlechteste Sprungbrett.«

»Und jetzt bist du dabei, dir Mehrheiten im Universitätskollegium zu sichern?«

»Ich sondiere sehr genau meine Chancen. Jemand mit meiner Exponiertheit und meinem Bekanntheitsgrad schafft sich natürlich nicht nur Freunde. Manch einer würde mich gerne straucheln sehen. Weißt du«, fuhr er mit leiserer Stimme fort, »in gewissem Sinne bin ich ein Getriebener. Ich muss einfach erfolgreich sein, weil ich Niederlagen und Ablehnungen nur sehr schwer verkrafte.«

»Du wirst es schaffen.«

Er schob den Teller etwas von sich weg. »Es war hervorragend, mein Lieber. Ich könnte gut und gerne noch drei Portionen essen, aber das würden meine Beine und meine Lunge mich heftig büßen lassen. Mein Trainingsanzug liegt schon bereit. Es ist unvergleichlich, um diese späte Stunde zu laufen. Niemand ist mehr auf den Straßen, die kalte

Luft pustet dir den Kopf frei. Du fühlst dich vital, geradezu unverletzbar. Es ist mein täglicher Jungbrunnen.«

Wenig später verließ er mich. Ich brachte das Geschirr in die Küche und spülte ab. Ich konnte mir Zeit lassen, denn dank Linda kannte ich seine Laufstrecke sehr gut. Noch einen kleinen Schluck Rotwein, dann ging ich mit meinem Generalschlüssel in den ersten Stock und öffnete die Zimmernummer sieben. Wie erwartet lag der Wagenschlüssel in der Nachttischschublade. Einer meiner Stammkunden – er kam stets für mehrere Wochen, wenn ein Auftrag auf einer Großbaustelle anstand. An diesem Freitag war sein letzter Einsatz für dieses Jahr, er würde bis in den frühen Morgen mit den Kollegen feiern und morgen nach einem ausgedehnten Frühstück zu seiner Familie zurückfahren.

Die kühle Abendluft überraschte mich, als ich die Haustür hinter mir schloss. Ich begann sofort zu frösteln. Oder war es etwa Angst vor der eigenen Courage? Ich zog die Mütze tiefer in die Stirn und schaute mich um. Niemand war zu sehen, als ich zum Parkplatz ging und den fremden Wagen startete.

Ich schaute auf die Uhr. In diesen Minuten musste Wembler den Ortskern verlassen und auf die Landstraße einbiegen. Sie war unbeleuchtet, aber er trug eine Stirnlampe. Es war ein merkwürdiges Bild, wenn er früher zur verabredeten Zeit vor meiner Pension im Kreis lief, bis Linda die Haustür öffnete und sie Seite an Seite joggten. Als sie noch zusammen joggten.

Linda – die ersten Wochen nach ihrem Tod waren die Hölle. Ich weiß nicht mehr, wie ich sie überhaupt überstanden habe. Nun hatte sich eine Leere in meinem Innern ausgebreitet, die, das wusste ich, niemals mehr von mir weichen würde. Sie lag wie Mehltau auf meiner Seele. Dieses Abendessen hatte meine letzten Zweifel an Wemblers Schuld getilgt. Die zittrige Unruhe, als ich Lindas Lieblingsgericht servierte, das Eingeständnis eines maßlosen Narzissten, keine Zurückweisungen verkraften zu können, fügten sich nahtlos zum Indiz des herbeigeführten Verkehrsunfalls. Juristisch war ihm damit nicht beizukommen. Aber ich konnte nicht weiterleben in dem Gedanken, dass sich dieser skrupellose Karrierist in seiner Popularität suhlte, ohne für seine Tat bezahlen zu müssen.

In wenigen Minuten hatte ich die Landstraße erreicht, die zum sieben Kilometer entfernten Nachbarort führte. Ich wusste, dass Wembler mindestens die halbe Distanz zurücklegte. Es war beinahe

Mitternacht. Ich fuhr langsam, ohne einem Wagen oder einem Fußgänger zu begegnen.

Dann sah ich ihn, kaum fünfzig Meter vor mir. Er lief locker und flüssig auf der von mir aus gesehen linken Straßenseite, um entgegenkommende Fahrzeuge frühzeitig zu sehen. Auf jener Seite war der Boden neben der Straße für die neue Gasleitung ausgehoben worden. Wahrscheinlich hätte Linda überlebt, wenn sie nicht erst über eine Stunde nach Ludwig Womblers Attacke im Graben entdeckt worden wäre. Ich beschleunigte nur langsam, um nicht seine Aufmerksamkeit zu erregen. Aber Wembler hätte mich sowieso nicht in dem ihm fremden Wagen erkennen können. Die reflektierenden Streifen an seinem Trainingsanzug wirkten in der Dunkelheit wie Frisbees in absoluter Zeitlupe. Ich schaltete in den vierten Gang und lenkte den Wagen langsam auf die Gegenfahrbahn. Noch dreißig, noch zwanzig Meter. Der von seinen Lungen angewärmte Atem kondensierte in der kalten Abendluft zu kleinen Nebelwölkchen.

Ich erwischte ihn genau in dem Moment, als er sich umdrehte. Ich achtete nicht auf sein Gesicht, sondern auf seinen Körper, um ihn ja nicht zu verfehlen. Es gab nur ein dumpfes, nicht einmal besonders lautes Geräusch. Dann war Ludwig Wembler, der Mörder meiner Frau, im Graben verschwunden. Wenn er nicht unmittelbar durch die Wucht des Zusammenpralls getötet worden war, würde die Nacht für mich den Rest erledigen.

Ich wendete nicht an der Unfallstelle, sondern fuhr weiter bis zur nächsten Abzweigung. Dann kehrte ich über einen Umweg zur Pension zurück, ohne dass mir ein Fahrzeug begegnet wäre. Ich stellte den Wagen auf dieselbe Stelle auf dem Parkplatz, kontrollierte die Stoßstange und den Kotflügel. Sie waren praktischerweise bereits mit einigen Beulen geschmückt. Neue konnte ich nicht entdecken. Außerdem würde der Wagen am kommenden Mittag circa dreihundert Kilometer entfernt vor dem Eigenheim des Eigentümers stehen. Und niemand würde eine Verbindung zwischen Wembler und einem Handwerker auf Montage herstellen, der sich zudem zur Tatzeit in einer Kneipe befand. Eine perfekte Planung und Durchführung eben.

Wenige Wochen später schlug ich, als meine Gäste das Haus verlassen hatten, die Zeitung auf. Ich zündete dabei stets meine Pfeife an und schenkte mir eine frische Tasse Tee ein. Mein kleines Alltagsritual.

»Überraschendes Geständnis« lautete die Überschrift des Artikels auf der ersten Seite des Regionalteils. »Der Handwerker Klaus B. hat gestanden, auf seinem Weg zur Arbeit vor vier Monaten die auf der Landstraße joggende Linda Straaten angefahren und anschließend Fahrerflucht begangen zu haben. Linda Straaten war ihren inneren Blutungen erlegen. Der Handwerker befand sich seinerzeit zur Montage ausgerechnet in der Pension des Ehemanns des Opfers. Er war nicht in den näheren Fokus der polizeilichen Ermittlungen geraten, weil der Weg zu seiner Baustelle nicht über diese Landstraße führte und er nur an jenem Morgen anderswo etwas zu erledigen hatte. Gleichwohl habe er die Qual seines Gewissens nicht länger tragen können, erklärte der zweifache Familienvater. Die Polizei sieht allerdings keinen Zusammenhang zum Tod des bekannten Publizisten Prof. Dr. Ludwig Wembler, der vor drei Wochen nahezu an derselben Stelle ebenfalls von einem unbekannten Fahrzeug erfasst und tödlich verletzt wurde. Außerdem verfüge Klaus B. für die Tatzeit über ein wasserfestes Alibi. In diesem Fall warte man trotz der intensiven Ermittlungen leider noch immer auf eine heiße Spur, musste der Polizeisprecher einräumen. Vielleicht bewege ja das Verhalten von Klaus B. den oder die Täter(in) ebenfalls zu einem Geständnis.«

Der Tee schmeckte plötzlich sehr bitter.

# Michael Soyka

## Tamara muss sterben

Barbara Zimmer zog die Luft ein. Ihre Nasenflügel vibrierten leicht, ein nervöses Zucken, kaum merklich, aber ihre Nerven lagen blank. Der Duft dieser kleinen Hure schien überall im Haus zu hängen, ein süßliches Versprechen, das sich sofort in ein staubiges Nichts aufgelöst hatte und trotzdem in ihrem Haus hing – ihrem gemeinsamen Haus, das sie nicht aufgeben würde, genauso wenig wie ihn. In beides hatte sie zu viel investiert, die besten Jahre und das Erbe ihrer Mutter, die ihren Mann viel zu früh verlassen hatte, Barbara war noch ein Kind gewesen. Jahre später war sie an Eierstockkrebs verstorben, einsam verreckt in einem Klinikbett, wie sich Barbara bitter sagte.

Auch Barbara war damals nicht bei ihr, sondern im Urlaub auf den Seychellen gewesen, mit ihm, Thomas. Hatte sie nicht gewusst, wie schlimm es um sie stand? Das Bild ihrer Mutter war verblasst, während das Parfüm dieser Frau, unsichtbar und nicht zu lokalisieren, sie jetzt ständig umwehte. Oder war es gar kein Parfüm, sondern roch diese Nutte so, ein bisschen sinnlich, verführerisch, offen für alles, was ihr Mann so mochte? Barbara kannte Thomas in- und auswendig. Er war immer schon charmant gewesen, erfolgreich. Frauen mochten ihn. Sie hatte seine Art ja auch angesprochen, und sie hatte damals den Eindruck gehabt, dass er sie ernst nahm. Er hatte ihr das Gefühl gegeben, besitzenswert zu sein, hatte sie auch begehrt in der ersten verliebten Zeit. Das war jetzt zehn Jahre her. Es gab noch Berührungen, hier und da. Hatte sie sich ihm je verweigert? So dumm war sie nicht. Ihr Kinderwunsch war unerfüllt geblieben, es war rätselhaft gewesen, warum. An ihr hatte es nicht gelegen. An ihm auch nicht. Dann an ihnen beiden? Die Ärzte waren ratlos geblieben. Mit Anfang vierzig bestand noch eine kleine Chance, aber sie war so gering, dass selbst die Resignation darüber kaum mehr spürbar war. Bei ihr. Bei ihm? Sie redeten nicht mehr darüber. Vor drei Jahren hatten sie den quälenden Zyklus von Hormonbehandlungen und künstlichen Befruchtungen aufgegeben. Die Spritzen hatten sie in ein depressives Loch gestürzt, aus dem sie nur langsam herausgekrochen war, das sie aber verändert hatte.

Keine Erinnerungen oder enttäuschte Hoffnungen quälten sie, aber eine dumpfe Ahnung von Traurigkeit und Tod, von nicht gelebtem, gar nicht begonnenem Leben. Ein bleigraues Amalgam aus Versagen, Angst und Unverständnis hatte sich auf ihre Seele gelegt. Sie hatte keine Albträume. Sie hatte gar keine Träume mehr, erwachte morgens viel zu früh neben einem tief schlafenden Mann, der unbekümmert neben ihr lag, unbeeindruckt von ihren grauen Morgenstunden.

Durch die Vorhänge fiel erstes Licht. Wo hatte sie diesen Geruch bemerkt? In seinen Sachen? War es nicht sogar hier im Schlafzimmer gewesen? Ahnungen sind schlimmer als Erinnerungen, die immerhin noch einen wahren Kern haben, so sehr das Gedächtnis sie auch verformen mag, zum Positiven bei den Optimisten, zum Negativen bei Menschen wie ihr, die zu ehrlich und intelligent waren, um sich zu belügen. Wie anders war Thomas. Der geborene Verkäufer. Verkäufer und Verführer. Kein Wunder, dass ihr Autohaus ein Erfolg geworden war. Die etwas abseitige Lage am Ortsrand von Starnberg, weitab dicht befahrener Hauptstraßen, hatte daran nichts geändert. Die Frauen kamen zu ihm, machten gerne eine Probefahrt extra, scheinbar unentschlossen, und brachten schließlich ihre Männer mit, die ihnen jeden aufgekratzten Wunsch erfüllten, oft selbst seinem Charme erlegen waren und Thomas und sie zu Vorzugspreisen in den Golfclub und den Yachtverein gelockt hatten, wo sich so gut Geschäfte machen ließen. Mittlerweile hatte Thomas ein Handicap von 7. Seine Träume hatten sich erfüllt. Und ihre? Ein sorgenfreies Leben, zumindest. Leben? Eher eine sorgenfreie Existenz. Und selbst die war jetzt in Gefahr. Durch diese Hure.

Natürlich hatte sie ihn nicht auf seine Extratouren angesprochen, so dumm war sie nun wirklich nicht. Wahrscheinlich hätte er es ohnehin abgestritten. Oder auch nicht – und sie damit aber vor Entscheidungen gestellt, die sie auf keinen Fall treffen wollte. Ein Neustart mit Anfang vierzig? Mit einem von Hormonbehandlungen zerstochenen Hintern, über den die ersten Narben krochen? Außerdem gab es da noch ihren Ehevertrag, der durchaus nicht zu ihren Gunsten abgeschlossen worden war, wie sie erst jetzt verstanden hatte. Keiner ihrer wenigen Freundinnen hatte sie sich anvertrauen wollen, sondern in München den anonymen Rat einer versierten Fachanwältin für Familienfragen eingeholt. Bitter lachte Barbara in sich hinein, haha, Familiensachen, da ging es doch ohnehin nur um Scheidungen. Sorgerecht war bei ihnen ja kein Thema, sie sorgten sich nicht einmal umeinander. Keine Kinder?, hatte die Anwältin gleich gefragt und unerwartet bescheidene Unterhaltsansprüche errechnet, ganz hypothetisch natürlich nur, und die waren sicher auch noch zwanzig Prozent zu hoch angesetzt, wie Barbara als Geschäftsfrau wusste. Sonst hätte die Anwältin die potenzielle Mandantin ja gleich verschreckt, wenn sie mit Horrorzahlen gekommen wäre. Es gab eine Gütertrennung und das Geschäft lief auf ihn. Und wäre auch ohne sie weitergelaufen. Keine Kinder hieß kaum Unterhaltsansprüche. Das neue Gesetz will das so, erklärte die Anwältin. Sie wurde für ihre ungewollte Kinderlosigkeit doppelt und dreifach bestraft. Die Anwältin hatte ihr nach geltender Rechtslage nahegelegt, im Falle einer Trennung rasch wieder in ihren alten Beruf zurückkehren. Mit langen Unterhaltszahlungen könnte sie, kinderlos, nicht rechnen. Wieder als Lehrerin arbeiten? Wie ihre Mutter? Das verkorkste Leben ihrer Mutter endgültig kopieren? Das konnte sie nicht. Überhaupt waren die Aussichten, eine Stelle zu finden, gering. Am Ende durfte sie noch froh sein, Deutschkurse für Asylanten anbieten zu dürfen. Als sie das Anwaltsbüro verließ, war ihr, als spürte sie schon die Krebszellen in ihrem Unterleib wuchern. Ein Ziehen im Bauch, später eine hochspülende Übelkeit, natürlich war das psychosomatisch und hatte sich in Stundenschnelle in dumpfen Ärger aufgelöst. Und kalte Entschlossenheit. So nicht. Nicht mit ihr.

Und Thomas? Neben ihm würde eben eine andere stehen, auf dem Neujahrsempfang der Industrie- und Handelskammer, im Golfclub, im Yachtverein. Sicher hätte dann auch die Neue ein schickes Cabrio wie sie, Sechszylindermotor, das Verdeck öffnete sich in zwölf Sekunden. Zwölf Sekunden bis Tempo sechzig. Wenn Thomas das bei einer Probefahrt sagte, klang das wie ein Versprechen. In zwölf Sekunden bringe ich dich … kein Wunder, dass sich das Cabrio wie verrückt verkaufte. Ein absoluter Kassenschlager. Die Autofirma hatte sie als Dankeschön für erbrachte Umsatzleistungen schon zweimal zu Luxusreisen eingeladen, wo sie die neuesten Modelle, die erst im nächsten Jahr in den Verkauf kamen, schon einmal zur Probe fahren konnten. In Andalusien. In Südfrankreich. Nächstes Jahr in Dubai, der Markt wurde immer wichtiger. Barbara hatte ein Cabrio mit roten Ledersitzen, um das sie viele Frauen im Club beneideten. In zwölf Sekunden … dabei war es unpraktisch und eng. Der Wind ruinierte ihr Haar, der Wagen war unübersichtlich und in den Kofferraum passte nicht mal ihr Golfbag. Ein Kinderwagen würde auch nicht passen, trotzdem kauften viele Frauen, noch mit Kleinkind auf dem Arm, das Modell. Den Zweitwagen zum sonst bevorzugten SUV. Für die Stunden, die ich ganz für mich habe, wie eine Kundin ihr einmal lachend gesagt hatte. Ganz für mich ... Was hatte Barbara denn ganz für sich? Ein paar Stunden? Den ganzen Tag? Das ganze Leben? Nicht einmal meinen Mann habe ich ganz für mich, hatte sich Barbara gesagt. Aber sie würde ihn sich wiederholen.

Ein paar Wochen schwelte die schwere Ahnung zwischen ihnen. Thomas war nichts anzumerken. Er wirkte unverändert. Obwohl – hatte er nicht sogar etwas abgenommen? Sportlich war er ja, nicht unbedingt gut aussehend, aber eben charmant. Es schwang immer ein kleines augenzwinkerndes Versprechen mit, wenn er etwas sagte. In zwölf Sekunden ... Selbst wenn man wusste, dass er schwindelte, konnte man ihm nicht böse sein. Das Geheimnis seines Erfolgs. Diese Unverbindlichkeit. Nichts war ihm wichtig. Sie jedenfalls nicht.

Er hatte sie sogar ein- oder zweimal berührt. Natürlich hatte sie sich nicht verweigert und erfreute Überraschung signalisiert. War er nicht sogar etwas bestimmender gewesen als sonst? War das Leidenschaft? Oder war er einfach nur gut im Schwung, wie ihre Mutter verbittert gesagt hätte? Oder hatte er ein schlechtes Gewissen? Nein, das nun doch nicht. Woran hatte er gedacht, als er sie zu sich gedreht, sie leicht angehoben hatte? An sie? An die andere? Oder lief in seinem Kopf einer dieser blöden Filme ab, die er im Keller gestapelt hatte? Woran sie gedacht hatte, fragte sie sich hinterher besser nicht und stellte die Dusche etwas wärmer ein als sonst.

Und dann hatte sie es gerochen. Nicht mehr irgendwo und nirgends, sondern hier. Ganz reproduzierbar. Beim Einsteigen war es da. Stieg sie aus, verwehte der Eindruck. Und war wieder da, als sie sich ans Steuer setzte. Der Geruch hing über dem Beifahrersitz. Natürlich war das ein Parfüm. Viel zu süß. Es war nicht nur neben ihr. Auch auf dem Rücksitz, eigentlich einer Rückbank, die sich in dem SUV problemlos umlegen ließ. Ein riesiger Wagen. Sie hatte das Fahrzeug, das Thomas für Probefahrten nutzte, eigentlich nur rangieren wollen, nichts Besonderes, das passierte oft. Zwölf Sekunden brauchte er für die Rückbank sicher nicht. Hatte sie dort gelegen? Ihr wurde schlecht.

Irgendwo, in einer kleinen Ritze, fand sie ein blondes Haar. Mehr hatte es nicht gebraucht.

Der Rest war einfach gewesen. Terminkalender, Reservierungen, Telefonnummern, die sich wiederholten, es fiel ihr wie Schuppen von den Augen. Dann fand sie auch noch einen Leasingvertrag eines Premium-SUV zu absolut lächerlichen Konditionen, ein kaum kaschiertes Geschenk für seine neue Freundin. Als der Drucker den Vertrag auswarf und er vor ihr lag, schwarz auf weiß, ahnte sie, dass dies keine belanglose Affäre sein konnte. Mit der machte man keine Verträge. Blumen, Essenseinladungen, allenfalls ein heimliches Wochenende in einem Hotel, das sich die Freundin sonst nicht leisten konnte, das war alles unverschämt und unerwünscht, jedoch ohne tiefere Verpflichtung, aber das? Ging nicht nur zu weit, sondern war gefährlich. Er hatte die rote Linie ihrer Ehe mit Siebenmeilenstiefeln übersprungen.

Nach einer Woche hatte sie es gewusst. Tamara. Natürlich keine echte Blondine. Ein südländisches Gesicht, vielleicht ein bisschen arabischer Einschlag, wer wusste das schon, ein fester Körper, allenfalls Mitte zwanzig. Nicht aus Starnberg, aber auch nicht weit entfernt. Dießen am Ammersee. Friseursalon *Belle Epoque*, mit großen goldenen Spiegeln. Alles wie aus einem schlechten Roman. So billig und doch so real. Es bedurfte nur eines Blickes, und sie wusste es ganz genau. Diese kleine Hure würde alles tun, um aus dem *Belle Epoque* in die Beletage zu kommen. Das ging für solche Frauen nur über Männer wie Thomas. Notfalls wäre sie auch sofort schwanger, da war sich Barbara sicher. Das süße Parfüm passte zu ihr, es schien zu haften, zu kleben, an ihren Haaren, ihren Brüsten, ihrem Mann.

Es hatte sie etwas Mut gekostet, aber dann hatte sie sich einen Termin bei ihr geben lassen, als neue Kundin. Eine gute Freundin hätte sie empfohlen. Tamara wirkte arglos. Barbaras Gesicht sagte ihr nichts, das spürte sie. Natürlich hatte sie bei der Reservierung einen anderen Namen benutzt. Sicher wusste Tamara, dass er verheiratet war, aber das hatte sie offensichtlich nicht abgeschreckt, vielleicht sogar heiß gemacht. Huren machte sowas besonders scharf, dachte Barbara bitter. Aber dieses kleine Biest wollte mehr, nicht nur ein bisschen Schmuck oder ein schönes Wochenende in einem für sie unbezahlbaren Fünf-Sterne-Hotel als Dankeschön für ein paar Blowjobs auf der Rückbank. Barbara spürte das sofort, dieses Luder wollte nach oben. Sie wirkte gar nicht so ordinär wie erwartet, war freundlich, nicht der Typ Frau, dessen man schnell überdrüssig werden würde. Thomas nicht. Das war eine ernste Bedrohung. Barbara hatte nicht genau gewusst, was sie von dem Treffen mit Tamara erwartet hatte, aber es war völlig klar, dass sie hier nicht die hysterische Betrogene spielen konnte. Stattdessen ließ sie sich Strähnchen machen. Das dauerte am längsten. Scheinbar unbedarft plauderte sie mit Tamara, die hinter ihr stand und ein strahlendes Lächeln in den Spiegel warf, ein junges Lachen, das Barbara frieren ließ.

»Wie lange haben Sie das Geschäft schon?«, fragte Barbara.

»Erst ein paar Monate«, gurrte sie mit unerwartet tiefer, etwas rauer Stimme. Sie wirkte ruhig, begann ohne Hektik, Barbara die Haare zu schneiden und helle Strähnchen in das ergrauende Haar zu legen. Barbara war überrascht, hatte sie hysterisches Geplapper erwartet? Nichts davon. Privates ließ sich Tamara nicht entlocken. Sie sprach über Mode und Frisuren, Prominente und eine anstehende Fürstenhochzeit, inspiriert durch die Cover der umliegenden Zeitschriften, gab aber keine Hinweise auf ihre private Situation. Umgekehrt schien sie kein Interesse an den persönlichen Verhältnissen Barbaras zu zeigen. Ein einziges Mal erwähnte diese das Thema Kraftfahrzeuge. Sie suche ein neues Auto, was Tamara ihr denn empfehlen würde, aber diese ging nicht darauf ein. Kein vertraulicher Tipp an die neu zu akquirierende Stammkundin, kein Hinweis auf gute Kontakte, die sie habe. Der lose hingeworfene Gesprächsfaden wickelte sie nicht ein, sondern versandete. Bald waren sie wieder bei der Fürstenhochzeit auf Herrenchiemsee. Wenn dort nur das Wetter mitspielen würde.

Etwa nach fünfundvierzig Minuten, zur Halbzeit der Behandlung, wusste Barbara, mit wem sie es zu tun hatte – mit einer intelligenten und attraktiven Gegnerin, die selbstbewusster schien, als ihr lieb war. Die sich nicht bei ersten Problemen zurückziehen würde, ihren Mann mit überflüssigen Szenen verschrecken und ihn mit Telefonanrufen traktieren würde. Diese Schlange wollte alles und konnte warten.

Nach einer Stunde war Barbara klar: Tamara musste sterben. Nie in ihrem Leben hatte sie ähnliche Gefühle oder Gedanken gehabt, alles Aggressive war ihr fremd gewesen. Oder doch nicht? Sie erschrak über ihre eigene Kälte und Entschlossenheit. Diese Schlange jedenfalls würde sich tausendmal häuten, aber nie verschwinden. Es sei denn, man schlug ihr den Kopf ab.

Wie machte man das? Barbara erfreute sich für ein, zwei Minuten, in denen Tamara ihr die Kopfhaut mit einem Wunderöl massierte, an dieser Fantasie. Aber sie war keine Talibankämpferin und technisch war das Töten sicher schwierig. Sie konnte ja schlecht eine Machete im Internet bestellen, so verlockend der Gedanke war. Für einen Moment dachte sie an Gift, aber auch hier war sie völlig unerfahren. Außerdem war es die klassische Waffe der Frau, diese Spur wollte sie nicht legen. Es musste Alternativen geben.

Tamara legte eine neue CD ein, die im Hintergrund spielte.

»Mögen Sie Opernmusik?«, fragte sie mit ihrer warmen Stimme.

»Warum nicht?«, meinte Barbara. »Diese ewige Popmusik, warum nicht einmal große Gefühle beim Strähnchenlegen.«

Tamara lachte.

Und dann kam ihr die Idee. Carmen. Das Messer. Natürlich. Ein kurzer, kalter Stich gegen die heißblütige Geliebte und alles war vorbei. Das traute sie sich zu. Von unten mit Schwung in den Herzbeutel. Das würde sie schaffen. Sie konnte nicht mehr klar denken, der Gedanke berauschte sie. Carmen hat ein Messer … Alles schien ihr auf einmal rot, das *Belle Epoque* mit seinen schweren Spiegeln, die Wände, ihre Zukunft. Die Farbe war ein Gefühl, dass sie übermannte. Sie schloss die Augen, genoss den Augenblick und zählte in Gedanken ihre Küchenmesser durch, die sehr bald alle geschliffen werden würden.

Die nächsten vierzehn Tage waren die Hölle und doch nicht so schwer wie die hinter ihr liegende Zeit. Sie hatte ein Ziel und ihr eben noch vager Plan, eher eine Laune, verdichtete sich zu einem Entschluss, der sie beflügelte und in keinem Moment ängstigte. Wenn das Schicksal es so von ihr verlangte, war sie bereit.

Akribisch, aber diskret folgte sie den Spuren ihres Mannes, wusste, wann und wo er sich mit dieser Hure traf, vielleicht schon etwas länger und eine Spur weniger heimlich als eben noch, was nur zeigte, dass die beiden sich sicher fühlten und vermutlich schon eine gemeinsame Zukunft schmiedeten. Tamara zumindest, wenn sie sich auf einem einsamen Parkplatz zu ihm herüberbeugte, ihm zärtliche Sachen sagte, oder geile, nach seinem Glied griff und … sie mochte nicht daran denken. Oder doch, es beflügelte sie. Barbara hatte sich das ideale Messer besorgt, eine fünfzehn Zentimeter lange Klinge, scharf genug, um Knochen zu teilen. An einsamen Abenden hatte sie sich in die Garage geschlichen und tatsächlich etwas geübt zuzustechen, an alten Basketbällen und einem übel riechenden Boxsack, den ihr Mann sich einmal vor Jahren in einem Anfall von lächerlichem Männlichkeitswahn gekauft hatte, nachdem er den albernen Film *Fight Club* gesehen hatte. Diese Adrenalinphase dauerte allenfalls vierzehn Tage, danach war der Sack im hintersten Winkel einer ihrer Garagen dem Ungeziefer- und Pilzverfall anheimgegeben worden. Jetzt diente er ihrem privaten Fight Club.

Die Waffe war da, jetzt ging es um eine Gelegenheit. Barbara hatte sich für einige Tage die Fantasie gegönnt, Tamara im *Belle Epoque* die Kehle durchzuschneiden, von hinten ihren Kopf packend, sie beide im Spiegel taghell beleuchtet. Natürlich kam das nicht infrage. Sie konnte das nicht an einem so persönlichen Ort erledigen. Das würde leicht Verdachtsmomente erzeugen, die zu ihr führen könnten. Ein anonymer Platz musste her, eine scheinbar zufällige Gelegenheit, die nichts mit ihr zu tun hatte. Tamara sollte wie ein Zufallsopfer aussehen, das musste sie berücksichtigen. Gleichzeitig merkte Barbara, dass sie sich nicht mehr lange kontrollieren konnte. Sie schlief schlecht. Sie konnte die immer dümmeren Ausreden ihres Mannes nicht mehr ertragen. Sie spürte einen immer größeren Hass und meinte, kaum mehr klar denken zu können. Langsam verdichtete sich ihr Plan. Sie würde Tamara auflauern. Wäre sie ein Mann, sie hätte sie vorher noch missbraucht, vergewaltigt und dann abgestochen, aber so blieb ihr nur die Vorfreude auf einen tiefen Stich ins Herz. Oder zwei. Allenfalls zwei, alles andere sähe nach Leidenschaft und nicht nach Raubmord aus. Aber zwei würde sie sich gönnen. Das hatte sie sich verdient. Danach würde das Messer im Starnberger See verschwinden. Mit kalter Hand würde sie es von ihrer Yacht ins Wasser gleiten lassen. Und danach zu Hause Coque au vin machen, für ihren Mann, der aufgewühlt und belastet wirken würde, unerklärlich gestresst durch Sorgen im Betrieb – nicht wahr, Liebling? Eine Frau spürt so etwas doch.

Aber wo wollte sie Tamara auflauern? Nein, dieses Wort war irreführend, Barbara konnte sich darin nicht wiederfinden. Sie würde ihr nicht auflauern, sondern sie stellen. Wie man ein tollwütiges Tier stellen würde. Barbara hatte das Gefühl, auf der Jagd zu sein.

Kurze Zeit später gewann ihr Verstand wieder die Oberhand. Und der Zufall half ihr bei der Entscheidung. Sie hatte die Buchhaltung der Autohandlung fast mechanisch weitergeführt, Verträge abgeheftet, Rechnungen beglichen, Mahnungen verschickt. Ob es wirklich zufällig war oder doch unbewusst herbeigeführt, ihr fiel noch einmal Tamaras fingierter Leasingvertrag in die Hände. Es zeigte sich, dass einer der drei Autoschlüssel, die zu dem Wagen gehörten, Tamara nicht ausgehändigt worden und im Betrieb verblieben war, obwohl sie dafür quittiert hatte. Ein Versehen, wie es oft vorkam. Barbara nahm ihn an sich und versteckte ihn – hinter dem Boxsack. Langsam festigte sich in ihr der Entschluss, Tamara in ihrem eigenen Wagen zu töten. Das wäre auch noch eine Botschaft an ihren Mann, der sich mit dem Ärger, das blutverschmierte Auto zurückzunehmen, herumärgern sollte. Tamaras Abschiedsgeschenk an ihn.

Zwei Tage später überraschte ihr Mann sie mit dem Hinweis, in zwei Wochen nach Marbella zu reisen, wo besonders verdienten und erfolgreichen Autohändlern schon einmal, ganz exklusiv, die neuen Modelle für das nächste Jahr vorgestellt werden sollten. Eine Woche Probefahren an der Costa del Sol, darunter ein, wie ihr Mann es ausdrückte, »rattenscharfes neues Cabrio« und ein Vollhybrid-SUV mit über 300 PS.

»Leider kann ich dich diesmal nicht mitnehmen, es ist nur für die Händler gedacht, das musst du verstehen, Schatz.«

Am nächsten Tag rief sie Tamara an, um sich einen Termin zum Haareschneiden in vierzehn Tagen zu besorgen.

»Ach das geht bei mir leider nicht, ich bin die Woche im Urlaub, ein paar Tage Spanien, passt es denn die Woche darauf?«

Barbara musste handeln. Autoschlüssel und Messer lagen jetzt stets in ihrer Handtasche. Der Vorsatz war da, es fehlte die Gelegenheit.

Es folgten einige hektische Tage mit Fahrten zum Ammersee, die jedoch nichts ergaben als flüchtige Blicke auf diese kleine Hure, wie sie Barbara nur noch nannte. Einmal ging sie wie zufällig an Tamaras SUV vorbei und probierte ihren Drittschlüssel aus, der problemlos auf- und zuschloss. Aber wo könnte sie Tamara abpassen? In schlechten Kriminalfilmen gab es immer eine Gelegenheit, aber sie konnte ja kaum in Tamaras Geschäft gehen und ihr mal eben die Kehle durchschneiden. Oder doch? Es war unwahrscheinlich, dabei unbeobachtet zu bleiben. Dasselbe galt für ihre Wohnung, die sich im zweiten Stock eines belebten Apartmentblocks befand. Im Übrigen hätte dieser Tatort der Polizei ein Motiv nahegelegt, das im Persönlichen lag. Barbara hatte Anflüge von Resignation. Und der Abflugtermin ihres Mannes nach Malaga (»Du musst mich nicht zum Flughafen bringen, Schatz, du weißt doch, wie viel Verkehr auf der Strecke ist«) rückte immer näher. Er würde jede Nacht im süßen Gift dieser Schlampe baden und sie, Barbara, danach verlassen, das war ihr klar.

An einem Donnerstagabend handelte sie. Ganz spontan. Es war ein Zufall. Sie sah Tamaras SUV. Er stand abends vor einem großen Supermarkt in Starnberg, nicht am Ammersee. Dutzende Autos fuhren von dem großen Parkplatz ein und aus. Wie in Trance nahm sie die Fernbedienung, öffnete den Wagen und legte sich in den riesigen Kofferraum, der von einer Verdeckklappe abgedeckt war. Es ging in Sekunden, niemand hatte sie bemerkt. Sie verriegelte den Wagen wieder per Knopfdruck, hielt das Messer in der Hand und wartete auf Tamara. Irgendwo würde sie halten, und dann würde sie ihr einfach von hinten die Kehle durchschneiden. Das ging in Sekunden. In diesem Moment fiel ihr ein, dass Tamara vielleicht eine Einkaufstüte in den Kofferraum stellen und sie dann entdecken würde. Der Plan war doch nicht perfekt. Das Ganze war Wahnsinn. Barbara wollte aussteigen. In diesem Moment piepste der Wagen, die Fahrertür wurde geöffnet und Barbara roch ein süßes Parfüm. Tamara setzte nach hinten und fuhr los. Barbara verschlug es den Atem. Ihr Mordplan hatte sich in das Gefühl, unbedingt pinkeln zu müssen, verflüchtigt. Barbara hatte Angst. In ihrer Hand lag das kalte Messer.

Wenige Minuten später hielt der Wagen, die Beifahrertür ging auf und zu. Sie hörte, wie sich ein schwerer Körper setzte. Ein Kuss, ein kurzes Hallo. Es war Thomas' Stimme.

»Wie geht es dir?«, fragte Tamara.

»Nicht schlecht«, gab er zurück, eher beiläufig.

»Du hast es ihr immer noch nicht gesagt?« Ihre Stimme war etwas höher als sonst, unterlegt von einer leichten hysterischen Schärfe.

»Bald«, sagte er. »Nach der Reise.« Thomas klang müde. Fast resigniert. »Übrigens, es tut mir leid, ich werde dich nicht mitnehmen können, die Veranstalter haben gesagt, nur die Vertragshändler. Antikorruptionsgesetz und so. Früher war alles einfacher.«

»Was? Oh nein. Ich glaube dir nicht. Und sie weiß auch noch nichts von deinen Trennungsplänen? Du hast es versprochen«, insistierte sie.

»Bald«, wiederholte er nur.

»Alle haben mich gewarnt. Lass dich nie mit einem verheirateten Mann ein. Im Zweifelsfall sitzt du allein zu Hause, wenn er seinen Spaß gehabt hat.«

»Hör zu, wenn es dir nicht mehr gefällt mit mir …«

»Oh nein! So willst du dich aus der Affäre ziehen?«

»Davon kann keine Rede sein, aber …«

Sie durchquerten ein Waldstück zwischen Starnberger und Ammersee. Tamara fuhr auf einen Parkplatz, der abseits der ohnehin kaum befahrenen Landstraße lag, auf einem der vielen Hügel, die für das Voralpenland so typisch waren. Dieser war an einer Seite halb abgetragen, ein gewaltiger Steinbruch hatte sich bis an den Parkplatz herangefressen. Vor einigen Jahren war er aufgegeben worden, mit dem Nachlassen der Tätigkeit im Straßenverkehr, aber die Natur hatte ihn bislang kaum zurückerobert. Im einsetzenden Halbdunkel sah man nur ein paar niedrige Büsche, zwischen denen in der Tiefe Steinbrocken lagen.

»Hier haben wir uns das erste Mal getroffen«, sagte sie nur. Sie ließ den Motor laufen.

»Ich weiß«, meinte Thomas. »Tamara …«

»Du hast dir gleich beim ersten Mal einen blasen lassen, weißt du noch?«

»Ich habe dich doch nicht gezwungen. Wenn ich mich richtig erinnere, bist du sehr initiativ geworden.« Er klang jetzt etwas aggressiver.

»Du hast es genossen. Immer wieder. Und jetzt sag mir ins Gesicht, dass du dich von mir trennen willst, um bei deiner … frigiden Frau zu bleiben.« Sie äffte seine Stimme nach. »Weißt du, wie das ist, mit einem Eisklotz im Bett zu liegen, der beim Sex an die Buchhaltung denkt?«

Barbara fuhr ein kalter Stich durchs Herz. Ihre Blase schien zu explodieren. Sie hielt mit aller Kraft an sich. Ihre eingezwängten Gelenke waren mittlerweile steif und schmerzten.

»Lass Barbara aus dem Spiel«, sagte ihr Mann,

»Sicher nicht, Thomas. Ich sage ihr alles und dann wirst du sehen, was du davon hast.«

»Tamara, lass den Unsinn!«

»Ich habe dich geliebt. Liebe dich immer noch. Du Schwein!«

Wütend und mit Tränen in den Augen begann sie auf ihn einzuschlagen. Es gelang ihm nicht, sie zurückzudrängen. Immer hysterischer schrie und schlug sie.

»Ich werde es allen sagen. Du wirst mich nie los!« Ihre Worte wurden immer wirrer.

»Halt den Mund!«, herrschte Thomas sie an, aber sie hörte nicht auf. Er legte ihr eine Hand an den Hals. Dann die andere. Immer noch tobte sie. Dann drückte er zu. Ihre Augen weiteten sich, erst ungläubig, dann in qualvoller Angst. Todesangst, die einige unendlich lange Schicksalssekunden später in verzweifelte Gewissheit überging. Ihr Körper erschlaffte schließlich. Erst jetzt war sie ruhig. Ihre Arme hingen herab.

Barbara verstand nichts. Was war da vorne geschehen?

Ihr Mann öffnet die Beifahrertür und stieg aus. Er schloss die Tür und ging um das Auto herum. Er öffnete die Tür auf der Fahrerseite, löste die Handbremse, stellte das Automatikgetriebe auf D und trat kurz auf das Gaspedal. Blitzschnell zog er den Fuß zurück. Der Wagen ruckte nach vorne. Nur zwei Meter trennten ihn von dem steilen Abhang. Er schoss über den unbefestigten Parkplatz ins Nichts des aufgelassenen Steinbruchs. Mindestens dreißig Meter, schätzte er. Den Schrei seiner Frau konnte er nicht mehr hören. Krachend schlug der Wagen unten auf. Er blieb auf dem zertrümmerten Dach liegen. Aus dem geplatzten Tank lief Benzin. Der Motor erstarb. Der SUV lag, eben noch erkennbar, in der Tiefe wie ein durch ein Erdbeben hochgespülter Sarg.

Thomas wandte sich ab. Er hatte sich beruhigt. Diese kleine Hure. Wie war sie nur auf die Idee gekommen, er würde sein bequemes Leben für ein paar heiße Nächte aufgeben? Und jetzt wollte sie ihn auch noch erpressen. Es geschah ihr ganz recht. Diese Drohung konnte er ihr nicht vergeben. Eigentlich hatte er es schon vorher gewusst. Sie würde versuchen, sein Leben zu zerstören.

Tamara musste sterben.

# Ingeborg Struckmeyer

## Bittersüßes Ende

Maren Langer öffnete die Augen, das heißt, sie versuchte, die Augen zu öffnen. Ihre Lider waren tonnenschwer, in ihrem Kopf tobte ein irrer Schmerz. Mühsam richtete sie sich auf, rutschte wieder aufs Kopfkissen zurück. Schließlich saß sie auf der Bettkante, und nach mehreren Versuchen stand sie endlich vor dem Bett. Sie torkelte zum Badezimmer, stolperte gegen den Türpfosten, konnte sich gerade noch auf den Füßen halten.

Der Blick in den Spiegel ließ sie zurückweichen. Ihr Gesicht war grau, die Lippen blutleer. Sie sah genauso elend aus, wie sie sich fühlte. Fest umklammerte sie das Waschbecken, während Kacheln und Spiegel um sie herum Karussell fuhren. Sie schloss die Augen wieder.

Sie hörte die Dusche rauschen, hörte dann, wie sie abgestellt wurde, spürte, wie Axel sie mit nassen Armen umfing, spürte seine kühle, feuchte Haut wohltuend durch ihr dünnes Nachthemd. Sie vergrub ihren schmerzenden Kopf an seiner Schulter. »Liebes, was ist los? Geht's dir nicht gut? Bist du krank?« Axels Stimme drang dumpf durch den Nebel ihrer Wahrnehmungen.

»Ich hab schon wieder diese wahnsinnigen Kopfschmerzen«, murmelte sie und drückte ihre heiße Stirn noch fester gegen seinen Körper.

»Was heißt schon wieder?« Axel hatte ihr Gesicht in seine Hände genommen und zu sich gedreht, und als sie die Augen öffnete, sah sie seinen Blick besorgt auf sich ruhen.

Maren kamen die Tränen. Wie hatten ihr alle davon abgeraten, Axel zu heiraten. Er ist nur hinter deinem Geld her, er will nur die Firma. Manchmal war sie selbst ganz verunsichert gewesen. Doch wie hatten sie alle sich in ihm getäuscht. Jetzt waren sie schon seit fünf Jahren verheiratet, und immer hatte sich Axel von der besten Seite gezeigt. Selbst ihr Vater, der vor einem Jahr gestorben war, hatte auf dem Sterbebett zugeben müssen, dass er sich geirrt hatte. »Er liebt dich«, hatte er geflüstert. »Wie glücklich bin ich darüber. Vielleicht war diese ganze Testamentsgeschichte doch überflüssig.« Sie hatte gar nicht gewusst, was er damit gemeint hatte.

Bei der Testamentseröffnung hatte sich herausgestellt, dass nur Maren allein über das private und über das geschäftliche Vermögen verfügen durfte. Axel bezog weiterhin sein Gehalt als Geschäftsführer. Maren erinnerte sich noch jetzt an ihre Verlegenheit, als der Anwalt den »Letzten Willen« ihres Vaters verlas. Sie schämte sich für ihn, dass er ihrem Mann so wenig vertraut hatte. Axel hatte das alles offenbar nichts ausgemacht. »Was ist schon Geld«, hatte er leichthin gesagt, »du hast ja genug davon. Ich hoffe, du gibst mir ab und zu etwas ab.« Das hatte doch ein bisschen gekränkt geklungen, aber dann hatte Axel gelacht, sie in die Arme genommen, und in der Nacht hatte er sie geliebt wie noch nie. Sie hatte sich gefühlt wie in Brand gesteckt, wie in Stücke gerissen. Seitdem hatten sie im Grunde nie wieder von Geld gesprochen. Es war auch gar nicht nötig. Sie selbst war ohnehin zurückhaltend beim Geldausgeben, und wenn Axel mal über die Stränge schlug, was machte das schon. Schließlich war sie reich genug, und wenn er unbedingt einen Ferrari wollte – warum nicht?

»Jetzt sag mir, wie oft bist du morgens schon so aufgewacht?« Axels Stimme, gleichzeitig streng und besorgt, holte sie in die Gegenwart zurück.

»Vier- oder fünfmal in den letzten Wochen, aber so schlimm wie heute war es noch nie«, sagte sie schuldbewusst in Anbetracht seiner offensichtlichen Sorge um sie.

»Und warum hast du mir nichts davon gesagt?« Axel klang beinahe wütend.

Maren verzog das Gesicht. »Nicht so laut, mein Kopf dröhnt so!«

»So schlimm ist es? Da stimmt doch etwas nicht, das ist nicht mehr im normalen Bereich. Du gehst heute noch zum Arzt!«, sagte Axel energisch.

»Oh nein, ich hasse Ärzte! Schon als Kind hab ich sie gehasst. Meine Mutter war ständig in ärztlicher Behandlung. Ein Spezialist gab dem anderen die Klinke in die Hand. Niemand konnte ihr gegen ihre fürchterlichen Migräneanfälle helfen. Sie hat sich schließlich umgebracht, weil sie es nicht mehr aushielt.«

Jetzt hatte sie es ausgesprochen. Sie konnte die Worte nicht mehr zurücknehmen. Maren hörte selbst die Angst in ihrer Stimme, Angst, das gleiche Schicksal vor sich zu haben wie ihre Mutter. Tagelang mit diesen Schmerzen im abgedunkelten Zimmer zu liegen, kein normales

Leben mehr führen zu können. Sie war doch erst achtundzwanzig! Sie schluchzte, der Kopfschmerz pulsierte.

»Liebes, wein doch nicht, das tut dir bestimmt nicht gut«, beschwichtigte Axel sie zärtlich. »Du musst ja nicht unbedingt gleich zum Arzt. Heute ist Freitag, dann gehst du eben Montag, am besten zu jemandem, der dich und die Familie nicht kennt.«

Als ob allein das Sprechen über ihre Ängste Maren geholfen hätte, ging es ihr ein paar Stunden später – sie hatte sich noch einmal hingelegt und ein wenig geschlafen – etwas besser. Kurz vor dem Mittagessen machte sie einen Spaziergang. Die frische Luft tat ihr gut, vertrieb die restlichen Schmerzfetzen aus ihrem Kopf.

Gerade als sie wieder ins Haus gehen wollte, kam ihre Cousine Petra angefahren. Sie parkte ihren alten Käfer so schwungvoll in der Auffahrt, dass der Kies nach allen Seiten spritzte. Ihr hübsches, junges Gesicht verdüsterte sich, als Maren fragte: »Na, wie sieht's aus? Hast du ein Zimmer gefunden?«

Petra schüttelte den Kopf. »Alles viel zu teuer. Du weißt ja, dass ich nicht gerade viel Geld zur Verfügung habe. Ich fürchte, ich muss euch noch ein bisschen länger auf der Tasche liegen.«

Maren zwang sich zu einem Lächeln. »Ach, wir haben doch Platz genug«, sagte sie leichthin.

Am liebsten hätte sie ihrer Cousine ein kleines Apartment in der Nähe der Universität gekauft, um sie loszuwerden. Nicht dass sie Petra nicht gern gehabt hätte, aber wenn sie zu dritt waren, Axel, Petra und sie, dann war die Atmosphäre oft eigentümlich gespannt. Maren wusste, dass Axel Petra nicht mochte. Noch vor Kurzem hatte er gesagt: »Sie hat irgendetwas an sich, sie wirkt – wie sagt man so schön – ein bisschen gewöhnlich.«

Maren hatte daraufhin Petra unter die Lupe genommen. Tatsächlich waren ihre Jeans reichlich knapp, ihre frechen spitzen Brüste bohrten sich geradezu durch ihre hautengen Pullis, und das zweifellos hübsche Gesicht war entschieden zu stark geschminkt. Auf ihre Art wirkte sie attraktiv und sexy, aber – so hatte Maren gedacht – sie hatte eben nicht ihre klassische Eleganz.

Auch als sie heute bei Tisch saßen – Axel war zum Essen nach Hause gekommen –, lag wieder die eigenartige Spannung in der Luft. Es wurde nicht viel gesprochen. Axel schien zufrieden zu sein, dass es Maren besser ging. Mit Petra wechselte er kaum ein Wort.

Maren war froh, als sie sich wieder trennten. Axel fuhr zurück ins Büro, Petra hatte an der Uni zu tun. So nahm Maren ein Buch zur Hand und legte sich im Wohnzimmer auf die Couch. Aber sie las nicht, sondern dachte nach. Eigentlich hatte sie sich darauf gefreut, ihre Cousine im Haus zu haben, hatte sich Abwechslung und Unterhaltung davon versprochen. Sie hatten zwar des Öfteren abends Gäste, aber dabei handelte es sich ausschließlich um Geschäftsbesuche auf Axels Veranlassung. Die Ehe hatte Maren zunehmend isoliert.

Zu ihrer besten Freundin, die ihr von der Heirat mit Axel abgeraten hatte, hatte sie trotzig den Kontakt abgebrochen. Sie hoffte auf ein Baby, aber sie war bis jetzt nicht schwanger geworden. Ihre Abneigung Ärzten gegenüber hatte sie davon abgehalten, etwas zu unternehmen. Axel schien es gleichgültig zu sein, und eigentlich waren sie sich ja auch selbst genug.

Maren schrak zusammen, als Frau Reimann, die Haushälterin, den Kaffee brachte, und sah sich verwirrt um. Das Buch war auf den Boden gefallen, und sie lag eingerollt auf der Couch. Ein Blick auf die Uhr zeigte ihr, dass sie fast zwei Stunden geschlafen hatte. Das war nun wirklich nicht mehr normal. Sie würde am Montag zum Arzt gehen, so wie Axel es vorgeschlagen hatte.

Das Wochenende war ohne Schmerzen verlaufen, und wenn man von der Tatsache absah, dass sie ziemlich schlecht geschlafen hatte, fühlte sich Maren so wohl, dass sie sich in der Sprechstunde richtig albern vorkam.

Der Arzt hörte ihr aufmerksam zu, bestellte sie für Mittwoch zur Blutuntersuchung.

An diesem Abend ging Maren ganz entspannt zu Bett. Sie blätterte in einer Zeitschrift und naschte dabei wie jeden Abend zwei Pralinen aus ihrer Betthupferldose, die regelmäßig von Frau Reimann aufgefüllt wurde.

»Man sollte es nicht für möglich halten!« Axel schüttelte missbilligend den Kopf. »Ein ernährungsbewusster Mensch wie du isst solches Zeug und das auch noch nach dem Zähneputzen!«

»Schmecke ich nicht gut?«, fragte sie, zeigte ihm lachend ihre makellosen Zähne und fuhr ihm mit süßer Zunge über die Lippen.

»Doch, doch«, brummte Axel.

Als Maren am nächsten Morgen mit den schlimmsten Kopfschmerzen ihres Lebens erwachte, konnte sie sich an nichts erinnern.

»Du bist mir ja eine«, sagte Axel, und seine Stimme übertönte nur mühsam die Hammerschläge, die durch ihren Schädel dröhnten, »schläfst mitten bei der Liebe ein!« Sein vorwurfsvoller Ton trieb ihr die Tränen in die Augen. Was war bloß mit ihr los! Noch nie in ihrem Leben war sie eine Heulsuse gewesen. Hoffentlich würde der Arzt herausfinden, was ihr fehlte.

Am Freitagnachmittag ging sie zur Besprechung der Laborwerte in die Sprechstunde.

»Es hat sich nichts Besonderes ergeben, Frau Langer. Nehmen Sie mal ein paar Vitamintabletten, und vor allem sollten Sie mit dem Rauchen aufhören!«

»Aber ich rauche nicht! Ich habe noch nie geraucht«, sagte Maren völlig konsterniert.

»Ja – und Schlaftabletten nehmen Sie auch nicht!« Ein spöttisches Lächeln umspielte den Mund des Arztes.

»Natürlich nicht!« Maren war empört.

»Gut, lassen wir es dabei. Ich rate Ihnen jedenfalls, sich gesund zu ernähren, viel an die Luft zu gehen – und wie gesagt – keine Zigaretten und keine Schlaftabletten.« Damit war Maren entlassen.

Sie war wütend. Zu dem würde sie ganz bestimmt nicht wieder gehen. Sie würde eben noch einen anderen Arzt zu Rate ziehen müssen. Oh Gott, sie war schon genau wie ihre Mutter.

Obwohl sie in der nächsten Zeit keine weiteren Schmerzattacken hatte, ging sie auf Axels Drängen für einige Tage ins Münchner Klinikum Großhadern. Am Abend vorher war Axel für eine Woche geschäftlich nach Fernost geflogen. Jeden Morgen rief er besorgt im Krankenhaus an. Dort wurde sie auf den Kopf gestellt. Es wurden alle erdenklichen Untersuchungen vorgenommen, vom Elektroenzephalogramm bis zur Computertomografie.

Beim abschließenden Gespräch mit dem leitenden Arzt war Petra gerade zu Besuch und blieb auf Marens Wunsch dabei.

»Wir haben nichts finden können. Nehmen Sie diese Kopfschmerzen einfach nicht so wichtig!«

Maren stieg das Blut ins Gesicht. Schwang da nicht ein ungeduldiger, gereizter Ton in der Stimme des Professors mit? Sie bemerkte, wie der Arzt und Petra einen Blick wechselten.

»Er hält mich für eine hysterische, hypochondrische, neurotische Ziege!«, sagte sie erbost, als sie im Auto saßen.

»Besser so als wirklich krank!«, lachte Petra.

Die Schmerzanfälle kamen in unregelmäßigen Abständen wieder. Manchmal hatte Maren drei Tage Ruhe, schöpfte neue Hoffnung, dann wieder kamen sie in zwei aufeinanderfolgenden Nächten und waren so stark, dass sie kaum wusste, wie sie den Tag überstehen sollte.

Zum Arzt ging sie nicht mehr. Axel drängte sie auch nicht mehr. Dafür fragte er jeden Mittag beim Essen nach der Post, betont nebensächlich und dadurch irgendwie auffällig.

»Wartest du auf etwas Besonderes?« Selbst Petra hatte seine Fragerei offensichtlich bemerkt.

Ein paar Tage vergingen.

Nachdem Maren fast jeden zweiten Tag im Bett zugebracht hatte, weil sie vor Schwindel und Schmerzen kaum aufstehen konnte, ging es ihr eines Morgens überraschend gut. Sie machte einen ausgiebigen Spaziergang durch den nahegelegenen Park, ließ sich den Wind um die Nase wehen und war ganz glücklich, weil sie sich besser fühlte. Beim Mittagessen fragte Petra Axel: »Na, ist deine lang ersehnte Postsendung endlich angekommen? Du nervst uns ja gar nicht mehr damit.« Sie lachte herausfordernd. Axel schien verlegen, gab keine Antwort und fuhr schnell wieder ins Büro.

Frau Reimann hatte ihren freien Tag, würde bis zum anderen Morgen bei ihrer Schwester bleiben. Petra war zum Einkaufen gegangen. Maren war ganz allein im Haus. Sie machte sich Gedanken über Axels merkwürdiges Verhalten, als Petra ihn wegen der Post aufgezogen hatte.

Schließlich schlich sie sich mit schlechtem Gewissen an seinen Schreibtisch. Sie brauchte nicht lange zu suchen, bis sie den Brief gefunden hatte, den Brief des Professors der Universitätsklinik.

Sie zögerte einen Augenblick, dann nahm sie das Schreiben aus dem Kuvert.

»Sehr geehrter Herr Langer! Ich beziehe mich auf das mit Ihnen geführte Telefongespräch am 8.6.« – Das war der Tag, an dem Axel seine Geschäftsreise angetreten hatte, der Tag, bevor sie zur Untersuchung ins Krankenhaus gegangen war. – »Leider muss ich Ihnen mitteilen, dass sich Ihre Befürchtung hinsichtlich der Schwere der Krankheit Ihrer Frau bestätigt hat.«

Maren ließ den Briefbogen sinken. Grauroter Nebel waberte vor ihren Augen. Sie schluckte. Dann las sie weiter. »Ihre Frau leidet an einem schnell wachsenden, inoperablen Gehirntumor. Sie hat nur noch wenige Monate zu leben. Sie wird in der nächsten Zeit noch stärkere Kopfschmerzen haben. Zudem werden sich Seh- und Hörstörungen sowie andere Ausfallerscheinungen einstellen. Da ihr niemand mehr helfen kann, sehe ich auf Ihren Wunsch hin davon ab, Ihre Frau von ihrer tödlichen Krankheit ins Bild zu setzen. Ich bitte Sie aber zu beachten, dass sich wegen der starken Schmerzen Depressionen bis hin zu Selbstmordgedanken einstellen können. Es tut mir leid, Ihnen keine bessere Nachricht …«

Als der Nebel in Marens Kopf sich etwas gelichtet hatte, legte sie den Brief sorgfältig an seinen Platz zurück.

Ihr war eiskalt, Hände und Füße waren gefühllos, fast, als wäre sie schon tot. Sie schleppte sich die Treppe hinauf, ging ins Badezimmer und öffnete den Arzneimittelschrank. Sie fand zwei angebrochene Packungen mit Schlaftabletten und ein Röhrchen Valium, beides wohl noch von ihrem Vater. Das zusammen mit einem großen Glas Whisky sollte eigentlich genügen. Sie würde also doch wie ihre Mutter enden. Sie brachte die Medikamente ins Schlafzimmer, baute sie auf dem Nachtschränkchen auf. Dann ging sie noch einmal ins Arbeitszimmer, schrieb einen kurzen Abschiedsbrief an Axel. »Mein Liebster, ich möchte Dir nicht zur Last fallen. Verzeih mir. Deine Maren.« Sie legte den Zettel auf den Wohnzimmertisch, starrte eine Weile auf die Zeilen, die sie geschrieben hatte. Mit einem Ruck stand sie auf, ging zur Bar und goss sich ein Glas Bourbon ein, ging damit nach oben. Sie nahm die Tabletten, immer eine blaue und eine gelbe zusammen. Sie sahen so harmlos und in der Farbkombination richtig hübsch aus. Sie streckte sich auf dem Bett aus und wartete auf die Wirkung. Kaum hatte sie sich hingelegt, hörte sie die Haustür aufgehen, hörte Petra pfeifend hereinkommen, ins Wohnzimmer gehen. Plötzlich ertönte ein Schrei – ein Freudenschrei?!

Dann klapperte Petra die Treppe herauf, schien vor Marens Bett stehen zu bleiben. Maren wollte die Augen öffnen, aber das fiel ihr schon schwer. Sie hörte Petra nach dem Telefon greifen, eine Nummer wählen.

»Axel? Stell dir vor, es hat geklappt. Sie hat es genauso gemacht, wie du vermutet hast – ja, mit den Schlaftabletten! Die leeren Packungen liegen auf dem Nachtschränkchen. Sie hat einen herrlich nichtssagenden Abschiedsbrief geschrieben!«

»Nichtssagend? Ist ›Ich liebe dich‹ nichtssagend?« Marens Stimme war nur ein Wispern, aber Petra fuhr herum, diesmal mit einem Schreckensschrei. »Sie ist noch nicht tot, Axel, sie hat die Augen offen!«

Tatsächlich war es Maren mit letzter Kraft gelungen, die Augen aufzureißen. Sie spannte die Muskeln an, bemühte sich aufzustehen. Petra drückte sie aufs Bett zurück, ganz leicht nur, aber Maren fühlte sich wie eine Ertrinkende, der man den Strohhalm aus der Hand reißt.

»Bleib nur schön liegen!« Petra lachte ein hässliches Lachen. »Jetzt hast du es doch schon fast geschafft – und wir auch!«

»Was habt ihr geschafft ... du und Axel?« Nur noch mühsam konnte Maren zusammenhängende Sätze bilden. »Wieso überhaupt du ... und Axel?«

»Ja, da staunst du, was? Du bist ja so blöde und eingebildet mit deiner klassischen Note. Dabei habe ich mehr Sex im kleinen Finger als du an anderer Stelle.« Wieder dieses ordinäre Lachen. »Deinen Mann habe ich jedenfalls ganz schön um diesen kleinen Finger gewickelt. Der kann praktisch gar nicht genug kriegen von mir. Da bist du doch, ehrlich gesagt, ziemlich im Weg. Weil du aber das ganze schöne Geld hast, haben wir nach einer Möglichkeit gesucht, wie wir dich elegant loswerden können.«

»Aber ich wäre doch in ein paar Monaten sowieso gestorben.« Nur noch schleppend kamen Maren die Worte über die Lippen.

»Schön wär's! Aber du bist leider kerngesund!«

In Marens Kopf begann sich alles zu drehen.

»Aber der ... Brief von der ... Klinik ...«

»Mit dem Firmencomputer gefälscht! Gut, was?« Petra grinste triumphierend.

»Aber meine Kopfschmerzen, die waren ... doch nicht gefälscht ...« Maren bäumte sich ein letztes Mal auf.

»Tja, das war eine prima Mischung aus Barbiturat und Nikotin, die Axel in deine heiß geliebten Betthupferl gespritzt hat. Vielleicht möchtest du noch eins!? Auf deine Zähne kommt es ja nun wirklich nicht mehr an.« Petras Stimme hallte schmerzhaft in Marens Kopf wieder.

»Deshalb ... waren ... also ... die ... Pralinen ... das ... eine ... oder ... andere ... Mal ... so ... bitter ... gewes...«

# Georg Unterholzner

## Der verschwundene Flößer

Der Grünwalder Forst hörte auf und ich sah in der Dämmerung das *Bierhäusl* neben dem Weg. Es war in einem erbärmlichen Zustand. Ein paar Ziegen waren an ihren Pflöcken festgebunden und versuchten verzweifelt, zu dem guten Gras außerhalb ihrer Reichweite zu gelangen. Die Dachschindeln waren notdürftig repariert, aber sicher drang bei jedem Regen Wasser ein.

An der Kette vor der Hundehütte hing ein großer schwarzer Hund. Davon hatte mir der Kriminalrat nichts erzählt. Er kläffte mir böse entgegen und fletschte die Zähne, und plötzlich packte mich eine kalte Angst.

Nicht vor dem Hund, sondern davor, was mich in dem *Bierhäusl* erwartete. Der Kriminalrat Hirschgruber hatte mich gewarnt. Er würde mir nicht helfen können dort drinnen. Was immer auch geschieht. Er wollte sich bei Einbruch der Nacht mit ein paar zuverlässigen Polizisten auf die Lauer legen und warten, bis ein Schuss fällt. Das vereinbarte Zeichen, falls ich Hilfe brauchte.

Ich griff in die Joppentasche, in der der kleine Revolver steckte. Das kalte Eisen gab mir Mut und ich humpelte weiter über die Lichtung hin zur Eingangstür des kleinen Gasthauses, neben der der Hund wütend an der kurzen Kette zerrte.

Ich schnaufte vor der Tür noch einmal tief ein, drückte sie auf, und sofort schlug mir der Geruch von schlechtem Tabakrauch und kaltem Männerschweiß entgegen. Es war dunkel in dem kleinen Raum mit den winzigen Fenstern und ich konnte drei Gestalten an einem langen, grob gezimmerten Tisch in der Mitte des Raumes erkennen.

»S' Gott«, grüßte ich und nahm das Flößerbeil von der Schulter.

»Grüß dich, Flößer«, murmelten die drei und sahen interessiert von ihren Bierkrügen auf.

Ich schaute mich um und suchte einen Platz für mich, meinen Rucksack und das Beil. Schließlich humpelte ich an einen der beiden kleineren freien Tische. Die Blicke der Anwesenden folgten mir stumm. An der Ofenbank erhob sich eine Gestalt und kam zu mir an den Tisch.

Es war eine junge Frau mit angenehmen Zügen und einem freundlichen Lächeln.

»Was darf's sein?«, fragte sie.

»Ein Bier bring mir«, sagte ich und schaute ihr in die dunklen, runden Kirschaugen. »Hunger hätt ich auch. Was gibt's denn?«

Sie musste nicht lange überlegen. »Fingernudeln mit Kraut. Oder ein Schweinernes, wenn du genug Geld hast.«

Obwohl ich nicht hungrig war, bestellte ich das Schweinerne.

Sie nickte und entfernte sich durch eine Art Vorhang in einen benachbarten Raum, wahrscheinlich die Küche.

Die Männer am Stammtisch hatten inzwischen ihr Gespräch wieder aufgenommen.

»Ich mag nimmer arbeiten beim Röhrmoser. Den ganzen Tag plärrt er herum und keiner kann ihm was rechtmachen«, schimpfte ein etwa vierzigjähriger Mann in dunkler Werktagshose und einem äußerst fragwürdigen gestreiften Hemd.

»Wo willst denn hin?«, fragte sein Tischnachbar. Ihm fehlte das rechte Auge.

»In die Stadt! Da gibt's Arbeit genug.«

»Geh«, winkte der Dritte, er hatte eine runde, schwarze Kappe auf dem Kopf. »In der Stadt brauchen sie junge Burschen, die den ganzen Tag anschieben wie die Ochsen. Keinen alten Loder wie dich, der sich mehr verschnaufen muss, als dass er arbeitet.«

Ich überlegte, wer von den dreien wer sein könnte. Der Kriminalrat hatte mir verschiedene Typen beschrieben, die sich nach dem Verschwinden vom Leitgeb verdächtig gemacht hatten:

Der Ostler von Dingharting hatte einen Acker gekauft und keiner wusste, woher das Geld kam.

Der Kirmeier Bene war schon einmal im Zuchthaus gewesen. Er galt als gewalttätig und hatte bei der Kirchweih in Grünwald einen anderen Bauernknecht zum Krüppel geschlagen. Der saß jetzt im Armenhaus, weil er nicht mehr arbeiten konnte, und der Bene hatte jeden Monat fünf Mark zu zahlen. Eine stattliche Summe für jemanden, der bloß fünfzehn verdient.

Am verdächtigsten war jedoch der Müller Korbinian. Er kam aus dem Niederbayerischen, hatte als Knecht gearbeitet und sich kurz nach dem Verschwinden vom Leitgeb ein kleines Sacherl in Straßlach gekauft. Der Müller hatte bloß ein Auge.

Der Kriminalrat befragte damals alle drei aufs Strengste, aber keiner hatte sich verraten. Sie waren dagesessen und hatten ihr Maul gehalten, wie es die meisten Bauersleut für am besten halten, sobald sie es mit der Staatsmacht zu tun bekommen.

»Was bist du eigentlich für einer?« Der groß gewachsene Mann mit der Kappe stand auf und setzte sich zu mir an den Tisch. Er war mittleren Alters, hatte einen mächtigen, rotblonden Schnurrbart und eine gebogene Pfeife im Mundwinkel. »Ich bin der Wirt und dich hab ich noch nie gesehen. – Es kommen überhaupt nicht mehr viele Flößer in mein *Bierhäusl*, seit …«

Die Bedienung stellte mir den Bierkrug auf den Tisch und ich nahm einen tüchtigen Schluck.

»… seit der Leitgeb in deiner Wirtschaft verschwunden ist«, brachte ich seinen Satz zu Ende.

Jeder Flößer zwischen Mittenwald und Wolfratshausen kannte die Geschichte von dem verschwundenen Floßmeister und seitdem wurde das Straßlacher *Bierhäusl* gemieden, als würde hier der Leibhaftige selbst ausschenken.

»Du kennst die Geschichte?«, fragte der Wirt, sein Gesicht hatte alle Freundlichkeit verloren.

»Jeder kennt sie!« Ich nahm noch einen tiefen Schluck. »Ich bin ehrlich gesagt auch bloß hier, weil ich mir im Wald den Fuß umgetreten hab und nicht mehr weiter komm.«

Noch ein Schluck und der Krug war leer. Ich schob ihn über den Tisch Richtung Bedienung.

Dann bückte ich mich unter den Tisch, zog den rechten Haferlschuh aus und streifte den wollenen Strumpf ab. Mein Sprunggelenk war tüchtig geschwollen, schließlich hatte ich heute früh eine Viertelstunde lang mit dem Löffel drauf geschlagen. Ich brauchte schließlich einen triftigen Grund, warum ich ausgerechnet in dem *Bierhäusl* einkehrte, in dem sich seit Monaten kein Flößer mehr blicken ließ.

»Außerdem pfeif ich auf den Schmarrn, den die Leute erzählen.« Ich betastete vorsichtig die geschwollene Stelle.

»Tut's weh?«, fragte die Bedienung und stellte mir das zweite Bier auf den Tisch.

Ich warf ihr einen Blick zu, der ihr bedeuten sollte, dass ich nicht gewillt war, auf eine solch blöde Frage zu antworten.

»Von welchem Schmarrn redest du?«, kam der Wirt auf das vorher Gesagte zurück.

»Von dem Unsinn, dass der Leitgeb in deinem *Bierhäusl* umgebracht worden ist.«

»Und was glaubst du?«, fragte der Einäugige vom Stammtisch herüber.

»Ich glaub, dass der Leitgeb mit der Geldkatz auf und davon ist. Ich hab ihn gut gekannt. Wir sind zusammen in die Schule gegangen. Er war der hinterfotzigste Hund, den ich je getroffen hab. Und er hat Unglück über einen jeden gebracht, der sich mit ihm eingelassen hat.«

Wir waren wirklich zusammen in der Schule gewesen, haben anschließend das Flößerhandwerk in Tölz gelernt und waren oft miteinander zum Wildern gegangen. Außerdem war er wirklich der hinterfotzigste Hund, der mir je begegnet ist.

»Du hast ihn also gekannt?« Der Wirt sah mich einen Augenblick mit schmalen Augen an. Er schien mir nicht zu trauen.

»Und wie!« Ich packte das frische Bier und trank. »Der Saukerl hat mich beim Förster angezeigt.«

»Hast g'wildert?«, grinste der Einäugige vom Stammtisch herüber.

»Freilich«, gab ich zu. »Bei uns daheim kommen auf jeden Jäger mindestens fünf Wilderer. Die sorgen dafür, dass der Wald gut aufkommt. Wenn es nach den Jagdherren geht, gibt's bald keine Fichte mehr im Isarwinkel.«

Alles lachte zustimmend.

»Und der Leitgeb hat dich verpfiffen?«

Ich nickte und bemühte mich, finster dreinzuschauen.

»Warum, glaubst du, ist er verschwunden?«

Ich holte tief Luft. »Es war eine besonders gute Fracht. Tölzer Kästen, Geigen aus Mittenwald, Welsche Ware und ein Mordstrum Floß. Mit dem Geld ist er auf und davon.«

»Da magst du schon recht haben«, brummte der Wirt, holte sein Bierglas vom Stammtisch und setzte sich wieder zu mir. »Aber das hilft nix. Seitdem der Leitgeb verschwunden ist, hab ich keine Gäste mehr. Seit einem guten halben Jahr! Drei, vier Bauernknechte aus Straßlach oder Dingharting kommen und trinken ein paar Halbe, wenn ich Glück hab. Aber davon kann ich nicht mal die Steuern zahlen. Ende des Monats werde ich zusperren und mit meiner Schwester schauen, dass wir in München eine Anstellung finden. Das *Bierhäusl* möchte ich gern verkaufen, aber niemand beißt an. Ein Wirtshaus ohne Gäst. Das ist wie ein Wald ohne Bäume. Den mag keiner.«

Er stieß seinen Krug gegen den meinen und nahm dann einen tiefen Schluck.

»Der Leitgeb hat Verdruss über einen jeden gebracht, der was mit ihm zu tun hat«, sinnierte ich. »Jetzt ist er wahrscheinlich in Budapest, wo ihn keiner findet.«

»Wie kommst du auf Budapest?« Der Wirt beugte sich nach vorne, sodass ich seinen schlechten Atem roch.

»Der Leitgeb war hinter den Weibern her wie der Teufel hinter der armen Seel. Bei der letzten Fracht soll er in Budapest eine rassige Zigeunerin kennengelernt haben, die ihn gar nicht mehr auslassen wollt«, log ich. »Einer von seinen Leuten hat's mir erzählt.«

»Mhh«, brummte der Wirt und lehnte sich zurück, ohne mich aus den Augen zu lassen. »Warum bist du eigentlich alleine unterwegs?«

Die folgende Lügengeschichte hatte ich mir schon zurechtgelegt: »Ich bin mit meinem Onkel bis Straubing gefahren. Dort haben wir das Floß, den Brandkalk und fünf Tölzer Kästen verkauft und jetzt geht's wieder zurück in den Isarwinkel.«

»Aber warum bist du allein?«

»Der Onkel liegt im Hospital in München. Den hat die Ruhr erwischt.«

»Und die anderen?«

»Der Sepp und der Hias sind in der Stadt geblieben. Sie haben Arbeit als Zimmerer gefunden.«

»Der Leiterer Sepp und der Stoißer Hias?« Der Wirt kannte sich wirklich gut aus.

»Genau.«

»Dann ist dein Onkel der Hintersperger aus Lenggries?«

Ich nickte und trank. Das kühle Bier tat mir gut.

»Warum hab ich dich noch nie hier gesehen?«, fragte der Wirt und auch die beiden vom Stammtisch waren ganz Ohr.

»Ich bin eigentlich Holzknecht, aber an Georgi hab ich mich mit dem Förster zerstritten und dann bin ich zu meinem Onkel. Der braucht immer Leut, denn das Floßgeschäft läuft gut, aber viele Flößer aus dem Oberland arbeiten inzwischen in der Stadt. Da verdient man besser.«

»Aber die Logis, das Essen und das Bier sind sauteuer«, raunte der Einäugige. »Da bleibt nix übrig.«

Ich hob die Achseln. Mir war es egal, ob er recht hatte.

»Einen einzelnen Flößer sieht man nicht oft«, meinte der Wirt abschließend. »Wenn du wieder daheim bist, sagst dem Oberrieder Jakob einen schönen Gruß.«

»Welchem Oberrieder?«, fragte ich. Ich kannte niemanden, der so hieß.

»Dem Oberrieder von Arzbach«, gab der Wirt zurück.

»In Arzbach gibt's keinen Oberrieder.«

»Aha«, machte der Wirt. »Dann hab ich was durcheinander gebracht.«

Er war offensichtlich zufrieden mit meiner Antwort und erhob sich. Er hatte mich genug ausgeflaschelt, wie man im Oberland sagt.

Die Bedienung brachte mir das Essen und ich machte mich darüber her, als hätte ich einen Mordshunger.

»Kann mich jemand mit dem Fuhrwerk nach Deining bringen?«, fragte ich mit vollem Mund zum Stammtisch hinüber. »Dort ist eine Poststation. Ich zahl gut!«

Die beiden sahen sich einen Moment lang an.

»Die Bauern sind alle auf dem Feld und brauchen ihre Rösser selber«, krächzte der Einäugige.

»Und ich hab meinen Heiter vor vierzehn Tagen dem Viehhändler geben müssen«, ergänzte der Wirt und setzte sich mit einem frischen Bier an den Stammtisch.

»Ich kann dir einen Umschlag machen«, schlug die Bedienung vor. Sie wurde Agnes gerufen. »Vielleicht wird's gleich besser und du kommst noch bis Deining.«

Ich sah sie skeptisch an.

»Ich hab Retterspitz in Obstler eingelegt, das wirkt oft Wunder!«

»Der Obstler hilft auch inwendig«, grinste mich der Wirt an.

»Dann bringst einen Schnaps und ein Glaserl für jeden«, schlug ich vor.

»Bärige Idee!«, jauchzte der Einäugige. »Setz dich her zu uns, damit wir beim Einschenken nicht so viel daneben schütten.«

Ich aß fertig und rückte dann hinüber an den Stammtisch. Die Agnes trug den Teller ab und kam mit einer Waschschüssel und weißen Binden zurück aus der Küche. Sie stellte meinen rechten Fuß in die Schüssel und tupfte ihn mit der Retterspitzbrühe ab. Schließlich hob sie ihn auf ihren Schoß und trocknete ihn vorsichtig ab. Zuletzt tauchte sie die Binden, die offensichtlich aus einem Leintuch herausgeschnitten waren, in die Flüssigkeit und umwickelte damit gekonnt mein geschwollenes Sprunggelenk.

»Wo hast du das gelernt?«, fragte ich.

»Man lernt vielerlei im Lauf der Jahre.«

Sie mochte fünfundzwanzig oder dreißig Jahre alt sein. Das volle dunkle Haar hatte sie kunstvoll hochgesteckt und ihr Gesicht war hübsch, jedoch mit einem harten Zug um den Mund. Auf der rechten Wange hatte sie eine Narbe und ich überlegte, wo sie sich die wohl zugezogen hatte.

Als Zeichen, dass sie nun fertig wäre, drückte sie mir mit einem kleinen Lächeln den Strumpf in die Hand.

»Dann werden wir uns jetzt ein bisserl um die inwendige Heilung kümmern«, rief ich und schenkte reihum ein.

Bald war die erste Flasche leer und ich bestellte eine zweite. Dazu trank ich ein Bier nach dem anderen und versuchte immer wieder einige Schritte in der Wirtsstube. Doch ich brach alle Versuche mit schmerzverzerrtem Gesicht ab und meinte, ein wenig inwendige Heilung bräuchte ich noch.

Ich benahm mich zwar, als würde ich immer betrunkener und hätte die Fahrt nach Deining inzwischen bereits vergessen. Doch ich fühlte mich stocknüchtern.

In meiner Familie können alle saufen wie die Besenbinder, ohne eine besondere Wirkung zu spüren. Mein Großvater soll einmal bei einer Wette eine Flasche Schnaps leer getrunken haben und anschließend auf einem astigen Baumstamm über die Rissbachschlucht gegangen sein.

Als es dämmerte, war jedem klar, dass ich heute nirgends mehr hinkäme. Die Runde wurde immer lustiger und schließlich sangen wir mein Lieblingslied:

*I bin der Boarisch Hiasl*
*Koa Jaga hod die Schneid*
*Dass er mir d' Spielhahnfeder*
*Vom Hiatl oba keit. –*
*Juchä.*

Ich hatte es in meiner Jugend oft zusammen mit den anderen Burschen gesungen. Am liebsten, wenn die Jäger an ihrem Tisch saßen und zornig zu uns herüberschauten.

Immer wieder war es aufgrund des Liedes zu grimmigen Raufereien gekommen, denn die Feindschaft zwischen Wilderern und Jägern war über die Maßen. Es kam nicht selten zu einem Schusswechsel im Wald, bei dem oft genug ein Jäger oder ein Wildschütz angeschossen oder gar tödlich getroffen wurde. Dann wurde der anderen Seite blutige Rache geschworen und die Feindseligkeiten gingen weiter.

Der Wirt schlug mir auf die Schulter und riss mich damit aus meinen trüben Gedanken. »Eine solche Gaudi wie heut hat's schon lange nicht mehr in meinem *Bierhäusl* gegeben.« Er prostete mir zu. »Direkt schad, dass wir bald zumachen.«

»Und wo sollen wir dann hin?«, fragte der Einäugige.

»Zum Roiderer, wo die anderen halt auch hingehen«, erklärte der Wirt.

»Da hab ich Hausverbot«, brummte der Alte.

Sein stummer Nachbar nickte dazu.

»Jedenfalls ist es heut mal wieder so lustig wie früher«, rief der Wirt und schickte die Agnes in den Keller, um die letzte Flasche Roten zu holen.

»Und wer zahlt den teuren Wein?«, fragte sie misstrauisch.

»Ich!«, lallte ich besoffen. »Meine Katz wird's schon hergeben.«

Dann erhob ich mich unsicher und schwankte zur Tür. Ich vergaß aber nicht, das rechte Bein zu schonen. Vor der Tür suchte ich mir einen schönen Baum, um mich an ihm zu erleichtern. Vom Hund war nichts mehr zu hören, offensichtlich war er gut weggesperrt.

Als ich zurück in der Wirtsstube war, stand eine große Weinkaraffe auf dem Tisch und ein jeder hatte ein Glas vor sich. Die Agnes hatte ihre Zither geholt und spielte einen Landler um den anderen. Die Männer sahen ihr gerne dabei zu. Sie war wirklich ein sauberes Weibsstück.

Ich nahm einen tüchtigen Schluck, dann fielen mir zum ersten Mal die Augen zu.

»Den hat's schon ganz schön«, meinte der Einäugige und die anderen brummten zustimmend.

Ich öffnete die Augen wieder, stieß an oder lachte zu den anzüglichen Witzen, von denen der Wirt eine ganze Menge kannte.

Meine Gedanken waren jedoch ganz woanders.

Sie waren bei der Babett. Bloß wegen ihr saß ich hier in dieser Spelunke. Seit ich sie das erste Mal bei der Leonhardi-Prozession in Tölz gesehen hatte, ist sie mir nicht mehr aus dem Sinn gegangen. Bis heute nicht. Früher hatte sie noch mit ihren Freundinnen gekichert, wenn ich mich bei einem Fest zu ihr hinstellte und versuchte, etwas Interessantes oder Witziges zu sagen.

Wegen ihr war ich Jäger geworden, denn ich dachte, der grüne Rock und die Anstellung im Forstamt würden sie beeindrucken. Auch der Leitgeb, den ich bis dahin für meinen Freund gehalten hatte, riet mir zu dem Schritt.

Der Oberförster rekrutierte ausschließlich Burschen, die als Wilderer bekannt waren. Sie waren in der Jagd erfahren, zäh und äußerst loyal, sobald sie ihren Diensteid abgelegt hatten. Es gab nie einen Fall, dass ein Jäger beim Wildern erwischt worden wäre.

Von dem Tag an haben viele Burschen im Dorf nicht mehr mit mir geredet und ich brauchte mich im Wirtshaus nicht mehr an ihren Tisch zu setzen. Es hätte sofort eine Rauferei gegeben. Ich hockte von nun an bei den Jägern und konnte mir das Lied vom Boarischen Hiasl anhören, das ich vor Kurzem selbst noch gesungen hatte.

Dann kam diese verdammte Nacht, die als »Isarschlacht« für einige Aufregung sorgen sollte. Wir Jäger sollten versuchen, ein Floß an der oberen Isar anzuhalten, auf dem Wildbret nach München geschmuggelt wurde. Natürlich hielten die Flößer nicht an und ich dachte, man würde in die Luft oder ins Wasser schießen, damit die Kerle im Floß einen tüchtigen Schrecken kriegten. Aber diesmal hieß es scharf zielen. Man wollte den Wilderern eine tüchtige Lektion erteilen. Ich schoss ins Wasser, aber einige Jäger haben wirklich draufgehalten. Einer auf dem Floß wurde tödlich getroffen, der Halsen Blasi.

Der Blasi war dummerweise ein Cousin von der Babett und sie hat mich von dem Tag an nicht mehr angeschaut. Der Leitgeb soll ihr gesagt haben, ich wäre es gewesen, der ihn erschossen hat – wenig später hat sie ihn geheiratet. Ein Jahr später hat sie ein Kind bekommen, dann ist ihr Vater gestorben und der Leitgeb wurde Floßmeister. Mit der Geldkatz voller Goldmark ist er kurz darauf im *Bierhäusl* in Straßlach verschwunden.

Die Babett hat den Schaden zahlen müssen, denn jeder Flößer steht gut für seine Fracht. Jetzt hockt sie mit ihrer kleinen Tochter im Armenhaus.

»Wie heißt du eigentlich?«, fragte mich die Agnes und stieß mich sanft an der Schulter.

»Kaspar«, brummte ich und sah sie unsicher an.

»Wie geht's deinem Fuß?«

Ich sah zu Boden. »Dem geht's saugut!« Ich grinste blöde in die Runde und hob mein Glas. »Dem ganzen Kaspar geht's saugut!«

Alles lachte und prostete mir zu.

Ich schloss die Augen und war wieder in meiner Welt:

Das unrechte Weib macht aus jedem Mann einen Deppen, hatte mein Vater oft gesagt, und wahrscheinlich hatte er recht.

Keinen guten Gedanken hatte ich mehr im Hirn, seit ich vor einer Woche zur Babett hingegangen war und ihr sagte, es würd mir nichts ausmachen, was die Leut über sie und den Leitgeb reden.

Da hat mir die Babett geantwortet, sie wär mit dem Leitgeb verheiratet, was immer auch geschehen sei.

»Er hat dich in der Schande stehen lassen, der Gratler«, habe ich ihr an den Kopf geworfen.

»Aber er ist mein Mann und fertig.« Dann ist sie zur Tür gegangen und öffnete sie ohne Eile.

Ich sollte gehen.

»Bring mir die Leich vom Leitgeb oder seinen Mörder«, hatte mir einen Tag später der Kriminalrat Hirschgruber im Polizeirevier in München gesagt.

Der Kriminalfall Leitgeb war aus seiner Sicht abgeschlossen. Der Kerl war mit der Geldkatze verschwunden. Über tausend Gulden in Gold hatte er mitgehen lassen. Seine Frau musste für den Schaden geradestehen und saß jetzt im Armenhaus.

Der Floßmeister hatte seinen Leuten am Abend Bier ausgegeben, was er noch nie getan hatte. Als sie besoffen im Heustock lagen, konnte er leicht verschwinden. Seitdem hat man nichts mehr von ihm gehört.

Der Kriminalrat hatte alles überprüft. Den Wirt, die Bedienung und die anderen Gäste hatte er mehrmals scharf verhört und die Flößer ein paar Tage in Arrest genommen. Doch keiner wusste, was mit dem Leitgeb und seiner Geldkatze passiert war.

Auch ich hatte mir heute Mittag eine alte Geldkatze umgebunden. Sie enthielt aber lediglich zwei Goldmark, viel Kleingeld und ein Dutzend Hufnägel, damit es bei jedem Schritt tüchtig schepperte wie bei den reichen Floßmeistern, wenn sie aus München, Straubing oder Wien zurückkamen.

Ich war der Lockvogel, denn nur wenn die Leiche vom Leitgeb auftauchte, konnte die Babett wieder heiraten. Sonst war sie bis an ihr Lebensende an den Verschwundenen gebunden.

»Ich glaub, wir packen's jetzt«, hörte ich den Einäugigen sagen.

Ich schlug die Augen auf und sah ihn, seinen wortkargen Freund und den Wirt aufstehen und das Wirtshaus verlassen.

»Was machen wir jetzt mit dir?«, fragte die Agnes und räumte die Gläser weg.

»Am liebsten«, ich schluckte und begann den Satz erneut, »am liebsten tät ich in deinem Bett ...«

»Ja soweit kommt's noch!« Sie lachte und verschwand hinter dem Vorhang.

Einen Augenblick später tauchte sie wieder auf, eine Pferdedecke auf dem Arm. »Ich zeig dir, wo du schläfst.« Sie ging mit einer Lampe voraus zur Tür und öffnete sie.

Ich erhob mich, packte meine Flößerhacke und den Rucksack und hinkte ihr hinterher. Der Wirt war verschwunden.

Agnes führte mich in die niedrige Scheune neben dem Stall und deutete auf das Strohlager. »Da kannst du deinen Rausch ausschlafen.«

»In deinem ...« Ich grinste sie blöde an. »In deinem Bett wär's aber viel schöner.«

»Ich überleg's mir noch mal«, lachte sie und drückte mir die Decke in die Hand.

Dann wartete sie, bis ich mich darin eingerollt hatte; und verschwand im Haus. Ich hörte, wie sie den Riegel vorschob. Dann wechselte sie einige Worte mit einem Mann, wahrscheinlich ihrem Bruder, dem Wirt.

An meinem Schlafplatz war es stockdunkel und ich tastete zu dem Revolver in meiner Jackentasche.

»Nicht einschlafen!«, sagte ich zu mir. »Bloß nicht einschlafen!«
Die Angst kroch mir in die Glieder, ebenso die Kälte.

Ich überlegte, ob ich alles richtig gemacht und den Köder richtig ausgeworfen hatte.

Ich überlegte auch, ob der Leitgeb vor einem halben Jahr genauso dagelegen war. Er war immer hinter den Weibern her gewesen und die Agnes war ein sauberes Weib. Gut möglich, dass er mit ihr …
Oder war er wirklich zurück nach Budapest?

Ich hörte die Käuzchen rufen, kleine Tiere liefen im Stroh herum. Wahrscheinlich Mäuse, Ratten waren lauter.

Irgendwo da draußen wartete der Kriminalrat auf mein Zeichen und im *Bierhäusl* hörte ich wieder Stimmen. Erst so gedämpft, dass ich nichts verstand, dann wiederholten sich einige Brocken.

»… hast mir versprochen«, schluchzte die Agnes. »… mag nicht ins Zuchthaus.«

Er antwortete so leise, dass ich nichts verstand.

Es dauerte sicher noch eine Viertelstunde, da ging die Wirtshaustür auf. Agnes kam mit einer Petroleumlampe in der Rechten direkt in die Scheune und blieb bei mir stehen.

»Kaspar«, flüsterte sie und berührte meine Schulter mit der Hand.

»Was ist?« Ich richtete mich auf.

»Du hast ja noch gar nicht geschlafen.« Sie war erschrocken und suchte die richtigen Worte. »Ich wollt schauen, wie's dir geht.«

»Mir geht's bärig«, entgegnete ich und streckte mich. »Aber es ist schon ein lausiges Lager. Und saukalt!«

Sie lächelte. »Dann kommst halt mit zu mir.«

Ich richtete mich unbeholfen auf, sie war schon wieder auf dem Weg ins Wirtshaus. Ich hüpfte hinter ihr her, Flößerhacke und Rucksack ließ ich liegen.

»Pst«, machte Agnes, als sie die Tür von innen verriegelte. »Dass ja mein Bruder nichts merkt!«

Ich legte ebenfalls den Finger an den Mund und folgte ihr die schmale Treppe in den ersten Stock. Sie öffnete ihre Kammertür und ließ mich vorbei ins Zimmer. Dort stand ein Kastenbett mit karierter Zudecke.

»Du stinkst wie ein Bierfass«, flüsterte sie und drehte sich von mir weg.

Also hatte ich Zeit, nachzudenken. War der Leitgeb auch hier gelegen? Hatte man ihn ins Haus gelockt und hier umgebracht?

»Und? Was ist?« Sie drehte den Kopf. »Bist du wirklich bloß zum Schlafen gekommen?«

»Nein. Ich überleg bloß, ob du so eine Art Henkersmahlzeit für mich bist.«

»Spinnst du!« Sie fuhr hoch.

»Vielleicht ist der Leitgeb genauso hier gelegen, bevor …«

»Du spinnst«, schrie sie hysterisch und da ging die Tür auf.

Im Türrahmen stand der Wirt, einen Revolver in der Hand. In der anderen hielt er eine Gaslampe, die den Raum gut erleuchtete.

»Was treibst du bei meiner Schwester, du Saukerl?«, schrie er mich an. »Dir werd ich helfen.«

Agnes sprang aus dem Bett und tat die zwei Schritte hin zu ihrem Bruder.

»Meine Agnes machst du mir nicht zur Schlampen.« Er hob den Revolver.

»Habt ihr es mit dem Leitgeb genauso gemacht?«, fuhr ich ihn an. »Die Agnes als Köder und der Wirt als Henker.«

Ich ließ den Kerl nicht aus den Augen.

»Dir werd ich helfen«, wiederholte er fluchend. »Du kommst ins Altwasser wie der andere.«

»Wenn du abdrückst, sind in drei Minuten die Gendarmen hier«, spielte ich meinen einzigen Trumpf aus.

»Wer's glaubt, wird selig«, entgegnete er kalt.

Ich überlegte. »Du kannst es ja ausprobieren. – Aber denkst du wirklich, dass ich hierhergekommen bin, weil ich mir den Fuß verstaucht habe?« Jetzt fiel mir der rechte Beweis ein. Ich griff an den Gürtel zu meiner Geldkatze.

»Keine Bewegung«, schrie er mich an.

»Ich möchte dir bloß zeigen, wie viel Geld ich dabei hab.« Vorsichtig öffnete ich die Geldkatze und ließ den Inhalt aufs Bett fallen. Die beiden Goldmark glänzten einsam, das meiste war Kleingeld und Hufnägel. »Ich bin als Lockvogel hierhergekommen. Draußen warten ein Dutzend Gendarmen und der Kriminalrat Hirschgruber auf mein Zeichen, einen Schuss.«

»Aber du hast ja gar keine Waffe«, entgegnete der Wirt.

»Doch. In der Joppentasche.«

Agnes packte meine Joppe, die neben dem Bett lag, zog meine Waffe heraus und legte sie auf den Boden.

Der Wirt stand einen Augenblick ratlos da, dann drückte er seiner Schwester seinen Revolver und die Lampe in die Hand.

»Ich bin gleich wieder da. Wenn er sich muckt, schießt du ihn über den Haufen«

Er wandte sich um und ging im Dunkeln die Treppe hinab. Ich hörte die Haustüre auf und zu gehen.

Wir waren allein. Das war meine Chance, vielleicht meine einzige.

»Der Kriminalrat braucht einen Täter und der wird hängen. – Wenn du mir hilfst, kommst du davon.«

»Halt's Maul!«, fuhr sie mich an.

»Du heißt Agnes Loferer, kommst aus Wasserburg und bist gar nicht die Schwester vom Wirt«, sagte ich. »Man wird dich auch aufhängen, wenn ihr mich umbringt. Oder du kommst ins Zuchthaus. Lebenslänglich!«

Sie sagte nichts.

»Wenn du mir hilfst, lass ich dich laufen.«

»Schmarrn!«

»Du musst mir bloß noch zeigen, wo die Leiche und das Geld sind.«

»Schmarrn!«

»Du kriegst zweihundert Gulden und drei Stunden Vorsprung. Ich schwör's!«

Sie sah mich misstrauisch an.

»Ich schwör's beim heiligen Nepomuk!«

Die Haustür ging auf und der Wirt schnaufte die Treppe herauf. Wieder in der Tür, sah ich die Flößeraxt in seiner Rechten.

»Willst mich tot schlagen?«

Er grinste mich böse an. »Wärst nicht der Erste.«

Er nahm Agnes die Lampe aus der Hand und gab ihr dafür das Flößerbeil. Dann bückte er sich nach dem Geld, das auf dem Bett lag. Ich hatte mich in den äußersten Winkel zurückgezogen und überlegte, ob ich ihn packen könnte, wenn ich sofort nach vorne schnellte.

Darauf schien der Wirt aber zu warten.

Da krachte das Beil auf seinen Schädel. Die Kopfschwarte platzte und sofort waren Oberbett und Leintuch blutgetränkt. Der große Kerl tat noch einen Ächzer, dann lag er gestreckt da.

Mit angstvollen Augen starrte mich die schöne Agnes an. Ich wickelte dem Verletzten den Kissenüberzug um den Kopf. Dann band ich ihm die Hände mit meinem Gürtel auf den Rücken. Er atmete unregelmäßig, aber er atmete.

»Dort unter den Ästen liegt der Leitgeb.« Agnes deutete ins dunkle Altwasser und hielt die Laterne hoch.

Ich zögerte keinen Augenblick und stieg ins kalte Wasser. Eine riesige Weide hatte dort ihre Äste sanft aufs Wasser gelegt. Ich zwängte mich dazwischen und tauchte mit dem Kopf unter, um den Untergrund zu erfühlen.

»Such die Pferdedecke«, ermunterte mich Agnes. »Es muss hier sein.«

Wieder und wieder tauchte ich ab, ich fror wie ein Hund. Endlich erwischte ich im Schlamm den Zipfel eines groben Tuchs, zog daran und schob schließlich meine rechte Hand darunter. Ich fühlte Haare und einen Kopf. Das musste der Leitgeb sein. Man hatte ihn mit Steinen beschwert ins Altwasser geworfen, eine graue Decke drüber gelegt und auch diese mit Steinen befestigt. Niemand wäre jemals auf dieses Versteck gekommen.

Als ich zurück am Ufer war, drückte mir Agnes ein trockenes Hemd in die Hand. Ich zog das nasse aus und streifte mir das trockene über, dazu meine dicke Joppe. Trotzdem zitterte ich vor Kälte.

»Du kannst dich schon noch erinnern, was du mir versprochen hast«, sagte sie nüchtern.

Sie hatte sich ihre besten Kleider angezogen und ihre paar Habseligkeiten in meinen Rucksack geschoben, den sie auf dem Rücken trug.

Das Geld vom Leitgeb hatte sie aus dem Versteck in der Hundehütte geholt und mir gegeben. Ich überließ ihr die vereinbarten zweihundert Gulden, den Rest brauchte ich für meine Babett.

»Geh isaraufwärts«, empfahl ich ihr. »Bei Schäftlarn ist eine Furt. Dann läufst weiter bis ins Schwäbische. Dort wird dich niemand finden.«

Sie nickte und drückte mir ihre Laterne in die Hand.

»Ich glaub, es ist besser so«, sagte sie und streckte mir ihre Hand zum Abschied entgegen. »Ich hab nicht gewollt, dass der Wirt den Leitgeb umbringt. Das musst mir glauben. Aber wie es geschehen war, konnt ich nimmer aus. – Mitgefangen, mitgehangen, heißt das Sprichwort. – Und mit dem Geld aus deiner Katz hätten wir uns ein schönes Leben machen können, hat der Wirt gesagt.« Sie schüttelte den Kopf. »So ist es besser! Der Wirt hat seine Strafe verdient und ich krieg vielleicht ein besseres Leben, wenn ich eine neue Stellung find.«

»Mit zweihundert Gulden bist du eine gute Partie«, versuchte ich, ihr Mut zu machen. Schließlich hatte sie mir mein Leben gerettet.

»Eine gute Partie«, murmelte sie und wandte sich zum Gehen. »Jetzt bin ich also eine gute Partie.« Sie ging fünf Schritte isaraufwärts Richtung Schäftlarn, dann drehte sie den Kopf. »Drei Stund, hast du gesagt.«

»Drei Stund, beim heiligen Nepomuk!«


Ich ging zurück zum *Bierhäusl* und sah nach dem gefesselten Wirt. Er schnaufte inzwischen regelmäßiger, das Bluten hatte aufgehört. Gott sei Dank hatte ihm Agnes bloß mit der flachen Seite des Beils auf den Schädel gehauen.

Ich ging nach unten in die Wirtsstube, schenkte mir einen Schnaps ein und setzte mich mit der Flasche an den Kachelofen. Nach drei Stunden ging ich mit dem Revolver vors Haus, hielt die Waffe in die Höhe und schoss.

Kurz darauf waren der Kriminalrat und ein gutes Dutzend Gendarmen auf dem Anwesen. Zunächst durchstöberten sie alle Räume und transportierten den bewusstlosen Wirt ab.

Als es Tag wurde, ging ich mit einigen jungen Beamten an das Altwasser und wenig später hatte man die Leiche vom Leitgeb aus dem Wasser gezogen. Damit war das Schicksal des Wirts besiegelt. Man würde ihn aufhängen, falls er seine schwere Kopfverletzung überlebte.

Ich setzte mich wieder an den Ofen und erzählte dem Kriminalrat Hirschgruber in allen Einzelheiten, was passiert war. Doch manche Einzelheiten musste ich etwas modifizieren.

»Die Bedienung ist dir einfach davon?«, fragte der Kriminaler und strich sich durch den grauen Bart.

»Auf und davon!«, erklärte ich. »Richtung München. Ich hab ihr hinterhergeschossen, sicher hat sie das Geld mitgenommen.«

»So ein Luder«, brummte der Polizist.

»So ein Luder!«, bestätigte ich.

Ein halbes Jahr später heiratete ich die Babett und bekam das Patent als Floßmeister, das ihre Familie seit Jahrhunderten innehatte.

Wir kauften das Haus an der Floßlände zurück und machten ein halbes Dutzend Kinder, von denen der Älteste das Geschäft weiterführte, obwohl ihm die Eisenbahn immer mehr Konkurrenz machte.

# Dieter Weißbach

---

## Taxi zum See

### (Nach einer wahren Begebenheit)

F aszinierend. Du, Tilman, hast du das gelesen?«
»Ja, das heißt, nein. Nur die Schlagzeile, in der S-Bahn.«
»Magst du es hören?«
»Ja, von mir aus«, gähnte Tilman Würfel.
»Also, ist nicht lang.«

*Makabrer Fund auf dem Grund des Königssees*
*Taucher der Wasserschutzpolizei Berchtesgaden haben gestern in*
*über 100 Metern Tiefe einen schwarzen Opel Diplomat entdeckt,*
*der 1968 mitsamt seinem Besitzer, dem Bad Reichenhaller Taxi-*
*unternehmer Karl Dersch, spurlos verschwand und trotz inten-*
*siver Bemühungen bis heute nicht gefunden werden konnte. Im*
*wahrsten Sinne des Wortes Licht ins Dunkel brachten zwei Pro-*
*fitaucher, die am Sonntag bei ihrem letzten Tauchgang, bevor sie*
*zu Unterwasseraufnahmen in die Arktis reisen wollten, zufällig*
*auf den Wagen gestoßen waren. Dabei entdeckten sie vermutlich*
*auch das Skelett des damals 29-Jährigen. Karl Dersch war der*
*jüngste Sohn des Fuhrunternehmers Konrad Dersch, dessen Toch-*
*ter die elterliche Firma bis heute leitet.*

»Aber weißt du, was komisch ist? Schau mal. Der Schädel liegt auf
dem Fahrersitz, das Skelett draußen.«
»Vielleicht haben die Taucher den vorher auf den Sitz gelegt, bevor
sie das Foto gemacht haben.«
»Ich bitte dich, das macht doch keiner ... Irgendwie ist das komisch.
Falls die Strömung die Leiche aus dem Wagen gespült hat, warum
dann nicht auch den Kopf?«
»Vielleicht ist der hängen geblieben.«
»Möglich. Was meinst du? Hast Lust? Fahren wir raus?« Haupt-
kommissarin Christiane Paulig verstellte ihre Stimme und fuhr im

Stil eines Fernsehkommissars aus den frühen Siebzigern fort: »Weißt du, irgendwie habe ich das dringende Gefühl, wir sollten uns die Sache mal aus der Nähe ansehen.«

»Warum?«, fragte Kommissar Würfel verständnislos und ging mit seiner Tasse Kaffee zurück an seinen Platz. »Da genügt ein Anruf und die Sache ist geklärt.«

»Ach, Tilman.« Paulig schüttelte den Kopf und verzog ihr Gesicht. »Du verstehst aber auch gar nichts. Das weiß ich auch, dass wir das könnten. Hast du eigentlich den *Tatort* gestern gesehen?«

»Ja, aber so toll war der nicht.«

»Das meine ich nicht. Aber ist dir aufgefallen, dass die nie im Büro herumsitzen, dass die so gut wie immer unterwegs sind?«

»Ach so«, antwortete Würfel gedehnt. »Du meinst, wir sollten … Ach, ich weiß nicht.«

»Doch. Weißt was, wir rufen da jetzt einfach an und sagen, dass wir kommen.«

»Hm. Aber es steht doch noch gar nicht fest, dass das überhaupt … Da gibt es bestimmt eine ganz einfache Erklärung.«

»Mein Gott, Tilman, es ist schönstes Sommerwetter. Wir haben nichts auf dem Schreibtisch, was nicht bis morgen warten kann. Und außerdem«, sie suchte noch schnell nach einem speziellen Grund für ihren Kollegen, »hast du schon einmal einen Opel Diplomat gesehen, ich meine, in echt? Ich sage dir, bei uns in der Straße, da hatte noch einer so einen. Ich glaub, da war ich so sechzehn, siebzehn … Schau mich nicht so an. Ich kann nichts dafür, dass du so ein Jungspund bist. Also, was ist? Opel Diplomat? Leichenteile? Tilman? Königssee? Nachmittag sind wir wieder im Büro. Ich versprech's.«

»Aber heute ist Montag«, gab Würfel zu bedenken.

»Ja? Heute ist Montag? Und was heißt das?«

»Christine, Montag ist Schnitzeltag.«

»Oh Mann, Tilman.« Es war Paulig immer wieder ein Rätsel, wie man so phlegmatisch sein konnte, und das in dem Alter. Tilman Würfel hätte ihr Sohn sein können, wenn auch knapp. »Okay. Fassen wir zusammen: Wir rufen bei den Kollegen in Berchtesgaden an und sagen, dass wir zum Schnitzelessen kommen und dass sie uns vorher noch schnell die Leiche und den Wagen zeigen sollen. Zufrieden?«

In dem Moment betrat Staatsanwältin Yasmin Schäfer-Kaan, eine junge Deutschtürkin, die immer in Eile war, den Raum.

»Was ist denn bei euch schon wieder so lustig?«

»Guten Morgen, Yasmin. Ja, wie soll ich sagen.« Paulig fühlte sich ertappt. »Äh, wir reden gerade über Schnitzel.«

»Um diese Uhrzeit?«

»Schnitzel geht immer«, grinste Würfel. »Aber sag mal, darfst du eigentlich sowas essen? Äh, ich meine …«

»Kommt darauf an, was drin ist. Eigentlich ist Schweinefleisch im Islam verboten. Aber nicht für mich. Für mich sind das Hygienevorschriften, die heute längst überholt sind. Ich ess eigentlich alles, nur nicht zum Frühstück … Weshalb ich gekommen bin. Ihr habt doch sicher schon die Schlagzeile gelesen: ›Makabrer Fund im Königssee.‹«

»Ja?«, antwortete Würfel gedehnt.

»Und, ist euch da nichts aufgefallen? Christine?«

»Ja, sag ich doch.« Paulig war sofort bei der Sache. »Der Kopf. Dass der woanders liegt als der Rest.«

»Genau.«

»Ja schon. Aber das kann doch irgendwie passiert sein«, versuchte Würfel abzuwiegeln.

»Aber nicht, wenn man weiß, dass das Fenster vorher nur einen Spaltbreit offen war«, korrigierte Schäfer-Kahn eifrig. »Nachdem die Taucher vergeblich versucht haben, die Türe aufzubekommen, haben sie einfach in den Spalt gelangt und das Fenster nach unten gedrückt. Da, schaut, ich hab's noch mal ausdrucken lassen. Daneben das Foto vom Zustand, bevor sie das Fenster nach unten gedrückt haben. Der Kopf muss also auf jeden Fall schon vorher abgetrennt worden sein. Oder habt ihr eine Erklärung dafür, dass das Skelett draußen liegt und der Schädel drin?«

»Aber in der Zeitung ist davon nichts gestanden«, stellte Paulig fest und starrte gebannt auf die beiden Bilder.

»Dafür haben die Kollegen gesorgt. Die haben übrigens auch keine Erklärung. Und deshalb dürft ihr jetzt eine kleine Landpartie unternehmen. Ach ja, und lasst euch von der KTU einen Behälter mitgeben. Die wollen sich die Knochen heute noch anschauen.«

»Tja, Tilman, dann müssen wir wohl«, grinste Paulig. »Auf geht's!«

»Ich kann auch jemand anders schicken, wenn ihr nicht weg könnt«, fügte Schäfer-Kahn mit Blick auf Tilmans Gesichtsausdruck hinzu.

»Nein, nein. Kein Problem, gell, Tilman?«, versuchte Paulig sich in Ernsthaftigkeit.

»Ja, ja, passt schon«, ächzte er.

»Na dann, viel Erfolg.«

Zwei Stunden später erreichten sie Schönau, die größte Fremdenver-kehrsgemeinde des Berchtesgadener Lands, direkt am Nordufer des Königssees gelegen, 8000 Gästebetten auf 5400 Einwohner, wie Kommissarin Paulig während der Fahrt gegoogelt hatte.

»Na endlich. Kommt ihr wegen der Leich?«, empfing sie ein sauer-töpfischer Beamter. »Ich steh mir schon seit Stunden die Beine in den Bauch. Ich weiß eh nicht, was ihr hier wollt. Die ist in Berchtesgaden, auf der Dienststelle.«

»Das wissen wir selber«, gab Würfel zurück. Nachdem er sich und Hauptkommissarin Paulig vorgestellt hatte, schaute er sich um und fragte: »Und wo ist der Wagen?«

»Den haben wir erst einmal unten gelassen.« Der Beamte bemühte sich um einen etwas freundlicheren Ton. »Was meint ihr, was das kos-tet, den zu heben. Wissen wir wenigstens, wo wir ihn suchen müssen, wenn wir ihn brauchen.«

Einen gewissen Resthumor scheint er ja zu haben, dachte Paulig und fragte: »Können Sie bitte dahindeuten, wo die Leiche ungefähr gefun-den wurde?«

»Da hinten, Richtung Bartholomä. Das kann man von hier aber nicht sehen.«

»Gibt es schon erste Erkenntnisse, vielleicht irgendwelche Zeugen?«

»Schwierig«, antwortete der junge Uniformträger. Er nahm die Mütze ab und fuhr sich durch den verschwitzten Schopf. »Das ist über fünfundvierzig Jahre her.«

»Trotzdem: Verwandte, ehemalige Arbeitskollegen, Nachbarn?«, insistierte Paulig.

»Es gibt nur noch einen Bruder und die Schwester. Und das Taxige-schäft war ein Ein-Mann-Betrieb. Außerdem sind die doch damals eh schon alle vernommen worden.«

»Und ob die heute mehr wissen als damals, wenn überhaupt noch wer lebt«, meinte Würfel, der sich auf den alten Opel gefreut hatte und sich jetzt vorkam wie bestellt und nicht abgeholt.

Kommissarin Paulig blickte sich unauffällig um, ging ein paar Schritte hinunter zum See, kam zurück und sagte: »Okay. Dann fah-ren wir jetzt zur Leiche. Fahren Sie voraus?«

Auf dem Weg fiel ihr ein, dass Freunde eigentlich auch so etwas wie Hinterbliebene waren. Sie beschloss, danach zu fragen und sich dann die Akte geben zu lassen.

In der Polizeiinspektion, einem alten Gebäude – vermutlich Prinzregentenzeit, dachte sie beim Anblick der Terrasse mit dem geschnitzten Balkon –, begutachtete sie zuerst die Knochenfunde, was sich bei den jahrzehntealten Ablagerungen aber als nicht sehr ergiebig erwies. Dann deutete sie auf die dünne Mappe in der Hand des Beamten, der eben von einer Kollegin zum Telefon gerufen wurde. Sie wartete einen Moment und fragte dann: »Haben Sie den Akt gelesen? Irgendetwas dabei, das Ihnen aufgefallen ist? Vielleicht irgendwelche Freunde aus der Zeit?«

Der junge Beamte, der sich anscheinend – genau wie Tilman, dachte sie – am liebsten im Büro aufhielt, schüttelte den Kopf, hielt dann plötzlich die Nase in die Luft und sagte: »Warten Sie, ich hab doch da gestern so eine Zeugenaussage in der Hand gehabt ... Gleich hab ich's, kann sich nur noch um Stunden handeln ... ah, da ist sie ja ... Bachmeier, Edeltraud, die Inhaberin vom Hotel *Rose am See*.«

»Äh, was anderes, wo ist eigentlich Hauptkommissar Wimmer, der Dienststellenleiter?«

»Der? Auf einer Beerdigung. Hätten Sie ihn gebraucht?«

Frau Edeltraud Bachmeier, neunundsechzig Jahre alt, schlank, zweimal geschieden, kinderlos – wenn man sie darauf ansprach, meinte sie immer, wann sie die denn hätte aufziehen sollen –, mit einem Gesicht, an dem das Leben nicht spurlos vorübergegangen war, wohnte seit ihrer Geburt im Hotel ihrer Eltern, dessen Leitung sie vor knapp dreißig Jahren übernommen hatte. Es war kein großes Haus, aber gut geführt, die Einrichtung von dezenter Eleganz. Die junge Frau am Empfang – in einem Dirndl in den Farben Schwarz und Rot, etwas düster, wie Paulig fand – war von ausnehmender Höflichkeit. Ein Hotel, so das Fazit der Kommissarin, in dem sie auch einmal gerne Urlaub machen würde.

»Wenn Sie bitte einen Moment warten wollen. Frau Bachmeier ist eben erst von einem Termin gekommen, sie will sich nur noch schnell umziehen und ein wenig frisch machen. Dann hat sie sicher gleich Zeit für Sie. Darf ich Ihnen in der Zwischenzeit etwas anbieten? Ein Glas Prosecco oder einen Orangensaft vielleicht?«

Wie so oft in ihrer Laufbahn war das Ergebnis der folgenden Befragung nicht die Frucht trickreicher Verhörtechniken oder des subtilen Gebrauchs psychischer Gewalt, zu der Frau Paulig durchaus fähig war, sondern ihr eher versehentlich in den Schoß gefallen. Aber auch solche eher beiläufigen Erfolge erzielte man nicht ohne eine gewisse Wachheit, gepaart mit einer ordentlichen Portion Intuition, eine Erkenntnis, auf die sie bei ihren Vorträgen immer wieder hinwies.

Bei einem frühen Mittagessen, zu dem Frau Bachmeier sie auf die noch einigermaßen übersichtliche Terrasse geladen hatte – Würfel nahm das Cordon Bleu von der Tageskarte, Paulig und Frau Bachmeier einen Avocadosalat mit Limettendressing –, erkundigte sich Paulig erst nach dem Befinden Bachmeiers. Zeitungslektüre und vor allem der Anblick des Fotos seien sicherlich schockierend gewesen. Dann kam sie direkt auf die Aussage der Zeugin von vor über fünfundvierzig Jahren zu sprechen.

»Wissen Sie, Frau Bachmeier, das Seltsame ist, dass wir uns keinen Reim darauf machen können, warum der Schädel im Wagen lag, der Rest aber außerhalb. Und auf Ihre Frage von vorhin: Wir beginnen deshalb mit Ihnen, weil Sie die Letzte waren, die Karl Dersch damals gesehen hat. Und weil Ihre Aussagen von damals doch etwas, wie soll ich sagen, uneindeutig sind. Einerseits haben Sie ausgesagt, dass Sie sich eigentlich gar nicht so gut gekannt haben, andererseits haben Sie angegeben, dass Sie sich an dem bewussten Abend gestritten haben und in Unfrieden auseinandergegangen sind. Irgendwie passt das nicht, zumindest nicht, wenn man es liest. Was haben Sie damals eigentlich gemeint mit ›in Unfrieden‹?«

Frau Bachmeier zerteilte ein Stück Avocado. »Ja mei, wie soll ich das erklären. Wir haben uns eben gestritten, über was auch immer.«

»Was heißt, ›über was auch immer‹? Wissen Sie es nicht mehr?«

»Wissen Sie, wie lange das her ist?«, erwiderte Frau Bachmeier ungerührt. »Keine Ahnung, über was wir gestritten haben.«

»Okay, Sie wissen also nicht mehr, über was Sie gestritten haben. Bei Ihrem letzten Treffen? Das ist ungewöhnlich.«

»Finden Sie?«

»Ja, finde ich. Also, ohne Ihnen da jetzt zu nahe treten zu wollen, aber ich denke eigentlich, so etwas vergisst man nicht.«

»Wollen Sie mir etwas unterstellen?« Frau Bachmeier aß ruhig weiter. Aber die Stimmung war dahin.

»Nein, nein. Ich spreche nur aus Erfahrung. Ein Streit stellt immer eine Ausnahmesituation dar. Außer man streitet permanent. Was ich aber in Ihrem Fall nicht annehme, Sie und er waren ja nur Bekannte. Oder?«

»Naja, ein bisserl mehr wie Bekannte waren wir schon.« Frau Bachmeier verzog ihren Mund zu einem maliziösen Lächeln.

»Wie darf ich das verstehen?«, fasste Paulig vorsichtig nach.

»Gar nicht.« Die Hotelbesitzerin hatte sich sofort wieder im Griff. »Ich glaube, ich muss jetzt eh wieder. Wenn das alles ist?« Sie machte Anstalten aufzustehen.

»Schade. Dann werden wir wohl zu einem späteren Zeitpunkt weitermachen müssen. Vielleicht fällt Ihnen bis dahin ja auch wieder der Grund Ihrer Auseinandersetzung ein. Aber uns wäre es ehrlich gesagt lieber, wir könnten das gleich alles hier und jetzt erledigen. Dann müssten wir nicht noch einmal raus, und Sie hätten einen Termin weniger auf Ihrer Liste.«

»Also gut«, schnaubte Frau Bachmeier. »Sie geben ja doch keine Ruhe.«

»Da haben Sie allerdings recht«, sagte Paulig ruhig. Würfel grinste.

»Ja, ich weiß, ich hätte das damals schon sagen sollen. Wir«, Frau Bachmeier schob ihren Stuhl noch einmal heran, blickte nach links und rechts und senkte ihre Stimme zu einem heiseren Flüstern. »Wir haben nicht gestritten. Er hat mich vergewaltigt und dann ist er verschwunden. Sind Sie jetzt zufrieden? Aber eines sag ich Ihnen«, ihre Stimme bekam einen aggressiven Ton, »wenn ich das in der Zeitung les, dann bekommen Sie Ärger, richtigen Ärger.« Sie tupfte sich die Mundwinkel ab, warf die Serviette auf ihren Teller und stand nun endgültig auf. »Und überhaupt, wenn Sie mehr wissen wollen, fragen Sie doch seine Verlobte, die Gisela, Frau Albrecht. Und jetzt entschuldigen Sie mich bitte. Auf Wiedersehen.«

Beobachtet von gelangweilten Urlaubern – mindestens die Hälfte war aus der ehemaligen DDR, der Rest aus Russland und Asien –, beendeten Paulig und Würfel ihr Mittagessen. Nachdem auch Würfel sein Besteck abgelegt hatte, kam die Bedienung und fragte, ob sie noch etwas bringen dürfe, Kaffee, einen kleinen Verdauungsschnaps, die Rechnung ginge selbstverständlich aufs Haus.

»Und das soll ich Ihnen noch geben, eine Adresse. Die Chefin meinte, Sie wüssten schon.«

»Tja«, sagte Paulig und rührte in ihrem Espresso, »ich würde sagen, dann machen wir das eben. Tilman? Schau nicht so, du bist verheiratet.«

Vor einem beeindruckenden zweistöckigen Gebäude im Landhaus-stil hielten sie an. Die Fenster im Erdgeschoss waren holzumrandet, Giebel und Balkone blau gestrichen. Der erste Stock war komplett aus Holz.

»Guten Tag, Frau Albrecht. Kommissarin Paulig und Kollege Wür-fel. Wir haben telefoniert. Können wir reinkommen?«

»Würden Sie Ihre Ausweise bitte in die Kamera halten …? Danke.«

»Ach was. Das behauptet die schon seit bald fünfundvierzig Jahren. Aber davon wird der Schmarrn nicht wahrer. Soll sie es sich einre-den, wenn es ihr gut tut. Aber wenn sie das jetzt auch noch öffentlich behauptet, dann ist Schluss. Sein Andenken vor allen Leuten in den Dreck zu ziehen, das geht zu weit.«

Frau Albrecht, mittelgroß, etwas füllig, mit einer Caroline-Rei-ber-Frisur auf dem Kopf, lehnte sich zurück und blickte hinaus auf den See, der Paulig in diesem Moment an einen von Bergwänden ge-säumten Fjord erinnerte. Der Ausblick muss ein Vermögen wert sein, schoss es ihr durch den Kopf.

Die in einen eleganten Hausanzug gekleidete Frau stand unvermit-telt auf und war mit drei Schritten an einem weißen Sideboard. Sie nahm ein Fotoalbum aus einer der Schubläden und legte es auf den Tisch.

»Ich zeige Ihnen mal, wie er ausgeschaut hat. Damit Sie wissen, um wen es hier eigentlich geht. Sie kennen ja vermutlich nur sein Passfoto, das aus der Zeitung.«

Mit den Fingerkuppen der rechten Hand strich sie zärtlich über das große Foto auf der ersten Seite. »Schauen Sie, das war der Karl.« Dann drehte sie das Album in Richtung der beiden Beamten und fuhr mit einer beinahe rührenden Bestimmtheit in der Stimme fort: »Der könnt auch heut noch jede haben, so wie der ausgeschaut hat.« Wäh-rend sie die Kommissarin weiter offen musterte, wechselte sie ihren Ton. »Meinen Sie«, sagte sie trotzig, »der hat es nötig gehabt, eine mit Gewalt zu nehmen? Wirklich nicht!«

Verwundert schaute die Kommissarin sie an und dachte: Mein Gott, die ist ja immer noch verliebt.

»So«, Frau Albrecht schien einen Entschluss gefasst zu haben, »und jetzt sag ich Ihnen mal, wie es wirklich gewesen ist, bevor sich das hier noch alles verselbstständigt. Die Traudl, die dumme Gans, anstatt dass sie froh gewesen ist, dass einer wie der Karl sich überhaupt mit ihr abgibt ...« Sie hielt inne und fragte mit erhobenen Augenbrauen. »Nehmen Sie auch ein Glaserl Sekt? Und der Herr Kollege? Wissen Sie, das ist meine Medizin. Ein Glaserl in der Früh, eins mittags und den Rest am Abend.«

Nachdem jeder ein Glas Sekt vor sich stehen hatte, zwischen ihnen eine viergeteilte Glasschale mit Knabberzeug, fuhr sie fort: »Also, es war so: Die Traudl hat mir gesagt, dass sie auf den Karl steht, und gefragt, ob ich was dagegen hätt, wenn sie einmal mit ihm ... also er mit ihr ... Sie wissen schon ...« Frau Albrecht machte eine undefinierbare Handbewegung.

»Sie meinen Verkehr?«, riet Paulig.

»Genau. Ja und ich habe halt gesagt, mein Gott, warum nicht. Wegen einmal. Und dass sich der Karl in die Traudl verliebt, das war ja ausgeschlossen. Ja, und dann haben die das eben gemacht.«

»Moment, entschuldigen Sie bitte«, schaltete sich Würfel ein. »Ich verstehe jetzt nur nicht, also, ich meine, wie ist denn das abgelaufen? Haben Sie Ihrem damaligen Verlobten, ich meine, haben Sie ihm gesagt, er darf, wenn er will, also ...« Er bekam einen roten Kopf und schwieg verwirrt.

»Wissen Sie, junger Mann, das war Achtundsechzig. Freie Liebe, wenn Sie verstehen. Sogar hier. Aufbruch. Und wir waren jung. Und wir hatten die Pille. Und Aids hat es auch noch nicht gegeben. Wissen Sie«, lachte Frau Albrecht auf, »auch wenn Sie sich das nicht vorstellen können, wir Alten waren auch einmal jung, und das genau zur richtigen Zeit. Obwohl«, fuhr sie nachdenklich fort, »wenn ich gewusst hätte, wie das ausgeht ... Im Grunde war das damals, wie soll ich sagen, irgendwie zu viel Freiheit auf einmal. Das ging alles viel zu schnell. Auf einmal war alles erlaubt. Aber die Leute ändern sich nicht von heute auf morgen. Ganz tief drin waren wir doch noch tiefstes Mittelalter, die Frauen immer noch mehr Besitz als freie Menschen, zumindest auf dem Land.« Sie nahm einen großen Schluck. »Tja, und da haben sie sich dann verabredet, unten am See, bei den Fischerhütten. Und dann haben die da so ein Spielchen gespielt. Wissen Sie, der Karl, der hat sich doch damals diesen Opel Diplomat gekauft. Auf jeden Fall … das ist mir jetzt fast ein bisserl peinlich, weil normal war das nicht, was die zwei …«, Frau Albrecht geriet ins Stocken, »… schon fast ein bisserl pervers, wenn Sie mich fragen.« Sie brach ab.

»Keine Sorge, Frau Albrecht, wir sind einiges gewohnt«, ermunterte Paulig sie.

»Also«, begann die Verlobte des Toten erneut, »also, es war so: Der Karl ist zum See runtergefahren und hat dort im Wagen auf sie gewartet. Sie hat ja damals schon im Hotel gearbeitet, ich glaub, an der Rezeption. Wissen Sie, damals war das noch nicht so wie heute, mit festen Arbeitszeiten und so. Ja, und dabei ist er eingeschlafen. Sie hat dann geklopft und ihn aufgeweckt. Tja, und dann hat er das Fenster heruntergelassen, elektrisch, er war ja der Einzige, der damals so etwas gehabt hat, zumindest der Einzige aus unserer Generation …«

»Woher hatte er eigentlich das Geld für so einen Wagen?«, fragte Würfel. »Das war doch damals ein Luxusauto.«

»Was heißt damals. Das wär's heut auch noch. Aber so was gibt's ja heut gar nicht mehr. Von seinem Vater natürlich. Der hat ihn da voll unterstützt. Wissen Sie, der Karl wollte nicht einfach irgendein Taxi, der wollte was Besonderes. Das sollte ja auch nicht einfach nur ein Taxigeschäft werden. Schon auch, aber eben nicht nur. Der wollte was für die Prominenz, für die Reichen, für die, die sich so was eben leisten können.«

»Sie meinen eine Art Limoservice«, versuchte Paulig zu präzisieren.

Würfel, der seiner Ansicht nach die bisher einzig sinnvolle Frage gestellt hatte, setzte ein interessiertes Gesicht auf und verlief sich in der Überlegung, welche Frauen damals eigentlich zur Prominenz gehört hatten. Brigitte Bardot, Sophia Loren, Audrey Hepburn, Kim Novak, Jane Fonda, Barbara Eden, in die er verliebt war, noch bevor er überhaupt gewusst hatte, was das war, Romy Schneider natürlich. Die modernen Stars lehnte er ab. Hupfdohlen und Wegwerfpromis nannte er sie immer, wenn das Thema auf sie kam. Warfen sich den Massen vor die Füße und wunderten sich dann, wenn man auf ihnen herumtrampelte. Und die, die sich rar machten, die sogar Anwälte beauftragten, um ihr Privatleben zu schützen, waren für ihn keine Stars, sondern einfach nur Berufsschauspieler. Er liebte die wirklichen Stars, von denen heute keiner mehr lebte. Marlene Dietrich, Zarah Leander. Ganze Wochenenden verbrachte er mit ihren Filmen.

»Ja, so was, auch für Hochzeiten und so. Auf jeden Fall haben sie dann so herumgealbert. Er hat mit dem Fensterheber gespielt, und sie hat gemeint, wie das wohl wäre, wenn er ihr den Kopf einklemmen würde und sie sich dann nicht mehr wehren könne, ob er das dann wohl ausnützen würde, so Blödsinn halt … Ja, und dann haben sie es eben gemacht.«

»Wie?«, fragte Würfel, der seine vorübergehende Unaufmerksamkeit mit einer besonders geistreichen Frage zu überspielen versuchte.

»Mein Gott, Tilman. Wie wohl. Wie man das eben macht«, sagte Paulig gereizt. »Und weiter?«

»Die Traudl, wissen Sie, damals nannte man das noch so, wenn man länger mit jemandem gegangen ist, die war ja quasi auch verlobt, mit dem Wagreiner Joseph, und dem hat sie das dann gebeichtet. Zu mir hat sie hinterher gesagt, sie hat vor der Hochzeit noch schnell reinen Tisch machen wollen. So eine dumme Nuss! Sie hat doch gewusst, wie jähzornig die Wagreiner Brüder waren. Ja, und genauso ist es dann auch gekommen. Nur viel schlimmer. So ein Wahnsinn!« Frau Albrecht schüttelte den Kopf und wiederholte ein paarmal: »So ein Wahnsinn, so ein Wahnsinn.« Dann atmete sie tief durch und redete konzentriert weiter: »Der Thomas, der Bruder vom Joseph, der ältere, also der, der das Sagen gehabt hat, hat beim Karl angerufen und mit verstellter Stimme ein Taxi zum See bestellt. Wissen Sie, der Thomas hat seine Kühe immer über den See nach St. Bartholomä auf die Alm gebracht, der war ja damals schon der Bauer. Ja, damals war das noch so: Der Älteste übernimmt den Hof und der andere bekommt ein Geld. Lange Rede, kurzer Sinn: Dann haben sie ihn niedergeschlagen und gefesselt, sind mitsamt dem Opel auf den See hinaus, haben den Karl nackt ausgezogen, seinen Kopf durchs Fenster gesteckt, das Fenster hoch … Ja, und so haben sie ihn dann versenkt … Diese Verbrecher.«

Schwer atmend, mit halb geöffnetem Mund, so, als hätte sie plötzlich Probleme, genügend Luft zu bekommen, ließ Frau Albrecht ihren Kopf nach hinten auf die Rückenlehne des Sofas fallen und starrte an die Decke.

»Und warum haben Sie das nicht schon damals ausgesagt?«, fragte Paulig fassungslos.

»Weil ich das erst seit zwei Wochen weiß!«, brach es aus der Frau, die auf einmal alt und gebrechlich wirkte, heraus. »Der Joseph hat mir's auf dem Totenbett gestanden. Und wissen Sie, der Thomas ist doch auch schon längst ein alter Mann. Warum sollte ich den jetzt noch ins Gefängnis bringen ... Und ich hätt auch nichts gesagt, wenn Sie ... Wissen Sie, ich hab mein ganzes Leben darunter gelitten, dass ich den Karl nicht heiraten hab können. Und einen anderen hab ich nicht gewollt.«

Erst jetzt ließ sie ihren Tränen freien Lauf.

# Die Autoren

Friedrich Ani, geboren 1959, lebt in München. Er schreibt Romane, Gedichte, Jugendbücher, Hörspiele und Drehbücher. Seine Romane wurden in mehrere Sprachen übersetzt und vielfach prämiert. Er erhielt sechsmal den Deutschen Krimipreis und für sein Drehbuch *Süden und der Luftgitarrist* den Adolf-Grimme-Preis. Sein Roman *Süden* stand wochenlang auf Platz 1 der KrimiZEIT-Bestenliste und wurde mit dem Deutschen Krimipreis, dem Stuttgarter Krimipreis und dem Burgdorfer Krimipreis der Schweiz für den besten deutschsprachigen Kriminalroman des Jahres ausgezeichnet. 2012 erhielt Ani den Bayerischen Fernsehpreis für das Drehbuch *Das unsichtbare Mädchen*. Friedrich Ani ist Mitglied des Internationalen PEN-Clubs.

Volker Backert arbeitet in Coburg als städtischer Abteilungsleiter für Öffentliche Sicherheit eng mit der Polizei zusammen. 2010 kam sein Krimi-Debüt, der Franken-Thriller *Das Haus vom Nikolaus*, auf die Vorschlagsliste für den Friedrich-Glauser-Preis als »Bester Debütroman des Jahres«. Die Bayerische Staatsbibliothek setzte den Roman 2012 auf ihre Bestenliste »Best of Regionalkrimis«. Ebenfalls 2012 erschien mit *Todesfessel (Ballerina Overkill)* Backerts zweiter Kriminalroman der SOKO-Franken-Reihe. Volker Backert ist Mitglied des *Syndikats*, der Vereinigung deutschsprachiger Kriminalautoren. www.volkerbackert.com

Mit *Dürers Mätresse*, dem ersten Fall des neugierigen Fotografen und Hobbyermittlers Paul Flemming, gelang Jan Beinßen 2005 der Durchbruch als fränkischer Bestsellerautor. Seitdem schlossen sich etliche Romane und zahlreiche Shortstorys mit der sympathischen Spürnase Flemming an. Weitere knifflige bis heitere Fälle lösen die Nürnbergerinnen Gabriele Doberstein und Sina Rubov in der *Feuerfrauen*-Trilogie sowie seit Sommer 2012 der Nürnberger Kommissar Konrad Keller. Aber auch im hohen Norden ist Jan Beinßen auf Mördersuche: *Todesstreich* lautet der Titel seines ersten Weserberglandkrimis, der zweite, *Steinzeichen*, folgte im Herbst 2012. Jan Beinßen, Buchautor

und Journalist, ist gebürtiger Schaumburger und lebt mit seiner Familie in Franken. Seine Romane und Kurzgeschichten sind bei ars vivendi, Piper, Gmeiner, CW Niemeyer und Reclam erschienen.
www.janbeinssen.de

Angela Eßer wurde in Krefeld geboren, studierte Theaterwissenschaft und war als pädagogische Mitarbeitrin bei der VHS München und am Theater tätig. Seit vielen Jahren gibt sie mörderische Kochseminare, in denen die Ess- und Trinkvorlieben von berühmten Privatdetektiven und Kommissaren aus der Kriminalliteratur aufgedeckt werden. Außerdem ist sie ist Organisatorin von Krimifestivals, Initiatorin von »Bloody Cover« sowie Herausgeberin von Krimi-Anthologien und vertrat als Sprecherin viele Jahre das »Syndikat«, die Autorengruppe deutschsprachiger Kriminalliteratur. Ihr Kurzkrimi *6 Uhr 23 – Guten Morgen München* aus der Anthologie *München blutrot* war für den Friedrich-Glauser-Preis nominiert.
www.angelaesser.de

Nicola Förg hat mittlerweile fünfzehn Kriminalromane verfasst und an zahlreichen Anthologien mitgewirkt. Zwei Krimiserien spielen im Voralpenland und an alpinen Tatorten, die der Bestsellerautorin auch als Reise- und Skijournalistin wohlbekannt sind: Kult-Kommissar Weinzirl ermittelt im Allgäu und im Pfaffenwinkel. Nicola Förgs zweite Krimiserie hat für das Kommissarinnen-Duo Irmi Mangold und Kathi Reindl rund um Garmisch bereits zum sechsten Mal knifflige Fälle parat. Ein Buch erhielt den Bayerischen Tierschutzpreis. Das aktuelle Buch *Scheunenfest* beschäftigt sich mit ausländischen Pflegekräften. Und »hinter der Geranienpracht gibt's weiterhin viele dunkle Gründe (zumindest literarisch), zu morden«. Die gebürtige Oberallgäuerin, die in München Germanistik und Geografie studiert hat, lebt mit Familie sowie Ponys und diversen Kaninchen und Katzen auf einem Anwesen in Prem. Tiere sind ihr Steckenpferd, mit Viechern, Wald und Landwirtschaft kennt sie sich aus.
www.ponyhof-prem.de

Werner Gerl lebt in München, hat Beiträge für die großen Satiremagazine verfasst, schreibt bayerische Kurzkrimis und eine Romanreihe um die schlagkräftige Münchner Kommissarin Tischler (*Eine Art*

*Serienmörder, Der Goldvogel*). Seine Krimikomödie *Der Schweins-kopfmörder* wurde 2013 uraufgeführt. Als Solo-Kabarettist hatte er bis heute rund 500 Auftritte im ganzen deutschsprachigen Raum, er erhielt diverse Kabarettpreis e und ist seit 2013 Mitglied des Kabarett-Trios Kabarett Kriminale (*Humord*).

www.wernergerl.de

Katharina Gerwens, in Westfalen geboren, arbeitete nach ihrer Ausbildung zur Journalistin in verschiedenen Verlagen. Sie ist Buchautorin, Texterin und Redakteurin. Bekannt wurde sie durch ihre Niederbayern-Krimis, in denen Franziska Hausmann mehrere Fälle am fiktiven Tatort Kleinöd lösen muss. Herbert Schröger hat als Übersetzer ins Bayerische an den Büchern mitgewirkt. Jüngste Publikationen sind die Westfalen-Krimis *Schürzenjäger* (2013), *Westfälische Affären* (2014) sowie der als E-Book erscheinende Krimi *Kegeltour* (2014). Katharina Gerwens ist Mitglied des Syndikats und lebt mit Mann und Katzen in Niederbayern. Der erste Band einer neuen Krimiserie, in der Kommissarin Franziska Hausmann als Sonderermittlerin im Bayerischen Wald aktiv wird, erscheint im Winter 2014.

www.katharina-gerwens.de

Michael Gerwien, aufgewachsen in Mittenwald, lebt seit 1972 in München und arbeitet dort als Autor und Musiker. Er schreibt humorvolle Kriminalromane um seinen Münchner Exkommissar Max Raintaler, veröffentlicht beim Gmeiner Verlag. *Alpengrollen* (2011), *Isarbrodeln* (2012), *Isarblues* (2012), *Isarhaie* (2013), *Mordswiesn* (2013), *Raintaler ermittelt. 30 Rätsel-Krimis* (2013), *Alpentod* (2014) sowie *Wer mordet schon am Chiemsee. Kurzkrimis* (2014). Weitere Kurzkrimis von ihm finden sich in diversen Anthologien. Er begleitet seine Lesungen selbst mit Musik.

www.mgerwien.com

Lisa Graf-Riemann, in Passau geboren, studierte in München und Südspanien Romanistik und Völkerkunde und war als Redakteurin und Autorin für Kindlers Literatur Lexikon und einige große Schulbuchverlage tätig. Als Polizei-Dolmetscherin hat sie den ersten Schritt in die Welt des Verbrechens getan. Kriminalistisch ist sie seitdem sowohl solo (*Eine schöne Leich* 2010, *Donaugrab* 2011, *Eisprinzessin* 2013) als auch im Duo mit Ottmar Neuburger (*Hirschgulasch* 2012, *Rehragout* 2014) unterwegs. Alle fünf Kriminalromane sind im Emons Verlag erschienen.

www.graf-riemann.de

Harry Kämmerer, geboren 1967, aufgewachsen in Passau, lebt mit seiner Familie in München. Er ist Verlagsredakteur mit Herz für Musik, Literatur und Kabarett und Verfasser einer Dissertation zum Thema »Satire im 18. Jahrhundert«, einer Reihe von Kurzgeschichten und Hörspielen. 2010 veröffentlichte der Graf Verlag seinen ersten Kriminalroman *Isartod*, dann *Die Schöne Münchnerin* (2012) und *Heiligenblut* (2013). *Pressing*, Band 4 des unkonventionellen Ermittlerteams um den Münchner Kriminalpolizisten Karl Maria Mader, erscheint 2014. Die Lesungen leben von ihrem Hörspielcharakter und der Live-Musik (E-Gitarre).

Thomas Kastura, geboren 1966 in Bamberg, lebt ebendort mit seiner Frau und seinen beiden Töchtern. Er studierte Germanistik und Geschichte und arbeitet seit 1996 als Autor für den Bayerischen Rundfunk. Zahlreiche Erzählungen, Jugendbücher und Kriminalromane, u. a. *Der vierte Mörder* (2007 auf Platz 1 auf der KrimiWelt-Bestenliste) sowie aktuell *Please Identify* (2014). Thomas Kastura ist außerdem Herausgeber der Whiskykrimi-Sammlung *Scotch as Scotch can* (2013). www.thomaskastura.de

Lotte Kinskofer wurde in Langquaid (an der Grenze von Niederbayern zur Oberpfalz) geboren, hat in Regensburg das Gymnasium besucht und in München studiert. Sie arbeitete als Journalistin und Redakteurin für verschiedene Zeitungen und schreibt heute als Drehbuchautorin und Buchautorin für Kinder, Jugendliche und Erwachsene.
www.lotte-kinskofer.de

Roland Krause wurde in Lindau am Bodensee geboren. Nach einigen Jahren in Nürnberg lebt und arbeitet er heute in München. Die Stadt mit all ihren heiteren, skurrilen und abgründigen Facetten menschlichen Daseins bildet auch den Hintergrund seiner Erzählungen und Romane – schwarzer Humor gepaart mit Milieustudien aus den

staubig-finsteren Ecken Münchens. Im Piper Verlag sind bis dato drei Romane erschienen: *Der Sandner und die Ringgeister* (2011), *Fuchsteufelswild* (2012), *Der Tod kann warten* (2013).
www.krimikrause.wordpress.com

Iris Leister studierte Biologie und Linguistik und lernte u. a. an der UCLA, Los Angeles, das Drehbuchschreiben. Sie veröffentlichte zahlreiche Kurzgeschichten und Hörspiele sowie den historischen Thriller *Novembertod*. Ihre Drehbücher wurden zum Drehbuchförderpreis Münster.Land und zum Clou-Drehbuchpreis des VDD und Tatort Eifel nominiert. Sie arbeitet außerdem als Dozentin für kreatives Schreiben und ist Mitautorin des Ratgebers *Kreatives Schreiben* im Brockhaus Verlag.
www.novembertod.de

Christian Limmer, 1964 in Straubing geboren und aufgewachsen, studierte Theaterwissenschaft und arbeitete im Folgenden unter anderem als Cutter bei der Bavaria Film. An der UCLA in Los Angeles absolvierte er einen Drehbuchkurs, bevor er seine Karriere bei Film und Fernsehen begann. Seit 1993 schreibt er Drehbücher für Fernsehproduktionen wie *Polizeiruf 110*, *Tatort* oder *Unter Verdacht*. Sein Niederbayernkrimi *Sau Nr. 4* ist mit dem Bayerischen Fernsehpreis ausgezeichnet worden. Seine zwei Roman Romane – *Unter aller Sau* (2012) und *Saubär* (2013) – sind bei Droemer erscheinen. Christian Limmer lebt mit seiner Familie in München.

Harry Luck wurde 1972 in Remscheid geboren, wo er bei der Lokalzeitung sein journalistisches Handwerk erlernte. In München studierte er Politikwissenschaften und arbeitete bei verschiedenen Tageszeitungen, Nachrichtenagenturen und Radiosendern. Von 2006 bis 2012 war er stellvertretender Nachrichtenchef bei Focus Online, bevor er Leiter der Presse- und Öffentlichkeitsarbeit des Erzbistums Bamberg wurde. Luck hat bereits acht Romane und zahlreiche Kurzkrimis sowie unterhaltende Sachbücher veröffentlicht. 2011 erschien im Allitera Verlag der Starnberg-Krimi *Schwarzgeld* und ein Jahr später *Der Isarbulle*. Sein Oktoberfest-Krimi *Wiesn-Feuer* erscheint im Herbst 2014 in einer Neuauflage.
www.harryluck.de

Bevor Felicitas Mayall ihre Krimiserie um die Münchner Kommissarin Laura Gottberg begann, arbeitete sie als Journalistin bei der Süddeutschen Zeitung, schrieb Kinder- und Jugendbücher sowie Reiseliteratur. Sie ist mit dem australischen Fotografen Paul Mayall verheiratet, hat zwei erwachsene Söhne und lebt südlich von München – wenn sie nicht gerade in Italien oder Australien recherchiert.

Stefanie Mohr, Jahrgang 1972, gelangte über ein Jurastudium in Erlangen und die Arbeit in einer Kanzlei schließlich zu den Sprachwissenschaften. Heute lebt sie als freiberufliche Fotografin und Autorin in Nürnberg. Seit 2005 hat sie mehrere Kriminalromane veröffentlicht. www.stefanie-mohr.com.

Oliver Pötzsch, geboren 1970, war jahrelang als Filmautor für den Bayerischen Rundfunk tätig. Heute widmet er sich ganz dem Schreiben. Er lebt in München. Seine Bücher über den Schongauer Henker Jakob Kuisl und seine Tochter Magdalena, aber auch andere historische Romane, erscheinen in mehr als 20 Ländern, unter anderem in China, Lettland und Brasilien. Inzwischen hat er mehr als 2 000 000 Bücher und E-Books weltweit verkauft – darunter auch »Die Ludwig-Verschwörung«, einen Thriller über den Märchenkönig Ludwig II. www.oliver-poetzsch.de.

Billie Rubin ist das Krimipseudonym der Münchner Autorin Ute Hacker (Jahrgang 1958), die bereits fünf Kriminalromane veröffentlicht hat, darunter die Franken-Krimis *Foules Spiel* (4. Auflage 2013), *Dunkle Rache* (2011) und *Kaltes Dorf* (2013, alle Allitera Verlag). Sie schreibt deutsch und englisch, ist Gründungsmitglied der internationalen Online-Gruppe IOWG sowie aktives Mitglied der Autorinnenvereinigung. Billie Rubin ist Herausgeberin diverser Krimianthologien, unter anderem von *High Noon in München*, wo ihre besten Kurzgeschichten versammelt sind. www.billierubin.eu

Frank Schmitter wurde 1957 in Krefeld geboren. Nach abgebrochenem Germanistikstudium bereiste er verschiedene Länder und ließ sich anschließend zum Bibliothekar ausbilden. Seit 1986 arbeitet er, unterbrochen von einer mehrjährigen Tätigkeit als Filmredakteur, in diesem Beruf. In den letzten Jahren erschließt er die Autorennachlässe im Literaturarchiv Monacensia der Stadt München. Schmitter publizierte seit 1999 Lyrik und Kurzgeschichten in Anthologien und Zeitschriften und drei Einzelbände in der Edition Virgines: *Der Atem der Schlittenhunde* (Gedichte, 2001), *Grenzverletzungen* (Erzählungen, 2003), *Das leichte Leben* (Erzählung, 2004). Sein Gedichtband *die markisen rollen den nachmittag aus* erschien 2012 in der lyrikedition 2000. Zudem erschienen vier Kriminalromane von ihm, zuletzt 2013 *Der Tote von der Isar* bei btb.

Michael Soyka, 1959 in Berlin geboren, verbrachte seine Kindheit in Fürth und Kiel. Er studierte Medizin in Kiel, Würzburg, London und München und arbeitete zwanzig Jahre an der Psychiatrischen Klinik der Universität München. Er ist Professor für Psychiatrie, hat zahlreiche wissenschaftliche Artikel und Bücher speziell zu Themen Sucht und forensische Psychiatrie veröffentlicht und mehrere Wissenschaftspreise erhalten. Daneben hat er mehrere Jahre als Kolumnist für die Münchner Abendzeitung gearbeitet. Seit 2006 ist er Ärztlicher Direktor der psychiatrischen Privatklinik Meiringen/Schweiz und lebt in Ringgenberg/Bezirk Interlaken und München. Sein Krimidebüt *Schwarze Ufer* (Allitera Verlag 2009) ist mittlerweile in der fünften Auflage. 2011 erschien sein zweiter Kriminalroman *Kinsky kehrt zurück*.
www.michaelsoyka.com

Ingeborg Struckmeyer wurde in Bottrop, geboren, ist dort aufgewachsen und zur Schule gegangen. Sie studierte in Münster und Köln, war anschließend als Diplom-Bibliothekarin tätig. Seit 2004 lebt sie in München. In den vergangenen Jahren erhielt sie mehrere Kurzkrimi- und Kurzgeschichtenpreise.
www.fridamey.de

Georg Unterholzner, geboren 1961 in Deining, studierte Tiermedizin in München und arbeitete danach als praktischer Tierarzt. Seit 2001 ist er Amtsveterinär im Staatsdienst. Im Rosenheimer Verlag veröffentlichte er bereits fünf Kriminalromane: *Die dritte Leich* (2009), *Schlachttage* (2009), *Mörderlatein* (2010), *Die Gezeichneten* (2012), *Der Schnitter* (2013).
www.georgunterholzner.de

Dieter Weißbach, 1957 in Erding geboren, absolvierte von 1973 bis 1976 eine Ausbildung zum Bankkaufmann. Seine frühen Erwachsenenjahre verbrachte er in der wundersamen Welt des Beruferatens. Er war unter anderem DJ, Schankkellner, Gläserwäscher, Flugzeugreiniger, reiste zwei Jahre durch Spanien und Marokko und arbeitete als Lkw-Überführungsfahrer in Italien und im Irak. Von 1983 bis 2013 leitete er eine kleine Medizintechnikfirma. In dieser Zeit veröffentlichte er mit seiner Band *Die Schmiede* mehrere Rock-CDs. 2011 erschien sein Debüt-Roman *Stockinger. Der letzte Bergbauer,* 2014 sein Krimi *Mordnacht* (beide Allitera Verlag). Seit 2013 arbeitet er ausschließlich als Autor.

# Ursprung und Entwicklung der Hospizidee und Palliativversorgung

Das Wort »Hospiz« leitet sich vom lateinischen *hospitium* – Herberge – ab.

Im frühen Mittelalter waren Hospize Herbergen, die Pilgern, Kranken, Alten und Schwachen Schutz, Unterkunft und Pflege anboten. Die Begründerin der modernen Hospizarbeit ist die Engländerin Cicely Saunders (1918–2005). Als Ärztin, Krankenschwester und Sozialarbeiterin war es ihr besonders wichtig, neben der Sterbebegleitung schwerstkranker Menschen auch deren schmerztherapeutische Versorgung sicherzustellen. »Pallium« bedeutet Mantel, Umhüllung im Sinne von Linderung und meint die umfassende Sorge um einen Menschen, wenn Heilung nicht mehr möglich ist.

Dem Engagement von zahlreichen Bürgern ist es zu verdanken, dass in den 8oer-Jahren die ersten Hospizinitiativen in Deutschland entstanden. Ohne jeden gesetzlichen Auftrag und ohne finanziellen Rückhalt suchten Menschen nach Antworten auf den Leidensdruck schwerstkranker und sterbender Menschen, die keine Fürsprecher hatten und allzu oft von den rein kurativ ausgerichteten Institutionen des Gesundheitswesens abgeschoben wurden.

Für viele Ehrenamtliche waren diese Situationen, beispielsweise beim Sterben eines nahen Angehörigen, der ausschlaggebende Anlass, sich nachhaltig für ein Sterben unter würdevollen Bedingungen einzusetzen. Leitend wurde die Vorstellung, dass Sterben ein Teil des Lebens ist, dem ebenso respektvoll wie achtsam begegnet werden muss.

Bis heute wächst das ehrenamtliche Engagement in Deutschland stetig, zurzeit engagieren sich rund 80000 Menschen ehrenamtlich in der Hospizbewegung. Darüber hinaus und immer mehr an Bedeutung gewinnend sind Ehrenamtliche in Vorständen, in der Öffentlichkeitsarbeit, der Verwaltung, in Koordination und Schulungen. Das Ehrenamt ist die tragende Säule der Hospizarbeit. Mit der zunehmenden Aufmerksamkeit für Sterbende wurde auch die Schmerztherapie weiterentwickelt. Die Palliativmedizin kon-

zentriert sich auf Schmerz- und Symptomlinderung bei Krebser-
krankungen und anderen Krankheitsbildern, die eine palliative
Betreuung begründen.

Die Palliativpflege widmet sich entsprechend der Optimierung der
Pflege von Schwerstkranken und Sterbenden. Das Besondere ist der
ganzheitliche Ansatz, der den Menschen mit all seinen Nöten und Bedürfnissen umfasst.

## Kerngedanken

Die Hospiz- und Palliativarbeit stellt den Schwerstkranken, den Sterbenden wie auch seine ihm Nahestehenden gleichermaßen in den Mit-
telpunkt. In einem Klima der Wahrhaftigkeit wird er seinen Wünschen,
Bedürfnissen und Nöten gemäß versorgt. Bereits Cicely Saunders hat
von Schmerzen in vielfacher Hinsicht gesprochen. Durchgesetzt hat
sich die Erkenntnis, dass Schmerz das ist, was der Patient als solchen
benennt. Man unterscheidet die physische, die psychosoziale und die
spirituelle Dimension.

## Physische Versorgung

Palliativmedizin und Palliativpflege verfügen über spezifisches Fachwissen, die körperlichen Nöte zu lindern. Sie steigern das subjekti-
ve körperliche Wohlbefinden durch Reduzierung der Symptome. Es
stehen nicht mehr die Ursache einer Erkrankung, sondern nur noch
die Symptomatik oder die Beschwerden, die eine Erkrankung mit sich
bringt, im Vordergrund.

## Psychosoziale Begleitung

Diese umfasst den emotionalen Beistand für Sterbende und ihre Angehörigen. Sie hilft bei der Auseinandersetzung mit einer schweren
Erkrankung und dem bevorstehenden Tod. Sie unterstützt alle Betroffenen, mit der veränderten Lebenssituation umzugehen, die nötige
Hilfe zu organisieren und unerledigte Dinge auf den Weg zu bringen.

## Spiritueller Beistand

Den Sterbenden und Angehörigen stellen sich angesichts einer unheilbaren Erkrankung Fragen nach dem Sinn von Leben, Sterben und Tod sowie dem Danach. In der Auseinandersetzung mit diesen letzten Fragen soll niemand alleine bleiben müssen.

Um ein lebenswertes Leben bis zuletzt zu ermöglichen, gilt es, die Lebensqualität zu erhalten und zu verbessern. Die ganzheitliche Leidenslinderung als Grundsatz wird verwirklicht durch das multidisziplinäre Zusammenwirken von Pflegekräften, Angehörigen, Ärzten, Sozialarbeitern, Seelsorgern, Hospizbegleitern und anderen Berufsgruppen.

In der Hospiz- und Palliativversorgung wird Sterben als Teil des Lebens betrachtet, der weder verkürzt noch künstlich verlängert werden soll. Diese lebensbejahende Grundhaltung schließt aktive Sterbehilfe aus.

## WHO-Definition Palliative Care

Dieser Ansatz wurde im Jahr 2002 in der Definition von Palliative Care der Weltgesundheitsorganisation (WHO) beschrieben: »Palliative Care dient der Verbesserung der Lebensqualität von Patienten und ihren Familien, die mit einer lebensbedrohlichen Erkrankung konfrontiert sind. Dies geschieht durch Vorbeugung und Linderung von Leiden mittels frühzeitiger Erkennung, hochqualifizierter Beurteilung und Behandlung von Schmerzen und anderen Problemen physischer, psychosozialer und spiritueller Natur.«

---

*Können und Wissen helfen nicht weiter,*
*solange Schmerzen und Beschwerden, Ängste,*
*Wünsche und Bedürfnisse nicht erkannt werden.*
*Wir müssen zuhören, zuhören und nochmals zuhören.*

Prof. Dr. med. Marina Kojer

---

# Hospiz- und Palliativversorgung

Die Hospiz- und Palliativversorgung hat den schwerstkranken und sterbenden Menschen mit seinen ihm Nahestehenden im Blick. Dieser Blick hat sich allerdings geweitet. Lange bevor der Patient sterbend ist, treten im Krankheitsverlauf Fragen, Unsicherheiten und Entscheidungssituationen auf, in der eine Beratung hilfreich sein kann. Deshalb sind Einrichtungen der Hospiz- und Palliativversorgung nicht nur Ansprechpartner in der Endphase einer Erkrankung. Viele Einrichtungen beraten darüber hinaus zu Fragen der persönlichen Vorsorge (Patientenverfügung, Vorsorgevollmacht und Betreuungsverfügung) am Lebensende für den Fall, dass eine eigene Willensäußerung nicht mehr möglich ist. Dieser weite Blick der Hospiz- und Palliativarbeit umfasst auch Angebote für Trauernde. Begleitung endet nicht mit dem Tod, sondern bietet trauernden Menschen Möglichkeiten, mit dem Verlust eines lieben Menschen leben zu lernen.

Die Umsetzung der Hospiz- und Palliativversorgung kann sowohl im häuslichen Bereich, also ambulant, aber auch in stationären Einrichtungen erfolgen. Es gibt Angebote der allgemeinen Versorgung bis hin zu hochspezialisierten Angeboten. Dabei haben sich zahlreiche Ausformungen herausgebildet. Sie folgen regionalen Besonderheiten oder strukturellen Notwendigkeiten. Ihnen gemeinsam ist ein professionelles Miteinander von Haupt- und Ehrenamtlichen.

## 1. Ambulante Versorgung

Die allgemeine ambulante Hospiz- und Palliativversorgung ist die Basisversorgung, die bei dem Großteil der Schwerstkranken und Sterbenden zum Tragen kommt. Sie wird durch Hausärzte und ambulante Pflegedienste erbracht. Erfreulicherweise verfügen immer mehr Haus- und Fachärzte sowie Mitarbeiter von Pflegediensten inzwischen über eine palliative Zusatzqualifikation. Zum ambulanten Versorgungsnetz gehören auch die Ambulanten Hospizdienste, Gemeindeseelsorger,

Physiotherapeuten und weitere Berufsgruppen und Hilfsdienste. Für besonders komplexe Situationen gibt es spezialisierte Angebote. Im Folgenden werden jene Dienste vorgestellt, deren Tätigkeitsschwerpunkt die ambulante Hospiz- und Palliativversorgung ist.

## 1.1 Hospizdienste

*Ambulante Hospizdienste für Erwachsene*

Die meisten der über 120000 Menschen, die jedes Jahr in Bayern sterben, wollen bis zum Lebensende zu Hause bzw. in ihrer gewohnten Umgebung bleiben. Ziel der ambulanten Hospiz- und Palliativberatungsdienste für Erwachsene ist es deshalb, in enger Zusammenarbeit mit vielen Beteiligten ein den Bedürfnissen der Betroffenen entsprechendes Netzwerk zu schaffen. In diesem Netzwerk bieten die ambulanten Hospizdienste ehrenamtliche Hospizbegleitung und palliative Fachberatung an.

Ein qualifizierter ehrenamtlicher Hospizbegleiter wird auf Wunsch dem Patienten und/oder seinen Angehörigen zur Seite gestellt und kommt regelmäßig nach Hause. Er leistet psychosoziale Begleitung auf vielfältige Weise. Die Aufgaben sind nicht definiert, sondern er tut und er unterlässt so, wie es den Betroffenen gut tut. Ehrenamtliche haben keinen Zeitdruck, ein Besuch kann mal kurz sein, mal länger dauern. Dies entscheidet sich in jeder Situation neu. Für die Betroffenen sind Ehrenamtliche eine Entlastung, weil sie emotional belastbar sind und sie entgegen gesellschaftlicher Normen alle Gedanken und Gefühle zulassen und nicht bewerten. Sie geben allem, was bewegt, Halt und Raum.

Der Kern des Dienstes ist daher das Da-Sein und Mit-Aushalten. Alles unterliegt dabei der Schweigepflicht. Ambulante Hospizbegleitung orientiert sich an dem jeweiligen Aufenthaltsort des Patienten und findet deshalb an allen erdenklichen Aufenthaltsorten statt – zu Hause, im Alten- und Pflegeheim, im Krankenhaus, im stationären Hospiz, auf der Palliativstation – und passt sich dem jeweiligen Weg des Patienten an.

Die Planung der Einsätze von Ehrenamtlichen und deren Begleitung verantworten die Einsatzleitungen eines Dienstes. Diese werden vielfach hauptamtlich geleistet von Palliativfachkräften, die als Koordinatoren – meist Sozialarbeiter oder examinierte Pflegekräfte – darüber hinaus Palliativberatungen anbieten. Sie helfen, den eigenen Weg innerhalb des Irrgartens an Entscheidungsoptionen zu finden. Darüber hinaus haben Betroffene vielfältige Fragen, die in der Palliativberatung besprochen werden: Was kommt auf uns zu? Was mache ich, wenn Symptome auftreten? Welche pflegerischen Tipps und welche Pflegedienste passen zu mir? Welche finanziellen Unterstützungsmöglichkeiten gibt es? Wer hilft mir bei Anträgen? Welche Vorsorge kann ich treffen?

Hospizdienste sind für Fragen und Nöte oft auch außerhalb gewöhnlicher Bürozeiten erreichbar. Je nach Organisationsform – ob Hospizinitiative, Hospizdienst oder Hospiz- und Palliativ-Beratungsdienst (zusätzlich mit palliativpflegerischen Kompetenzen ausgestattet) – ist das konkrete Angebotsspektrum unterschiedlich, aber der Kern ist identisch. Ihnen allen gemeinsam ist, dass alle Angebote für die Betroffenen kostenfrei sind.

### Ambulante Kinder- und Jugendhospizdienste

Kinder sind keine kleinen Erwachsenen, und daher ergeben sich in der Begleitung andere Herausforderungen. Die etwa 2700 Kinder und Jugendlichen in Bayern mit lebensverkürzenden Erkrankungen, von denen etwa 600 im Jahr sterben, haben besondere Bedürfnisse und Rechte. Ein spezieller Aufgabenbereich in der Hospizarbeit ist daher die ambulante Kinder- und Jugendhospizarbeit. Sie bietet eine Begleitung für Kinder und Jugendliche und ihre Familien an, in deren Leben Sterben, Tod und Trauer unmittelbare Realität sind. Die Begleitung kann vom Zeitpunkt der Diagnosestellung bis über den Tod des Kindes in die Trauerzeit in Anspruch genommen werden.

Ehrenamtliche Hospizbegleiter in ambulanten Kinderhospizdiensten werden gesondert auf diese Aufgabe vorbereitet. Die Angebote für die betroffenen Kinder und Jugendlichen sowie deren Bezugspersonen sind: Koordination der individuellen Versorgung und Begleitung, pädiatrisch-palliativpflegerische und psychosoziale Beratung, Hospizbegleitung, Unterstützung zur Selbsthilfe, Trauerbegleitung, Austausch zwischen betroffenen Familien, Zusammenarbeit mit stationären Kinder- und Jugendhospizen.

Alle Begleitungs- und Beratungsangebote sind für die Betroffenen kostenfrei.

## 1.2 Spezialisierte Ambulante Palliativversorgung

### Für Erwachsene (SAPV)

Das bisher beschriebene Netzwerk stellt die allgemeine ambulante Hospiz- und Palliativversorgung dar, durch die etwa 90 Prozent der Patienten gut versorgt werden können. Es gibt ca. 10 Prozent der Patienten, die aufgrund einer komplexen Symptomatik einen besonderen pflegerischen und/oder medizinischen Bedarf haben und deshalb durch die allgemeine Versorgung nicht mehr ausreichend behandelt werden können. Diese Patienten, die zu Hause, im Alten- und Pflegeheim oder im stationären Hospiz leben, haben Anspruch auf SAPV. Hierfür ist ein abgestuftes Betreuungskonzept vorgesehen. So können Betroffene, Ärzte oder Pflegedienste auf ein kompetentes Beratungsangebot zurückgreifen. Das Angebot kann erweitert werden zur Koordination des gesamten Versorgungsnetzwerks und einer Teil- und Vollversorgung.

Ein SAPV-Team besteht aus palliativ weitergebildeten und erfahrenen Ärzten und Pflegefachkräften, die rund um die Uhr bereitstehen. Es ergänzt das bestehende Netzwerk aus Haus- und Fachärzten, Pflegediensten, Seelsorgern, Sozialarbeitern, ambulanten Hospizdiensten und anderen Diensten. In einem Erstgespräch werden nicht nur medizinische sowie pflegerische Fragen thematisiert. Auch psychosoziale Aspekte, Sorgen und Ängste sowie spirituelle und ethische Fragen werden einbezogen. Die Abstimmung der Maßnahmen erfolgt in Absprache mit den Erkrankten, ihren Angehörigen und dem Hausarzt. Die SAPV-Leistungen werden nach ärztlicher Verordnung mit der Krankenkasse abgerechnet.

### Für Kinder und Jugendliche (SAPPV)

Die Spezialisierte ambulante pädiatrische Palliativversorgung (SAPPV) wird durch eigenständige Teams geleistet, die auf die besonderen Belange von lebensverkürzt erkrankten Kindern und Jugendlichen eingestellt sind. Wegen der schweren, mit hoher Symptomlast verbundenen Erkrankungen benötigen viele eine SAPPV, die nicht nur am Lebensende, sondern im gesamten Krankheitsverlauf häufig zum

Einsatz kommt. Die SAPPV-Leistungen werden nach ärztlicher Verordnung mit der Krankenkasse abgerechnet.

## 2. Stationäre Versorgung

Weitere Bausteine im Netz der Hospiz- und Palliativversorgung sind stationäre Angebote für Menschen, für die ein Verbleib in der eigenen Wohnung (zeitweise oder dauerhaft) nicht möglich ist. Diese sind:

- Krankenhäuser mit Palliativmedizinischem Konsiliardienst
- Alten- und Pflegeheime mit Palliative-Care-Kompetenz
- Palliativstation
- Stationäres Hospiz

Während in den ersten beiden Einrichtungsformen eine allgemeine Hospiz- und Palliativversorgung stattfindet, zählen die Palliativstationen und die stationären Hospize zu Orten, an denen spezialisierte Hospiz- und Palliativversorgung angeboten werden. Selbstverständlich kann situativ auch in Krankenhäusern ohne Palliativstation oder Palliativmedizinischem Konsiliardienst sowie in Alten- und Pflegeheimen ohne explizit benannte Palliative-Care-Kompetenz eine gute Versorgung Schwerstkranker und Sterbender stattfinden.

### 2.1 Krankenhaus mit Palliativmedizinischem Konsiliardienst

In vielen Krankenhäusern gibt es palliativmedizinische Konsiliardienste. Strukturell handelt es sich um ein multidisziplinäres Team von Krankenhausmitarbeitern, die in allen Stationen des Krankenhauses beratend verfügbar sind. Je nach Organisationsform sind sie eigenständig oder Teil einer anderen Abteilung/Station, wie z. B. Palliativstation, Onkologie, Anästhesie. Ihre primäre Aufgabe ist die Beratung des jeweiligen Stationsteams zur Schmerztherapie und Symptomlinderung. Sie unterstützen Angehörige, helfen bei der Kommunikation zwischen allen Beteiligten und sind bei der Entlassung in die häusliche Umgebung behilflich. Der palliativmedizinische Dienst eines Krankenhauses kann nicht nur auf Initiative von Mitarbeitern des Hauses aus Medizin, Pflege, Seelsorge, Sozialarbeit etc. hinzugezogen werden, sondern auch auf Wunsch des Patienten oder seiner Angehörigen. Die Einbeziehung dieses Dienstes kann bereits erfolgen, wenn eine Aufnahme auf eine Palliativstation noch nicht erforderlich ist. So ist zu einem frühen Zeitpunkt ein niedrigschwelliger Kontakt zwischen dem Patienten und der Palliativmedizin herstellbar.

### 2.2 Alten- und Pflegeheim mit Palliative-Care-Kompetenz

Die meisten Menschen sterben immer noch im Krankenhaus oder im Alten- und Pflegeheim. Menschen im Heim sollen dort auch leben und sterben dürfen »wie zu Hause«. Solche Heime stellen sich auf die Bedürfnisse und Wünsche der Menschen ein. Sie tun dies, indem sie ihr Personal weiterbilden und den Hospiz- und Palliativgedanken implementieren. Dazu gehört, sich mit den Sorgen und Ängsten hochbetagter Menschen auseinander zu setzen:

- Kann ich ohne Schmerzen bleiben?
- Muss ich nicht allein sein, wenn ich Beistand brauche?
- Wird man mich nicht gegen meinen Willen behandeln oder ins Krankenhaus einliefern, wenn es kritisch wird?
- Verstehen mich mein Arzt und meine Krankenschwester?
- Bin ich nachts gut versorgt?

An vielen Orten findet man eine enge Vernetzung zwischen Pflegeheim und ambulantem Hospizdienst. Durch die Vernetzung mit der Hospizarbeit lernen die Heime, noch genauer und sorgfältiger auf die Bedürfnisse am Lebensende einzugehen. Schmerzen werden besser erkannt; die Kommunikation mit dem Hausarzt klappt reibungsloser und vertrauensvoller; die Geborgenheit der Bewohner steigt, und den Angehörigen ist dies Trost und Entlastung. Ehrenamtliche Hospizbegleiter sind gern in die Betreuung und Begleitung integriert und stützen die Familien und die Pflegenden gleichermaßen. So gelingt es, dass Menschen im Pflegeheim auch in ihrer letzten Lebensphase zu Hause sind und eine Krankenhauseinweisung verhindert werden kann.

## 2.3 Palliativstation

Eine Palliativstation nimmt Menschen auf, die an einer unheilbaren, weit fortgeschrittenen Erkrankung leiden und deren Symptome, wie z. B. Schmerzen, Atemnot, Übelkeit, eine stationäre Aufnahme erfordern. Ziel der Behandlung ist eine Verbesserung oder Stabilisierung der jeweiligen Krankheitssituation sowie die anschließende Entlassung – soweit möglich – nach Hause. Palliativstationen sind eigenständige, in ein Krankenhaus integrierte spezialisierte Einrichtungen. In der Regel verfügen die Palliativstationen über acht bis zwölf Einzelzimmer, die sich durch wohnliche Gestaltung und ruhige Atmosphäre vom herkömmlichen Krankenhausbetrieb abheben. Merkmal auf Palliativstationen ist der ganzheitliche, multiprofessionelle Betreuungsansatz. Neben der palliativ-ärztlichen und palliativ-pflegerischen Betreuung erfolgt eine enge Zusammenarbeit mit anderen Berufsgruppen, wie Seelsorgern, Sozialarbeitern und Psychologen. Weil pro Patient mehr Pflegepersonal vorhanden ist, können die Mitarbeitenden individueller auf die Bedürfnisse der Patienten eingehen. In vielen Palliativstationen erfolgt auch eine Begleitung durch Ehrenamtliche.

Die Anmeldung auf einer Palliativstation kann durch die Patienten selbst, ihre Angehörigen, niedergelassene Ärzte, Pflegedienste oder auch durch Mitarbeiter anderer Kliniken oder Pflegeheime erfolgen. Notwendig für die Aufnahme ist eine ärztliche Einweisung. Der Aufenthalt auf einer Palliativstation ist zeitlich begrenzt. Die Finanzierung erfolgt über die gesetzlichen Krankenkassen. Es fällt für den Patienten nur die übliche Zuzahlung (derzeit 10 € pro Tag) für vollstationäre Behandlung im Krankenhaus an. Dies gilt für insgesamt 28 Krankenhaustage je Kalenderjahr. Palliativstationen gibt es nur für Erwachsene. Die erste Kinder-Palliativstation ist in Planung.

## 2.4 Stationäres Hospiz

Stationäre Hospize für Erwachsene sind Häuser mit familiärem Charakter für schwerstkranke, sterbende Menschen und den ihnen Nahestehenden, wenn ein Verbleib in der eigenen Wohnung nicht möglich und eine Krankenhausbehandlung nicht notwendig ist. Voraussetzung für die Aufnahme ist, dass der Patient an einer Erkrankung leidet, die progredient verläuft und bei der eine Heilung ausgeschlossen ist. Dies trifft auf viele Tumorpatienten zu, aber auch auf Menschen mit schwersten Erkrankungen des Nervensystems, mit fortschreitenden Lähmungen oder schwersten voranschreitend verlaufenden Nieren-, Herz- oder Lungenerkrankungen. Als weitere Voraussetzung zählt die Notwendigkeit einer palliativ-medizinischen und palliativ-pflegerischen Versorgung im stationären Hospiz. Der persönliche Wunsch nach einer Aufnahme und eine ärztliche Verordnung sind Grundvoraussetzung. Damit im Verlauf der Begleitung für den Patienten eine größtmögliche Privatsphäre ermöglicht werden kann, stehen in einem stationären Hospiz in der Regel nur Einzelzimmer zur Verfügung. In einer ruhigen Umgebung und durch ein multiprofessionelles Team, das aus Pflegefachkräften, (palliativmedizinisch erfahrenen) Hausärzten, Sozialpädagogen, Psychologen, Seelsorgern und ehrenamtlichen Hospizbegleitern besteht, wird eine ganzheitliche und individuelle Begleitung bis zum Tod ermöglicht. Der familiäre Charakter wird dadurch betont, dass Angehörige übernachten können, das Zimmer individuell gestaltet werden kann und Haustiere willkommen sind. Es bietet sich Raum für Gespräche, Erinnerungen, Lachen und Weinen, zum Trösten und zum Abschied nehmen.

Ein Kinderhospiz unterscheidet sich konzeptionell vom Hospiz für Erwachsene dadurch, dass es vorrangig um eine Entlastung für den schwierigen Familienalltag geht. Es ist eine Anlauf- und Erholungsstätte für Familien mit unheilbar und lebensbegrenzt erkrankten Kindern und Jugendlichen. Im Zentrum steht die gesamte Familie ab der Diagnosestellung bis zur Sterbephase und über den Tod des erkrankten Kindes hinaus. Der Aufenthalt kann bis zu 28 Tage im Jahr umfassen, die in mehrere Zeiträume gesplittet werden können. Jeder Aufenthalt bedeutet auch Präventionsarbeit mit den Familien auf dem unsicheren, zeitlich ungewissen gemeinsamen Lebensweg mit dem erkrankten Kind. Das ganzheitliche Konzept erhebt den Anspruch auf ressourcenorientierte Begleitung und Förderung, sowohl der erkrankten Kinder als auch ihrer gesunden Geschwisterkinder und Eltern. Dies kann besonders gut realisiert werden durch die mehrfachen Aufenthalte. In Bayern gibt es nur ein stationäres Hospiz für Kinder, St. Nikolaus in Bad Grönenbach. Nach der Bedarfsplanung für Bayern ist der Bau eines weiteren Kinderhospizes nicht vorgesehen.

Stationäre Hospize sind baulich, organisatorisch und wirtschaftlich eigenständige Einrichtungen. Die jeweiligen Kranken- und Pflegekassen übernehmen bei den Erwachsenen-Hospizen 90 Prozent, bei den Kinder-Hospizen 95 Prozent der Kosten. Die Träger sind verpflichtet, den verbleibenden Anteil über Spenden zu finanzieren. Eine Eigenbeteiligung der Patienten gibt es nicht. Stationäre Hospize sind dauerhaft auf Spenden und ehrenamtliche Mitarbeit angewiesen.

## 3. Qualifizierung der Mitarbeiter

Schwerstkranken und sterbenden Menschen begegnet jeder von uns, denn jeder Mensch stirbt eines Tages. Gemäß der Hospizidee ist das Nicht-Allein-Lassen Schwerstkranker und Sterbender ein gesellschaftlicher Auftrag an uns alle. In den Organisationen der Hospiz- und Palliativversorgung hat sich eine gute Qualifizierung der Mitarbeiter durchgesetzt, weil Menschen, die sich an Institutionen wenden, Erfahrungen und Fachwissen erwarten. Deshalb gibt es verschiedene Möglichkeiten der Befähigung und Weiterbildung, die sich aus den Bedürfnissen und Nöten der Betroffenen, aus den Erfahrungen der Mitarbeitenden und nicht zuletzt aus der Forschung ableiten. Das Bildungsangebot wächst mit den Praxis- und Grenzerfahrungen, die in den ambulanten und stationären Hospiz- und Palliativeinrichtungen gemacht werden.

### 3.1 Grundqualifizierung

#### Befähigung der ehrenamtlichen Hospizbegleiter

Die Befähigungskurse werden von den Hospiz- und Palliativeinrichtungen vor Ort ausgerichtet. Bayernweit haben sich die meisten Dienste schon vor einigen Jahren auf einheitliche Standards verständigt. Diese umfassen Ziel, Umfang und Inhalt des Kurses.

Hospizbegleiter zeichnen sich dadurch aus, dass sie durch eine Schulung einen anderen Umgang mit Schwerstkranken, Sterbenden und deren Angehörigen entwickeln. Dazu gehört nicht nur Wissensvermittlung, sondern auch die eigene Auseinandersetzung mit Sterben und Tod. Ziel ist deshalb, die Wahrnehmungs- und Handlungsfähigkeit zu reflektieren und zu stärken. Dazu gehört ein aufmerksames und aktives Zuhören, um zu erfahren, was den Betroffenen beschäftigt. Dazu gehören kommunikative Fertigkeiten, um mit Wünschen und unlösbaren Fragen umzugehen. Weil Hospizbegleiter keinen konkreten Handlungsauftrag haben wie z. B. Ärzte oder Pflegende, begeben sie sich bei jedem Besuch von Neuem in eine ungewisse Situation. Sich darauf einzulassen, muss geschult werden. Zu den Herausforderungen der Begleitung gehören: dableiben, unlösbare Fragen zulassen, miteinander schweigen, mit Hoffnung umgehen, Zweifel aushalten, unerfüllbaren Lebensplänen Raum geben. Natürlich können auch Vorlesen, kleine Handreichungen und Besorgungen und das Geben von Freiraum für die Angehörigen dazugehören, damit sie ihren Kranken nicht alleine zu Hause wissen.

Damit dies gelingt, durchlaufen ehrenamtliche Hospizbegleiter eine Schulung mit folgenden Themen:

- Geschichte, Stand und Umsetzungsformen von Hospizarbeit und Palliative Care
- Eigene Motivation zur Mitarbeit in der ambulanten Hospizarbeit
- Bedürfnisse von Sterbenden (physisch, sozial, psychisch, spirituell)
- Verbale und nonverbale Kommunikation mit Schwerstkranken, Sterbenden und Angehörigen
- Nähe und Distanz
- Psychosoziale Aspekte des Sterbens und Sterbebegleitung
- Trauer und Trauerbegleitung
- Rituale des Abschiednehmens
- Spiritualität und spirituelle Begleitung
- Ethische Fragestellungen
- Einführung Palliativmedizin und Palliativpflege
- Biografiearbeit
- Sterbebegleitung bei Demenzerkrankten
- Begleitung im System Familie
- Psychologie des Begleitens und des Begleitenden
- Besprechung der Besuchsprotokolle
- Selbstpflege

Diese Themen werden individuell um andere Themen ergänzt. Für diese Befähigung wird ein Mindestumfang von 100 Unterrichtsstunden empfohlen. Sie gliedert sich vielfach in Grund- und Aufbaukurs sowie ein begleitetes Praktikum in einer stationären Einrichtung. Im Rahmen dieses begleiteten Praktikums machen die Kursteilnehmer Erfahrungen in der Begleitung von kranken oder sterbenden Menschen und lernen, diese strukturiert zu reflektieren.

### Weiterbildung Palliative Care der Hauptamtlichen

Die Hauptamtlichen stehen im Kontakt mit Betroffenen ähnlichen Herausforderungen gegenüber wie die Ehrenamtlichen. Allerdings bedarf es einer spezifischen Weiterbildung im jeweiligen Berufsfeld, weil z.B. Schmerztherapie und Symptomlinderung bei den Medizinern, spezifische Handlungen in der Palliativpflege, seelsorgliche oder psychische Aspekte am Lebensende eigens geschult werden müssen. Für die Weiterbildung in Palliative Care der Mediziner, Pflegenden, Sozialarbeiter, Psychologen, Seelsorgenden, Physiotherapeuten, Apotheker und anderer Berufsgruppen gibt es deshalb berufsbezogene Angebote zur Weiterbildung in Palliative Care.

### 3.2 Fortbildung Ehren- und Hauptamtlicher in der laufenden Arbeit

Laufende Fortbildung über die Grundbefähigung hinaus ist ein wesentliches Merkmal der Hospiz- und Palliativarbeit. Für Ehren- und Hauptamtliche ist der Lernprozess nach Abschluss eines Befähigungs- bzw. Basiskurses nicht zu Ende.

Ehrenamtliche Hospizbegleiter werden in ihrer praktischen Arbeit unterstützt und fortgebildet. In Form von Praxisanleitung, Supervision, Fortbildung und persönlicher Begleitung durch den/die Koordinator/in werden die Begleitungserfahrungen reflektiert und durch weitere Wissensvermittlung und Übung vertieft. Auf diese Weise erwerben Hospizbegleiter eine Fachkompetenz und ein Erfahrungsspektrum, das es ihnen ermöglicht, die erforderliche Wahrnehmungs- und Handlungsfähigkeit zu erweitern.

Für Hauptamtliche gilt ähnlich, dass sie parallel zur praktischen Arbeit Aufbaukurse, Fortbildungen und Vertiefungsseminare absolvieren können. Es gibt Angebote unterschiedlichsten Umfangs, die entweder auf die verschiedenen Tätigkeitsfelder zugeschnitten sind oder multidisziplinär stattfinden. Abhängig vom Versorgungskontext erhalten hauptamtlich Mitarbeitende zusätzlich Supervision, um in der täglichen Begegnung mit Sterben, Tod und Trauer arbeitsfähig zu bleiben.

Fachtagungen, Kongresse, Vorträge und Seminare, die für Ehren- und Hauptamtliche gleichermaßen durchgeführt werden, runden das Qualifizierungsangebot ab.

## 4. Abschied und Trauer

### 4.1 Aufbahrung und Abschied nehmen

Der Tod ist wie das Leben und die Menschen, einzigartig, persönlich und einmalig. Auch nach dem Tod bleibt der Mensch einzigartig. Deshalb sollte der letzte gemeinsame Weg individuell und besonders gestaltet werden. Aufbahrung und Abschiednehmen im häuslichen Bereich ist eine Möglichkeit, dies zu tun. Dies ist eine uralte, nahezu verloren gegangene Tradition, die langsam wieder an Bedeutung gewinnt.

Zu wenig bekannt ist, dass eine verstorbene Person nach dem Bestattungsgesetz bis zu 36 Stunden zu Hause bleiben kann.

Ist der Tod zu Hause eingetreten, muss daher erst einmal nichts getan werden. Es ist schwer greifbar und nicht zu verstehen, was gerade geschehen ist. Man sollte versuchen, Ruhe zu bewahren, sich Zeit nehmen und mit allen Sinnen auf die besondere Situation einlassen. Das kann helfen, den Tod und den Abschied besser zu akzeptieren. Man kann Familie und Freunde sowie Menschen informieren, die man gerne bei sich hat. Vielleicht eine Kerze anzünden und sich zu dem toten Angehörigen setzen, mit ihm sprechen, seine Lieblingsmusik anmachen oder schweigen im Angesicht des Todes. Wenn Angehörige oder Freunde da sind: über die verstorbene Person sprechen oder Erinnerungen austauschen, wenn man das Bedürfnis dazu hat.

Im Laufe des Tages muss ein Arzt den Tod feststellen. Er führt die sogenannte Leichenschau durch und stellt den Totenschein aus. Dann kann die verstorbene Person gewaschen, mit ihren Lieblingskleidern angezogen und auf dem Bett oder im Sarg aufgebahrt werden. Wenn man dies nicht selbst tun möchte, kann der Bestatter dabei unterstützen oder die Versorgung im Beisein der Angehörigen durchführen. Die Entscheidung, welche Decke und welches Kissen in den Sarg sollen, ist frei. So auch, ob persönliche Gegenstände oder ein Bild oder andere Dinge dazugelegt werden. Was auch immer man sich wünscht, kann gemacht werden. Es gibt keine Vorschriften, außer dass die Materialien bei einer Feuerbestattung brennbar sein oder sich bei einer Erdbestattung in der Erde zersetzen müssen.

Wenn der Tod in einem Seniorenheim oder Krankenhaus eingetreten ist, kann selbstverständlich die verstorbene Person auch dort aufgebahrt werden. Erfreulicherweise gibt es in vielen Krankenhäusern und Seniorenheimen inzwischen sogenannte Abschiedszimmer, in denen die Angehörigen in Ruhe Abschied von Verstorbenen nehmen können. Wenn dies nicht möglich ist oder nicht gewünscht wird, besteht die Möglichkeit, den verstorbenen Angehörigen nach Hause zu bringen und dort aufzubahren. Nachdem ein Arzt den Tod festgestellt und ein Bestatter die Versorgung und das Ankleiden durchgeführt hat, kann der Sarg in die gewohnte Umgebung überführt werden.

Hilfreich ist es, wenn diese Fragen bereits vorher mit dem Bestatter geklärt wurden.

Die Trauerforschung belegt, dass der Annahme der Realität des Verlustes eine zentrale Bedeutung in der Trauer zukommt. Gerade unter diesem Blickwinkel ist es von großer Bedeutung, dass die Angehörigen tatsächlich Zeit zum Abschiednehmen haben, immer wieder das Zimmer der verstorbenen Person aufsuchen und die Realität des Todes erfassen können – in ihrem Tempo und nach ihren Bedürfnissen, nicht nach den Gesetzen einer Institution.

Die häufige Erfahrung, dass sich in den ersten 24 Stunden die Gesichtszüge verstorbener Menschen entspannen und sehr häufig einen friedlichen, geradezu schönen Anblick bieten, tröstet und erfreut die Angehörigen. Die Aufbahrung im häuslichen Bereich ermöglicht eine weitere Erfahrung: dass Sterben und Tod in unser wirkliches Leben gehören.

Nachbarn, Freunde, Verwandte können dort von der verstorbenen Person Abschied nehmen, wo sie diesen Menschen in dessen Leben gekannt haben. Auch Kinder können im vertrauten Rahmen des Zuhauses behutsam an die Wirklichkeit des Todes herangeführt werden.

Es bestehen viele weitere Möglichkeiten, individuell Abschied zu nehmen. Man sollte seinem Herzen folgen, und versuchen, so viel wie möglich davon umzusetzen, damit der letzte gemeinsame Weg etwas Besonderes wird und in guter Erinnerung bleibt.

## 4.2 Trauer

Auch die Trauerbegleitung von Angehörigen gehört zu den Aufgaben von Hospiz- und Palliativeinrichtungen. Sie wird von speziell dafür ausgebildeten – meist ehrenamtlichen – Trauerbegleitern übernommen.

Für viele von uns zählt Trauer zu den eher negativen Gefühlen. So sollen wir nicht zu lange, nicht zu intensiv, nicht zu laut, nicht zu wenig und am passenden Ort – also »genau richtig« – trauern. Aber Trauer ist ein Zusammenspiel verschiedener Gefühle, eine tief greifende und unausweichliche Erfahrung, die den ganzen Menschen erfasst – egal ob jung oder alt, Frau oder Mann –, überall auf der Welt und zu allen Zeiten. Jeder erlebt Trauer anders und durchläuft ihre Formen auf seine individuelle Art und Weise.

Trauer ist eine natürliche Reaktion auf Verlusterfahrungen wie Tod, sie folgt nach Abschied, bei Trennungen und in Phasen von Veränderungen. Auch Krankheiten, Arbeitsplatzverlust oder unerfüllte Lebensziele können Trauergefühle auslösen. Manchmal mischt sich alte, nicht ausgedrückte Trauer unter aktuelle Trauer. Trauer kommt auf, weil wir etwas nie oder niemals wieder erleben können. Die aufkommenden Gefühle zeigen, dass bedeutsam war, was nun zu Ende geht. Die Trauer ist keine Krankheit, sondern eine angeborene, natürliche und gesunde Fähigkeit, um schmerzhafte Verluste und Erfahrungen durchleben zu können.

Mit oder ohne Tränen – die eigene Trauer annehmen: sich selbst mit dem Schmerz, dem erlebten Leid – das sind die Pfeiler auf dem Weg durch die Trauer. Trauer führt durch Phasen der Gefühllosigkeit, des Nicht-Fühlen-Wollens oder -Könnens, der Traurigkeit und Verzweiflung, in Momente des Sich-Gelähmt-Fühlens, der Angst und Hilflosigkeit, vorbei an Ärger und Wut. Und letztendlich, oft nachdem wir Gehör und Verständnis für all diese Aspekte erfahren haben, leitet sie durch das »Tor« zur Heilung, dem Loslassen, wo wir wieder neue Lebensfreude und Perspektiven finden können.

Ein Verlust erfasst den ganzen Menschen und bringt auch sein soziales Umfeld ins Wanken. Deshalb ist Trauer für den Einzelnen und sein soziales Umfeld eine Herausforderung, denn viele sind von der tatsächlichen und ebenso der emotionalen Veränderung betroffen und drängen in jeweils eigener Art zu einem Wiederherstellen der Ordnung im Zusammenleben. In früheren Gesellschaften herrschte ein unausgesprochenes Übereinkommen zwischen den aktiv Trauernden und der betroffenen Gemeinschaft: Die Trauernden erfuhren Anerkennung für das Aussprechen und Ausdrücken der Trauer und erhielten Ermutigung, Rückhalt und Unterstützung von der Gemeinschaft. Noch heute mindern mitfühlender Kontakt und Austausch den Schock durch die Veränderung. Möglichkeiten des Gefühlsausdrucks und symbolische Handlungen fangen die daraus erwachsende Hilflosigkeit und das Chaos auf und helfen, das Gefühlsdurcheinander zu ordnen. Veränderung erfordert von allen, die neue Situation anzuerkennen und zu akzeptieren, und von den Betroffenen eine Neuorientierung und Wiedereingliederung in das soziale Umfeld.

### 4.3 Trauerangebote vor Ort

Die Hospizbegleitung endet nicht mit dem Tod des Betroffenen. Von Anfang an haben Hospizeinrichtungen verschiedenste Angebote für Trauernde entwickelt: Von der Einzelbegleitung über Trauer-Cafés, Gedenkfeiern und Gedenkgottesdiensten, geführten Gruppenangeboten, offenen und geschlossenen Gruppen bis hin zu speziellen Angeboten wie etwa für Kinder und Jugendliche, verwaiste Eltern, Trauernde nach Suizid stehen vor Ort ganz unterschiedliche Schwerpunkte zur Verfügung. Eigens dafür geschulte ehren- und hauptamtliche Mitarbeiter bieten diese Begleitung an.

Auskunft geben die örtlichen Hospizeinrichtungen. Diese können bei der Suche nach der geeigneten Unterstützung helfen. Dort sind auch alle anderen Angebote in der Region bekannt, die sich um die Belange von Trauernden kümmern. Diese Vernetzung kann bis hin zur Vermittlung zu professionellen Angeboten von Psychotherapeuten reichen.

Die angemessene Begleitung der Trauernden ist häufig abhängig von der individuellen Situation. Angebote für trauernde Kinder und Jugendliche, verwaiste Eltern oder Trauer für Angehörige von demenzkranken Menschen sind Beispiele für die unterschiedlichen Schwerpunkte.

Zusätzlich zu den Angeboten der Hospiz- und Palliativeinrichtungen gibt es überregionale Dienste, die sich auf Trauerbegleitung spezialisiert haben. Auch darüber informieren die Einrichtungen vor Ort.

## 5. Beratung zur persönlichen Vorsorge

Um ein selbstbestimmtes Leben bis zuletzt zu gewährleisten, wenn eine Verständigung nicht mehr möglich ist, gibt es verschiedene Instrumente, den eigenen Willen im Vorfeld zu dokumentieren und eine Person des Vertrauens mit der Umsetzung zu beauftragen. Die Hospiz- und Palliativeinrichtungen beraten gerne dazu, die formellen Instrumentarien aber werden im Folgenden dargestellt.

### 5.1 Patientenverfügung

Mit einer Patientenverfügung dokumentieren Sie Ihren Willen, in welcher Form Sie medizinisch behandelt oder nicht mehr behandelt werden wollen. Dies bezieht sich auf den Fall, dass Sie Ihre Behandlungswünsche aufgrund Ihrer psychischen oder körperlichen Situation nicht mehr selbst äußern können. Mit einer Patientenverfügung nehmen Sie also Einfluss auf eine spätere ärztliche Behandlung. Damit üben Sie Ihr Selbstbestimmungsrecht aus, auch wenn Sie zum Zeitpunkt der Behandlung nicht mehr ansprechbar sind.

Die Patientenverfügung ist für alle an der Behandlung beteiligten Personen verbindlich. Dies gilt insbesondere für Ärzte, das Behandlungsteam, die Bevollmächtigten, den Betreuer und das Betreuungsgericht. Aber auch Ihre Familienangehörigen, Ihre Verwandten und vielleicht auch Ihre Freunde werden entlastet, wenn Sie selbst Ihre Behandlungswünsche geäußert haben. Dies gilt insbesondere, wenn es sich um Entscheidungen über Ihre medizinische Behandlung am Lebensende handelt. Die Patientenverfügung ist dabei unabhängig von Art und Stadium der Erkrankung in allen Situationen gültig. Sie muss schriftlich abgefasst werden. Jede Person, die volljährig und einsichtsfähig ist, kann eine Patientenverfügung verfassen. Nur klare und eindeutige Patientenverfügungen sind als Handlungsanleitung für die Praxis geeignet. Viele der im Umlauf befindlichen Muster genügen diesen Anforderungen nicht. Eine Beratung ist gesetzlich nicht vorgeschrieben, aber zu empfehlen.

Weitere Informationen bietet auch die Broschüre des Bayerischen Staatsministeriums der Justiz und für Verbraucherschutz »Vorsorge für UNFALL KRANKHEIT ALTER durch Vollmacht Betreuungsverfügung Patientenverfügung«.

### 5.2 Vorsorgevollmacht

Sie können durch Unfall, Krankheit oder Alter in die Lage kommen, dass Sie Ihre rechtlichen Angelegenheiten nicht mehr regeln können. Eine volljährige Person kann durch den Ehepartner, Eltern oder Kinder nicht gesetzlich vertreten werden. Das Gesetz sieht dann vor, dass eine rechtliche Betreuung vom Gericht eingerichtet wird. Das ist nur dann nicht erforderlich, wenn Sie durch eine Vorsorgevollmacht (oder Generalvollmacht) selbst eine andere Person (dann auch Ehepartner, Kinder oder Eltern) mit der Wahrnehmung Ihrer rechtlichen Angelegenheiten bevollmächtigt haben.

Regelungsbereiche der Vorsorgevollmacht können beispielsweise die Vermögenssorge, die Gesundheitssorge, das Aufenthaltsbestimmungsrecht und allgemeine rechtliche Angelegenheiten sein. Die Vollmacht muss schriftlich erteilt werden. Der Vollmachtgeber muss volljährig und geschäftsfähig sein.

Zur Durchsetzung Ihrer Patientenverfügung ist die Bevollmächtigung einer Person Ihres Vertrauens durch eine Vorsorgevollmacht sinnvoll. Obwohl Ärzte und Gerichte durch Ihre Patientenverfügung gebunden sind, hat es sich in der Praxis als hilfreich erwiesen, wenn ein Bevollmächtigter Ihre Behandlungswünsche mit Nachdruck vertritt. Die genannte Broschüre enthält auch Informationen darüber, für welche Entscheidungen ein Bevollmächtigter ebenso wie ein Betreuer die Genehmigung des Betreuungsgerichtes benötigen.

### 5.3 Die Betreuungsverfügung

Sollten Sie keine Person Ihres Vertrauens haben, der Sie eine Vorsorgevollmacht erteilen wollen, ist die Einrichtung einer gesetzlichen Betreuung die Alternative. Sie haben dann die Möglichkeit, eine Betreuungsverfügung zu errichten. In dieser Betreuungsverfügung können Sie die Person benennen, die Sie sich als Betreuer wünschen. Sie können auch konkrete Vorstellungen und Wünsche äußern, die für den zukünftigen Betreuer bindend sind.

Für das Erstellen einer Betreuungsverfügung muss die Volljährigkeit und Einsichtsfähigkeit vorliegen. Nähere Erläuterungen sowie Textbausteine zum Erstellen einer Betreuungsverfügung finden Sie in der genannten Broschüre des Bayerischen Staatsministeriums.

# Bildung und Forschung

## 1. Akademien und andere Bildungsanbieter

Die Qualifizierung und Weiterbildung von hauptamtlichen und ehrenamtlichen Mitarbeitern in der Hospiz- und Palliativarbeit spielt eine zentrale Rolle.

Verschiedene Akademien in Bayern wie auch Hospiz- und Palliativeinrichtungen, die zusätzlich zu ihrem Angebot der Patientenversorgung Bildungsangebote geschaffen haben, bieten Palliative-Care-Weiterbildungen für die verschiedensten Berufsgruppen an:

- Palliative Care für Pflegende: Palliative Praxis (40 Unterrichtsstunden)
- Basiskurs Palliative Care für Pflegende (160 Unterrichtsstunden)
- Basiskurs Palliative Care für psychosoziale Berufsgruppen (120 Unterrichtsstunden)
- Basiskurs Palliativmedizin (40 Unterrichtsstunden)
- Fallseminare für Mediziner (120 Unterrichtsstunden)
- Grundkompetenz für Gemeindeseelsorgende (40 Unterrichtsstunden)
- Basiskurs Palliative Care für Seelsorgende (120 Unterrichtsstunden)
- Basiskurs Palliative Care für Pädiatrie (160 Unterrichtsstunden)
- Basiskurs Palliative Care für Physiotherapeuten (40 Unterrichtsstunden)
- Palliative Care für Pharmazeuten (40 Unterrichtsstunden)
- Palliative Care für die Begleitung von Menschen mit Behinderung (160 Unterrichtsstunden)

Diese Qualifizierungskurse basieren fast alle auf Curricula, die von der Deutschen Gesellschaft für Palliativmedizin anerkannt sind. Für Fachkräfte, die Koordinations- und Leitungsaufgaben in der ambulanten Hospiz- und Palliativversorgung übernehmen wollen, werden

Kurse zur Koordinatorentätigkeit und zur Leitungskompetenz angeboten. Darüber hinaus gibt es einen

- Multidisziplinären Aufbaukurs Palliative Care (160 Unterrichtsstunden)
- Masterstudiengang für Palliative Care

sowie Schwerpunktveranstaltungen zu aktuellen Themen (z. B. Amyotrophe Lateralsklerose, Kinästhetik, Palliative Atempflege, Nahrung und Flüssigkeit, Basale Stimulation und vieles andere mehr) aus dem Arbeitsfeld.

Die Akademien bieten auch Schulungen und Fortbildungen für ehrenamtliche Mitarbeiter in Hospizdiensten an.

## 2. Lehrstühle

An zwei der bayerischen Universitäten konnten in den vergangenen Jahren Lehrstühle für Palliativmedizin eingerichtet werden: in München und Erlangen. Im München wurde zudem das Professuren-Netzwerk um eine Professur für Kinderpalliativmedizin sowie um eine Professur für Soziale Arbeit in Palliative Care und die Professur für Spiritual Care erweitert. Forschung zu Hospizarbeit und Palliative Care wurde in den vergangen Jahren auch in den anderen bayerischen Hochschulen etabliert. So gibt es zahlreiche Forschungsprojekte, die in enger Verbindung mit der Praxis die Entwicklungen in Bayern voranbringen.

---

*Wir müssen immer lernen,*
*zuletzt auch noch sterben lernen.*

Marie von Ebner-Eschenbach

---

# Landesweite Organisationen

## 1. Bayerischer Hospiz- und Palliativverband (BHPV)

Der Verband

- informiert und berät seine Mitglieder,
- sichert den Erfahrungsaustausch zwischen seinen Mitgliedern
- bietet organisatorische und inhaltliche Hilfestellungen an,
- bietet Beratung der Mitglieder beim Aufbau und Betrieb ambulanter und stationärer Dienste, bei allgemeinen Verhandlungen über Entgelte für stationäre und ambulante Hospiz- und Palliativarbeit und sonstige Leistungen,
- fördert die Öffentlichkeitsarbeit der Mitglieder,
- kooperiert überörtlich mit öffentlichen Stellen, Krankenkassen, Wohlfahrtsverbänden, kirchlichen Einrichtungen und sonstigen Hilfsorganisationen.

Dachorganisation

- für Hospizdienste
- für Hospiz- und Palliativdienste
- für stationäre Hospize
- für Palliativstationen
- für sonstige Organisationen der Hospiz- und Palliativversorgung
- Kooperationspartner für Hospizakademien in Bayern

Interessenvertretung
gegenüber Gesellschaft, Politik und Kostenträgern

## 2. Bayerisches Hospiz- und Palliativbündnis (BHPB)

Das BHPB ist ein Kooperationsbündnis zwischen dem Bayerischen Hospiz- und Palliativverband, den großen Wohlfahrtsverbänden und der Bayerischen Krankenhausgesellschaft e. V. (BKG).

Ziel ist der Aufbau einer landesweiten trägerneutralen Beratungsstruktur für die Belange der allgemeinen und spezialisierten ambulanten und stationären Hospiz- und Palliativversorgung in Bayern.

Das BHPB wird vom Bayerischen Staatsministerium für Arbeit und Sozialordnung, Familie und Frauen (StMAS) gefördert.

Das Bayerische Hospiz- und Palliativbündnis (BHPB) will …

- ehrenamtlich tätige Hospizvereine beraten und das ehrenamtliche Engagement im Hospizbereich in Bayern fördern,
- die Zusammenarbeit zwischen ehrenamtlich tätigen Hospizvereinen und allen Trägern der hospizlichen und palliativen Primärversorgung fördern,
- Landkreise, Städte und Gemeinden beim Aufbau und bei der Koordination hospizlicher und palliativer Netzwerkstrukturen vor Ort unter Berücksichtigung gewachsener Strukturen beraten,
- den Aufbau einer flächendeckenden Versorgung mit Palliative Care-Angeboten und deren Vernetzung mit vorhandenen örtlichen Strukturen und Gegebenheiten weiter vorantreiben.

Bayerischer Hospiz- und Palliativverband
Anschrift:  Innere Regensburger Str. 13
                   84034 Landshut
Telefon:   0871/97507-30
Fax:        0871/9750743
                   www.bhpb.org
                   info@bhpv.de

Bayerischer Hospiz- und
Palliativverband

# Bayerische Stiftung Hospiz

Die dauerhafte Gewährleistung und der weitere Ausbau der Hospizarbeit braucht starke, kontinuierliche und sichere Unterstützung.
Aus dieser Erkenntnis heraus wurde im Jahr 1999 die Bayerische Stiftung Hospiz als Stiftung des Bürgerlichen Rechts durch den Freistaat
Bayern, den Bayerischen Hospiz- und Palliativverband, den Christo-
phorus-Hospizverein und den Orden der Barmherzigen Brüder ge-
gründet. Der Freistaat Bayern hat im Laufe der Zeit über 5 Millionen
Euro in die Stiftung eingebracht und damit einen soliden finanziellen
Grundstein gelegt. Mit den Erträgnissen der Stiftung kann die am-
bulante Hospizarbeit in Bayern mit ihren über 4000 ehrenamtlichen
Hospizbegleiter finanziell unterstützt werden.

Wie auch die Schirmherrin der Stiftung, Bayerns Sozialministerin
Christine Haderthauer, betont, ist es Aufgabe der Stiftung, die Hospizidee in Bayern zu fördern und in der Gesellschaft zu verankern und die
Sterbebegleitung überall da, wo Menschen sterben, zu verbessern. Dazu gehört z.B. die Aus-, Fort- und Weiterbildung aller in der Betreuung
Schwerstkranker und Sterbender Tätigen, die Verbreitung der Palliativmedizin, der Aufbau eines Netzwerks mit ambulanten, teilstationären
und auch vollstationären Hospizeinrichtungen sowie die Forschung.

Schwerpunkt der Fördertätigkeit der Bayerischen Stiftung Hospiz ist
hierbei die Unterstützung der ehrenamtlichen Hospizarbeit. Die Bayerische Stiftung Hospiz stellt den Hospizdiensten im Rahmen der
1-Euro-Förderung für jede geleistete ehrenamtliche Begleitungsstun-
de einen Betrag von 1 Euro zur Verfügung. Die Förderung kann für
Auslagenersatz der Begleiter sowie deren Fortbildung und Supervision
eingesetzt werden. Daneben werden u. a. Fachtagungen, Seminare und
Modellprojekte finanziert, um z.B. die Sterbebegleitung in Alten- und
Pflegeheimen zu verbessern. Neu gegründete Hospizdienste können
bei der Anschaffung der Grundausstattung unterstützt werden.

Die finanziellen Zuwendungen werden maßgeblich durch die Er-
träge des Vermögens finanziert, die jedoch aufgrund der Finanzkrise
erheblich zurückgegangen sind. Die Stiftung wird zudem von einem

Freundeskreis unterstützt, dem z.B. der frühere Präsident des Bayerischen Landtages und jetzige Vorsitzende des Zentralrats der Deutschen Katholiken, Alois Glück, angehört.

Der Freistaat Bayern stellt über das Zentrum Bayern Familie und Soziales das Personal zur Verwaltung der Stiftung zur Verfügung, sodass jeder Euro an Spenden und Zuwendungen tatsächlich dem Stiftungszweck zufließt und nicht ein Teil für Verwaltungskosten aufgewendet werden muss.

Bayerische Stiftung Hospiz
      Hegelstraße 2
      95447 Bayreuth
Telefon:   0921/6053350
Fax:      0921/6053902
      www.bayerische-stiftung-hospiz.de
      info@bayerische-stiftung-hospiz.de

Bayerische Stiftung **Hospiz**

Werden Sie Freund der Stiftung auf
facebook: http://de-de.facebook.com/pages/Bayerische-Stiftung-Hospiz/127100683991354.
Aktuelle Informationen gibt es auch in Form eines Newsletters, der bei der Stiftung per E-Mail abonniert werden kann (info@bayerische-stiftung-hospiz.de)

---

*Sie sind wichtig, weil Sie eben Sie sind.*
*Sie sind bis zum letzten Augenblick Ihres Lebens wichtig.*

Cicely Saunders

---

Für Lieselotte Mantel (1947–2012)